Cornelia Jantzen

Rätsel Legasthenie

Cornelia Jantzen

Rätsel Legasthenie

Begabung oder Handicap?

Denkanstöße für ein neues Verständnis

»Wer alles bei mir überschauen wollte,
der würde Einklang sehen,
wo er, da er es eben nicht überschaut,
nur Widerspruch findet.«

Rudolf Steiner in einem Brief, 1903

ISBN 3-8251-7296-1

2., erweiterte Auflage 2004
Erschienen 2000 im Verlag Urachhaus

Druck: Offizin Chr. Scheufele, Stuttgart

Inhalt

Teil III ... um dann auf irgendeine Weise die Brücke zu finden

Anhang

Geleitwort

»Ich lebte ständig in der Angst, dass die Menschen herausfinden könnten, dass ich kein wirkliches menschliches Wesen bin, dass ich behindert bin.«

Klarer und erschütternder lässt sich nicht ausdrücken, was die herkömmliche Beurteilung eines Legasthenikers – als lernunfähig, minderbegabt, defekt – in dem betroffenen Kind anrichten kann.
Cornelia Jantzen schildert in ihrem Buch eindrücklich, wie sie die so übliche einseitige Charakterisierung und Festlegung des Legasthenikers überwunden hat. Sie lässt uns teilhaben an einem Prozess, der täglich durch Beobachtungen, Begegnungen, Erfahrungen näher heranführt an die besondere Wahrnehmungs- und Denkweise des legasthenischen Kindes.
Wegweisend sind ihr dabei vor allem zwei Menschen:
Ronald Davis, der mit seiner Methode lehrt, wie die scheinbare Behinderung eines Legasthenikers mit Hilfe seiner zu Grunde liegenden Begabung bewältigt werden kann, und Rudolf Steiner, der mit seiner Pädagogik bereits Anfang des 20. Jahrhunderts Wege aufgezeigt hat, wie sich *jedes* Kind *ganzheitlich* entwickeln kann.
Eindrucksvoll stellt Cornelia Jantzen die Hinweise und Anregungen Rudolf Steiners dar, die ihr geholfen haben, die besondere Begabung des legasthenischen Kindes zu erkennen und zu fördern.
Was an diesem Buch bewegt, ist die Ehrfurcht der Autorin vor dem Wesen des Kindes, ihr Mitempfinden mit seinem Leiden, ihr Mut, aus den festgefahrenen Spuren einer Beurteilung auszubrechen und sich auf die Entdeckung einer so häufig verstellten Lebenswirklichkeit zu begeben, um helfen zu können.

Hier liegt ein Erfahrungsbericht mit dem legasthenischen Kind, der Davis-Methode und der Pädagogik Rudolf Steiners vor, der neben allen Erkenntnissen über Legasthenie vor allem eines vermittelt: Entdeckerfreude und Mut, den Phänomenen unserer Zeit offen und forschend zu begegnen, um ihrem Wesen näher zu kommen. Mögen wir uns davon inspirieren lassen – unsere Zeit braucht es!

Felicitas Vogt

Ein richtiges Buch braucht ein Vorwort

Nun ist es also ein Buch geworden.
Angefangen hat es mit Spickzetteln voller Notizen, rasch hingeschriebenen Erlebnissen und Erfahrungen mit meinen und anderen Kindern, mit vielen Fragen und wenigen Antworten rund um das Phänomen der Legasthenie, das mich vor über zwanzig Jahren zwar schon einmal universitätstheoretisch interessiert hatte, dann aber aus meinem Blickfeld verschwunden war, bis es mich auf höchst lebendige Art wieder einholte: Plötzlich saß es mir am eigenen Frühstückstisch gegenüber, und dazu noch gleich im Doppelpack.
Damit begann eine aufregende Zeit des Entdeckens, Umdenkens und Lernens – zu meinem besonderen Glück auch des Kennenlernens: Ich lernte zum Beispiel – neben vielen anderen wichtigen und mich bereichernden Menschen – Ronald Davis kennen, von dem in diesem Buch noch vielfach die Rede sein wird, und (ich weiß nicht, ob ich es so sagen darf, aber für mich persönlich stimmt es:) ich lernte Rudolf Steiner kennen, gestorben 1925, aber lebendig bis heute in seinem Werk, in seinen Gedanken und Visionen, seinem Menschenbild und seiner Pädagogik.
Davis und Steiner – das waren neben meinem eigenen Erleben die beiden wesentlichen und umwälzenden Erfahrungen, die ich so nie gemacht hätte, wenn sich das Phänomen der Legasthenie nicht unverhofft an meinen Frühstückstisch gesetzt hätte. Aus diesen »Spickzettelhäufchen« entstand dann im Herbst 1997 meine handkopierte und selbst verlegte Broschüre »... wie wir malträtiert worden sind ...«, die ich diesem Buch als Teil I noch einmal voranstelle.

Und jetzt, im Frühjahr 2000, ergänzt um zwei neue Teile, ist es eben ein Buch, ein richtiges Buch. Aber ist es ein »fertiges« Buch? Womöglich der Weisheit letzter Schluss? Ganz sicher nicht! Noch lange nicht sind alle Gedanken zu Ende gedacht, alle Probleme einer Lösung zugeführt, alle Fragen beantwortet. Das müssen Sie wissen, bevor Sie das Buch in die Hand nehmen. So schön fertig es aussieht, so wenig Anspruch auf Vollständigkeit erhebt es.
Lesen und verstehen Sie es bitte so, wie es sich mir während seines ca. zweijährigen Entstehens zusammengefügt hat: wie eine Art Puzzle, zu dem immer noch – fast täglich – neue Ergänzungsteile hinzukommen, sowohl aus der Literatur, die mir immer neue Fassetten und Sichtweisen aufschließt, als auch aus dem täglichen Leben und den praktischen Erfahrungen, die ich in meiner Arbeit mit legasthenischen Kindern und Jugendlichen mache. Es ist ein Entwicklungsgang, den ich hier niedergeschrieben habe, der sein Ziel noch vor sich hat. Ein Zwischenbericht, keine Bilanz.
Sie werden feststellen, dass das Buch viele und z.T. sehr ausführliche Zitate enthält, denn ich möchte die einzelnen »Puzzleteile« so authentisch wie möglich weitergeben und damit die Gedankengänge der Zitierten so objektiv wie möglich nebeneinander und zur Diskussion stellen. Gleichwohl bin ich mir im Klaren darüber, dass subjektive Einfärbungen aus meinem eigenen Denken heraus nicht zu leugnen sind. Deshalb bitte ich Sie eindringlich, die verwendeten Zitate und Hinweise – insbesondere, wenn sie Ihnen »unglaublich« vorkommen – in ihren Originalzusammenhängen nachzulesen. Das etwas üppig geratene Literaturverzeichnis im Anhang bietet Ihnen dazu reichlich Gelegenheit.
Mein erstes zentrales Puzzleteil war – wie gesagt – die Lektüre des Buches von Ronald Davis »Legasthenie als Talentsignal«. Es fiel mir schwer, den Paradigmenwechsel von einer »Behinderung« zu einer »Begabung« – einem »Geschenk« – zu verstehen, ihn überhaupt als Ansatz zu akzeptieren. Deshalb habe ich auch jegliches Verständnis dafür, dass diese Sichweise des Phänomens der Legasthenie und die daraus resultierenden Bewältigungsmethoden bei manchen noch umstritten sind.
Aber deshalb habe ich ja dieses Buch geschrieben: Ich selbst habe meine vielen Zweifel und mein Unverständnis immer wieder im Alltag überprüft und dabei die Erkenntnisse, die dem Davis'schen

Ansatz zu Grunde liegen, stets bestätigt gefunden – wenngleich nicht verschwiegen werden soll, dass die Umsetzung der Davis-Methode zur Korrektur der Legasthenie in der Praxis nicht gerade einfach ist. So ist es nicht leicht, die andere Vorgehensweise – Lernen durch Symbolbeherrschung und Visualisierung – in den schulischen Ablauf und in die dort vermittelten Lernwege zu integrieren. Es ist wichtig, dass die Schüler die Vorteile der Davis-Werkzeuge erfahren und die Motivation aufrecht halten, diese weiterhin zu benutzen. Wir versuchen deshalb auch nach der Beratungswoche in Kontakt mit den Schülern und Eltern zu bleiben, indem wir einige Nachgespräche durchführen. Im Anhang finden Sie weitere Informationen sowie den Erfahrungsbericht einer Mutter, Interviews mit legasthenischen Kindern und Jugendlichen und ein Interview mit einem zertifizierten Davis-Berater. Aber eben nur im Anhang, denn ein neues, ein weiteres, ein womöglich »besseres« Buch über die Gabe der Legasthenie sollte dieses Buch zu keiner Zeit werden.

Es geht mir ausdrücklich nicht um Behandlungs- oder gar Therapiemethoden der Legasthenie, sondern um das Verständnis für die speziellen Wahrnehmungs- und Denkweisen, die der Legasthenie zu Grunde liegen, die – wenn man so will – die Basis der besonderen Begabung der Legastheniker ausmachen. Um dieses Verständnis möchte ich mit Ihnen ringen und gleichzeitig Korrelationen aufzeigen zwischen der besonderen legasthenischen Begabung und der visionären Pädagogik Rudolf Steiners. Denn hier liegt nach meiner Überzeugung der Schlüssel zu bisher ungenutzten Möglichkeiten für einen erfolgreichen Schriftspracherwerb.

Die Gedanken und Anregungen meines Buches richten sich deshalb

- an alle, die neugierig genug und bereit sind, sich neuen Gedankengängen zu öffnen und dabei keine endgültigen Patentrezepte erwarten;
- an alle, die noch Fragen stellen an das Phänomen »Legasthenie« bzw. andere »Lernbehinderungen« und keine fertigen Antworten parat haben;
- an alle, die unser heutiges Schullernen – ob an Staats- oder an Waldorfschulen – mit gelindem Zweifel erfüllt;
- an alle, die sich mit dem Anfangsunterricht im Lesen und Schreiben beschäftigen;

- an alle, die schon immer in der Pädagogik Rudolf Steiners neue Wege erkannt haben;
- an alle, die sich vorbehaltlos von der Vielfalt der menschlichen Wahrnehmungsweisen faszinieren lassen;
- an alle, die sich den Versuch zutrauen, mehr vom Wesen des Genialen verstehen zu lernen;
- an alle Eltern, Lehrer und Therapeuten, die sich täglich mit großem Einsatz um »lernbehinderte« Kinder bemühen;
- und last but not least an alle kleinen und großen Legastheniker, denen ich so viel zu verdanken habe.

Allen diesen gilt meine uneinschränkte Sympathie. Für sie habe ich dieses Buch geschrieben. Mit ihnen möchte ich weitermachen, weiterdenken und weiterforschen.

Cornelia Jantzen
Hamburg, März 2000

Vorwort zur zweiten Auflage

Dieses Buch, das ich schon bei seiner ersten Auflage als »unfertiges« Buch bezeichnet habe, kann auch jetzt bei seiner zweiten Auflage keinen Anspruch auf Vollständigkeit erheben. Aber in den vergangenen vier Jahren habe ich natürlich weiter gearbeitet und weiter dazugelernt. Es sind deshalb folgende Ergänzungen entstanden:
In Teil III befindet sich nun zusätzlich ein Erfahrungsbericht zum Thema »Alphabetisierung«. Außerdem habe ich einige Tipps zur Rechtschreibung in den Abschnitt »Vom Schreiben zum Lesen« eingefügt. Auch die Schreibproben von Legasthenikern im Anhang habe ich ergänzt.
Nach wie vor ist die Arbeit mit den legasthenischen Kindern und Jugendlichen für mich immer wieder neu und wunderbar. Vieles hat sich in der Zwischenzeit getan: Ich habe zusammen mit einer Diplom-Psychologin das Lernstudio *Leonardo* in Hamburg gegründet, in dem wir Lernberatungen bei Legasthenie, Rechenschwäche, ADS/ADHS oder bei Handschriftproblemen durchführen. Begleitende Gespräche mit Eltern und/oder Lehrern kommen manchmal hinzu. Wir halten auch Vorträge und leiten Workshops zum Verständnis dieser besonderen Kinder in Lehrerausbildungsstätten, Schulen und Kindergärten.
Einige Male habe ich aber auch externe Beratungswochen durchgeführt.
Eine gegenseitig befruchtende Zusammenarbeit besteht z.B. mit der Windrather Talschule (Waldorfschule mit Integration) in Velbert-Langenberg, wo ich schon mehrere Beratungswochen durchgeführt habe.

Durch den halbjährigen Aufenthalt meiner jüngsten Tochter in Kapstadt und die Freundschaft mit einer Förderlehrerin an einer Waldorfschule in Johannesburg ergab sich ein interessanter Kontakt zu südafrikanischen Waldorfschulen. So ist bei einer Beratungswoche in Kapstadt ein schöner Text entstanden, den ich im Anhang beigefügt habe – in englischer Sprache natürlich.
Weniger schön ist in den letzten Jahren die Entwicklung in unserem deutschen Schulsystem für legasthenische Kinder. PISA und IGLU führen zur Zeit zu bildungspolitischen Entscheidungen, die den Kindern immer weniger Entwicklungsspielraum lassen. Frühes Einschulen und ständige Leistungskontrolltests in den Kulturtechniken lassen den legasthenischen Fähigkeiten wenig Entfaltungsmöglichkeiten. Schüler und Eltern geraten immer mehr unter Druck und werden – vor allem im staatlichen Schulsystem – schnell abgestuft.
Im Gegensatz dazu mehren sich in den USA die Stimmen, die die Gesamtentwicklung des Kindes in den Fokus stellen. Zu diesem Thema erschien 2003 im Dyslexic Reader der Davis Dyslexia Association International ein Artikel von Prof. David Elkind, Professor of Child Development an der Tufts University, Autor von »Reinventing Childhood« und »The Hurried Child«. Er weist besonders darauf hin, wie wichtig es ist, dass Kinder durch Interesse und konkrete Erfahrungen der Sinne lernen, und dass sich ein frühes akademisches Training nicht auszahlt. In diesem Zusammenhang erwähnt er die Größen der Pädagogik wie Fröbel, Montessori, Steiner und Vygotsky.
In der Gehirnforschung fand man mittlerweile heraus, dass Legastheniker mit alternativen Strategien besser lesen können und auf diese Weise sogar über eine bessere Lesekompetenz verfügen.[1]
Besonders wichtig ist hierbei, dass beim Lesen nicht nur der Klang, sondern auch die Bedeutung des Wortes gelehrt wird.
In Island wird demnächst ein Traum wahr: Innerhalb der kommenden drei Jahre sollen alle Schulen des Inselstaates die »Davis Learning Strategies« einsetzen. Im Jahr 2003 war das Buch »The Gift of Learning« von Ronald Davis die Nummer zwei auf der isländischen Bestsellerliste, gleich hinter Harry Potter. (Übrigens: Viele meiner damaligen Schüler von vor drei Jahren, die mit ihren Texten hier im Anhang vertreten sind, sind mittlerweile zu Harry Potter-Leseratten geworden!)

Zurück nach Deutschland: Besonders bedrückend empfinde ich die zunehmende Medikamentierung der Kinder mit Ritalin. Längst wird dieses Medikament nicht mehr nur den extremen Zapplern verschrieben, sondern allen, die sich »nicht so recht« konzentrieren können. Ich halte die Gabe von Psychopharmaka an Kinder für höchst bedenklich und möchte an dieser Stelle auf alternative Ansätze verweisen, wie sie u.a. in nachfolgender Literatur zu finden sind.
Das neue Buch von Ronald Davis »Die unerkannten Lerngenies. Mit der Davis-Methode Lernstörungen beheben« (Originaltitel: »The Gift of Learning«), Ariston-Verlag, Kreuzlingen 2004, bietet konkrete Handlungsanweisungen für die Beratung bei ADS, Dyskalkulie und Handschriftproblemen.
Eine andere Sichtweise auf die besonderen Kinder findet sich u.a. bei:

Georg Kühlewind: »Sternkinder«, Verlag Freies Geistesleben, Stuttgart [5]2002

Henning Köhler: »War Michel aus Lönneberga aufmerksamkeitsgestört?«, Verlag Freies Geistesleben, Stuttgart [2]2002

Lee Carroll / Jan Tober: »Die Indigo-Kinder«, Koha Verlag, Burgrain 2000

Gerald Hüther / Helmut Bonney: »Neues vom Zappelphilipp«, Walter Verlag, Düsseldorf [3]2002

Thom Hartmann: »Eine andere Art, die Welt zu sehen. ADS«, Verlag Schmidt-Römhild, Lübeck [10]2003.

Auch wenn der Titel es nicht gleich vermuten lässt, sind in folgendem Buch viele praktische Hinweise besonders auch für Legastheniker enthalten: Jeffrey Freed / Laurie Parsons: »Zappelphilipp und Störenfrieda lernen anders«, Beltz Verlag, Weinheim 2001.

Und zum Schluss:
Gute Unterstützung für Eltern fand ich bei Barbara Coloroso: »Was Kinderseelen brauchen«, Südwest Verlag, München [2]2000.

»... weil sie Kinder sind, und aus keinem anderen Grund, besitzen sie Würde und Wert, einfach weil sie sind ...«

Barbara Coloroso

Cornelia Jantzen
Hamburg, im Sommer 2004

Teil I

… wie wir malträtiert worden sind

Legastheniker sind – vordergründig betrachtet – Menschen, die Schwierigkeiten im Erlernen und im späteren Gebrauch der Schriftsprache haben. Manche bleiben nahezu Analphabeten, andere kommen mit ihrem Handicap so einigermaßen durchs Leben.
Es gibt unzählige Veröffentlichungen über dieses Phänomen, eine wahre Flut von Erklärungsversuchen zu den vermeintlichen Ursachen und noch mehr Therapievorschläge – aber unterm Strich kam bislang stets nicht viel mehr dabei heraus als die Erkenntnis, dass »damit leben lernen« die einzige Heilung sei, »die bei Legasthenikern möglich ist. Das hört sich zwar drastisch an, aber die meisten Legastheniker können mit den letzten Resten ihrer Legasthenie (schlechte Rechtschreibung, langsames oder ungenaues Lesen) hervorragend umgehen.«[2]
Letzteres trifft meiner Meinung nach allerdings nicht auf »die meisten«, sondern nur auf einen Bruchteil der Betroffenen zu; viele verzweifeln vorher, werden auf Sonderschulen abgeschoben und landen in der Arbeits- und Hoffnungslosigkeit; manche sogar in der Kriminalität.
Aus ihrer sozialen Stigmatisierung heraus, einer entscheidenden Zivilisationstechnik nicht oder nicht ausreichend mächtig zu sein, entwickeln Legastheniker oftmals ein negatives Selbstbild, trotz oder gerade wegen doch eigentlich gut gemeinter Therapien, denen sie für gewöhnlich unterzogen werden:

»Fast allen Kindern und Jugendlichen, die eine Legasthenie-Therapie mit all den aufgeführten Vor-, Begleit- und Nachuntersuchungen machten, waren verstärkte Angst, Minderwertigkeitsgefühle, mangelndes Selbstvertrauen, Unsicherheit und ein gestörtes Selbstbild gemeinsam.«[3]

Dieses Gefühl, im Abseits der anerkannten Maßstäbe zu stehen und diesem ausgeliefert zu sein, kann sich auf vielfältige Weise ausdrücken.
In der Frankfurter Rundschau stand am 4. August 1997:

»Immer neue Ausreden zu suchen ist viel schlimmer als das hier,« sagt Karl-Heinz. Mit ›das hier‹ meint er Lesen und Schreiben. Karl-Heinz ist 53 Jahre

alt. Bis vor einigen Jahren waren Buchstaben für ihn nicht mehr als eine Ansammlung von Zeichen auf Papier, und seine Fähigkeit, sie zu entziffern, war ›ziemlich Null‹. Ausreden, wie die vergessene Brille, mussten immer wieder herhalten, damit niemand seine Schwäche bemerkte …
Privat hat er einiges erreicht: Er hat geheiratet, ist Vater geworden und später Bauherr seines eigenen Hauses. Trotzdem hat ihn seine Lese- und Schreibunfähigkeit enorm belastet. So sehr, dass er dies körperlich zu spüren bekam und krank wurde. »Das Schlimmste daran ist, dass man sich zurückgesetzt und ausgegrenzt fühlt, wenn man nicht lesen kann.« Ob er Angst hat, dass jemand seinen Analphabetismus bemerkt? »Jeden Tag!«

Auf dem weihnachtlichen Wunschzettel eines 12-jährigen Mädchens stand:

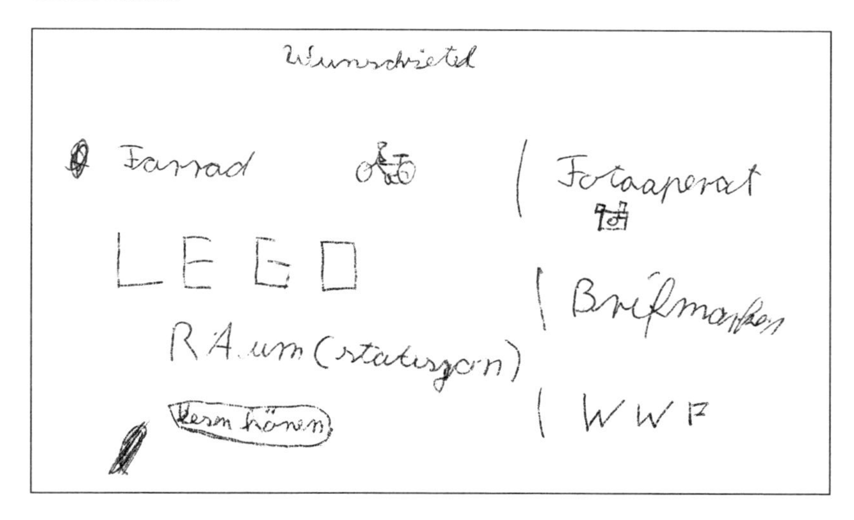

Im Bericht eines Schulpsychologen über ein Mädchen aus der 6. Klasse einer Gesamtschule heißt es:

»Aus psychologischen Gründen befürworte ich das Ruhen der Schulpflicht für Sarah (Name geändert). Sarah ist eine ausgeprägte Legasthenikerin, die bei hoher Intelligenz große Ansprüche an sich selbst stellt. Da sie diese aufgrund ihrer Teilleistungsstörung nicht erfüllen kann, verweigert sie die Schule als Ganzes.«

Diesem Antrag wurde übrigens nicht zugestimmt.

In einem Interview, veröffentlicht in der Zeitschrift »Ab 40«, antwortet ein Legastheniker auf die Frage der Reporterin: »Du hast dich geschämt?«:

»Oh, ja! Ich lebte ständig in der Angst, dass die Menschen herausfinden könnten, dass ich kein wirkliches menschliches Wesen bin, dass ich behindert bin.«

Und weiter:

»(Nicht alle Legastheniker) ... sind vielleicht so weit in der Ecke wie ich es war, aber – gefühlsmäßig wie psychologisch – sind sie ganz sicher auch in der Ecke. Die Wahrnehmung, die sie von sich selbst haben, sowie ihre Gefühle und ihr Selbstwertgefühl sind sehr destruktiv ...«

Das kann bis zur völligen Selbstaufgabe gehen:

»Als Siegfried starb, war es für uns alle ein Schock«, erinnert sich Renate Hackethal. Der Kieler Sonderschulpädagogin geht das außergewöhnliche Schicksal des blonden Jungen von der Nordseeinsel Föhr auch noch zwölf Jahre nach seinem Tod sehr nahe.
Jahrelang übte sie mit dem Legastheniker lesen und schreiben, begleitete ihn bei seinen Misserfolgen in der Hauptschule bis zum Start einer vielversprechenden Karriere als Maschinenbauingenieur.
Doch wenige Tage, bevor die Professoren an der Dortmunder Uni dem 32jährigen zu seinem glanzvollen Examen gratulieren konnten, fand man ihn tot auf seinem Bett.«[4]

Mit der Legasthenie »leben zu lernen«, ohne zu begreifen, was mit einem im Gegensatz zu allen anderen los ist, einerseits: warum einen oft keiner versteht, obwohl man selbst doch die Dinge und Zusammenhänge in so klarem Licht sieht (ein Gefühl, das von Legasthenikern immer wieder geäußert wird), andererseits: was diese »Behinderung« erzeugt hat, geschweige denn, wie man ihrer Herr wird – das ist ein schweres Stück Arbeit.

Die Auflösung des Rätsels »Legasthenie«

Im Jahre 1980 machte der Amerikaner Ronald Davis die Entdeckung, wie seine eigene Legasthenie funktionierte und: wie sie erfolgreich zu überwinden war. Vierzehn Jahre später konnte er nach intensiven weiteren Forschungen, die auf seinen Selbstversuch folgten, seine Erkenntnisse in einem aufsehenerregenden Satz so formulieren:

»Dieselbe geistige Funktion, die Genialität erzeugt, erzeugt auch die Legasthenie. Sie ist ein Talent im wahrsten Sinne des Wortes: eine Gabe und Begabung, eine natürliche Fähigkeit. Sie ist eine besondere Qualität, die das geistige Potenzial steigert.«[5]

Das klingt unglaublich, aber man bekommt durch diese Sichtweise zum ersten Mal eine Ahnung, warum so viele berühmte Persönlichkeiten aus Geschichte und Gegenwart nachweislich legasthenische Störungen hatten bzw. haben: Thomas A. Edison, Albert Einstein, Alfred Hitchcock, Agatha Christie, John F. Kennedy, Winston Churchill, Paul Ehrlich, Paganini, Leonardo da Vinci, Walt Disney, Nelson Rockefeller, Charles Darwin, Ernest Hemmingway, Francois Mitterand, Carl Gustav von Schweden, Carl Lewis, Whoopie Goldberg, Cher, John Lennon, Tom Cruise u.v.m.

Von Leonardo da Vinci wird berichtet:

»Die erste Zielscheibe für Leonardos Polemik ist die Poesie, d.h. die Literatur, die er unter Anklage stellt. Und mit der Anklage verteidigt er sich selbst, denn er gibt seine Mängel zu. Der Maler ist ›kein Belesener‹; er verfügt nicht völlig über die sprachlichen Instrumente der Zeit, er weiß, dass er ›sich nicht gut ausdrücken‹ und darum auch die großen Bücher der Menschheit nicht lesen und zitieren kann.«[6]

Ronald Davis führt aus:

»Als Legastheniker ist man nicht automatisch ein Genie. Aber es stärkt das Selbstwertgefühl aller Legastheniker, wenn sie wissen, dass ihr Verstand in derselben Weise funktioniert wie der Verstand berühmter Genies. …

Hier die grundlegenden Fähigkeiten, die alle Legastheniker besitzen:

1. Sie benutzen die Fähigkeit des Gehirns, Sinneswahrnehmungen zu verändern und zu erzeugen (ihr Haupttalent).
2. Sie nehmen ihre Umgebung sehr bewusst wahr.
3. Ihre Wissbegierde ist überdurchschnittlich.
4. Sie denken vorwiegend in Bildern, nicht in Wörtern.
5. Sie besitzen Scharfblick und starke Intuition.
6. Ihre sinnliche Wahrnehmung und ihr Denken sind vielschichtig.
7. Sie erleben Gedachtes als real.
8. Sie verfügen über eine lebhafte Phantasie.

Wenn diese acht grundlegenden Fähigkeiten nicht von Eltern oder Erziehern abgewertet, unterdrückt oder zerstört werden, führen sie zu zwei charakteristischen Eigenschaften: zu überdurchschnittlicher Intelligenz und zu außergewöhnlicher Kreativität. Diese zwei Eigenschaften können das wahre Talent der Legasthenie hervorrufen: die Gabe der Meisterschaft.«[7]

Legasthenie als »Gabe der Meisterschaft« – wie soll man mit so einem Satz, so einer Erkenntnis umgehen, wenn man doch viel eher frustrierte Kinder oder Jugendliche vor dem alltäglichen Buchstabensalat verzweifeln sieht? Mit dieser Diskrepanz, mit dem Rätsel der Legasthenie, beschäftige ich mich nun seit über 20 Jahren – angefangen im Studium, vertieft in meiner Examensarbeit im Fach Pädagogik, bis heute im täglichen Umgang mit legasthenischen Kindern, von denen zwei meine eigenen sind. (Meine »mittlere« Tochter ist übrigens keine Legasthenikerin).
Und es war tatsächlich stets eine Diskrepanz zu spüren zwischen der Beobachtung der »Lernstörung«, der »Lese-Rechtschreib-Schwäche« oder wie die »Behinderung« gerade genannt wurde einerseits und der gleichzeitigen Beobachtung von etwas auffallend anderem andererseits, das ich am Anfang überhaupt nicht benennen konnte, schon gar nicht mit »Gabe der Meisterschaft«.
Das andere war namenlos, aber es war da.
Die Erkenntnisse von Ronald Davis überraschen also gerade die Eltern von Legasthenikern am allerwenigsten, und so ist es kein Wunder, dass in seinen Workshops viele betroffene Mütter oder Väter anzutreffen sind. Dabei könnte man jetzt leicht auf den Gedanken kommen, dass es lediglich das Selbstbewusstsein der (betroffenen) Beteiligten

stärkt, wenn sie sich einreden könnten, dass ihre Kinder in Wahrheit »Wunderkinder« seien. Aber darum geht es gar nicht. Natürlich sind sie keine Wunderkinder, wohl aber durchaus intelligente Kinder, was sich leicht mit jedem Intelligenztest belegen lässt.

Es geht vielmehr um das andere Denken, die oft seltsamen Erkenntnisprozesse, die uns fremden Sichtweisen, mit denen die Kinder an die Dinge des täglichen Lebens und darüber hinaus oft auch an die »geistigen« Dinge herangehen. Die uns verblüffen. Die wir nicht einordnen können.

Durch das Buch von Davis und seine Workshops wurden meine divergenten Beobachtungen am Phänomen Legasthenie zum ersten Mal in eine Harmonie zusammengefügt, in der alles zusammenpasst wie die Teile eines Puzzles.

Zu meinen persönlichen Erfahrungen mit Legasthenikern war nun im Lauf der Jahre – und zwar lange, bevor mir das erst 1995 erschienene Buch von Ronald Davis überhaupt bekannt war – eine ganz andere Beobachtung hinzugekommen, eigentlich zuerst mehr eine Ahnung, ein Gefühl.

Es begann, als meine Kinder auf die Waldorfschule kamen und ich dadurch nach und nach in mancherlei Hinsicht neue Vorstellungs- und Denkwelten kennenlernte. Immer häufiger machte ich nämlich die Beobachtung einer frappierenden Deckungsgleiche der Grundideen der Waldorfpädagogik mit den oft seltsam anmutenden Sicht- und Denkweisen meiner legasthenischen Kinder, und zwar Sicht- und Denkweisen, die diese immer schon an den Tag gelegt und mich damit überrascht hatten, also auch schon lange, bevor sie Waldorfschüler wurden. Und: obwohl sie nicht aus einem anthroposophisch orientierten Elternhaus kamen.

Ob andere Menschen diese Deckungsgleiche schon früher festgestellt hatten, weil sie vielleicht schon früher an ein tieferes Verständnis der Anthroposophie herangekommen waren, weiß ich nicht. Jedenfalls haben mir viele Freunde – ganz unabhängig voneinander – schon zu »Sandkastenzeiten« meiner Ältesten immer wieder gesagt: Das ist ein Kind für die Waldorfschule! Warum wusste ich damals nicht.

Und zumindest die Älteste ist dann auch zunächst »ganz normal« in die Staatsschule gegangen. Bis es endgültig nicht mehr ging, bis die Leidensgrenze erreicht und überschritten war. Und es schien richtig

zu sein: Sie war ein Kind für die Waldorfschule, je mehr ich in den Jahren danach an Einsichten in die Waldorfpädagogik gewann und sich meine oben beschriebenen Ahnungen einer »Verwandtschaft« zwischen Anthroposophie und Legasthenie verdichteten. Nur: Mit dem Lesen und Schreiben hat sie nach wie vor große Schwierigkeiten, ebenso wie meine Jüngste, die doch sogar ohne Staatsschul-Umweg auf die Waldorfschule gekommen war.
Wo ist hier der Widerspruch, wo die Plausibilität?
Weil mir die Antwort im gegenwärtigen Schul-Erleben verschlossen blieb, so sehr sich die verschiedenen Lehrer/innen und Therapeut/innen auch um die Kinder in ihrer Situation bemühten, und so wenig ich irgendeine/n von ihnen in irgendeiner Weise kritisieren will und kann, bin ich – sensibilisiert durch die Erkenntnisse von Ronald Davis – auf der Suche nach dem Schlüssel zu den Ursprüngen der Anthroposophie zurückgegangen.

Rudolf Steiner – ein Legastheniker?

Vielleicht liegt die Antwort ja in ihm, jenem genialen Denker, der seiner Zeit (wie unserer Zeit übrigens immer noch) in vielem so weit voraus war. Wir wissen viel von dem Mann. Aber wie gut kennen wir ihn? Er sagte von sich, dass er als Achtjähriger alle Worte unorthographisch schrieb und mit 14/15 Jahren noch nicht ordentlich schreiben konnte (vgl. die Zitate auf S. 51 und 39/40).
Warum fiel es Rudolf Steiner so schwer, diese Kulturtechnik zu lernen, zumal wir davon ausgehen können, dass damals noch wesentlich mehr Zeit für den Lese- und Schreibunterricht in den Schulen zur Verfügung stand? Die Antwort liegt in den speziellen Funktionsweisen der Legasthenie und ihrer Nähe zum Genialen.
Ich werde dies im Folgenden genauer ausführen und beginne mit einem Zitat (für mich ein Kernzitat):

»Wir lesen Bücher; da sind sinnvolle Inhalte vermittelt durch solche kleinen Zeichen, die wir a, b, c und so weiter nennen. Wir denken gar nicht daran, wie wir malträtiert worden sind, um diese Zeichen zu lernen, denn sie stehen in gar keinem Verhältnis zu unserem inneren Leben.«[8]

Anhand der Erkenntnisse von Ronald Davis und der phänomenalen Parallelen in den Schriften und Vorträgen Rudolf Steiners will ich im Folgenden versuchen, hinter die Funktionsweise zu blicken, warum die Welt der Buchstaben keinen Bezug zur inneren Welt der Legastheniker hat.
Ich werde auch hier im Wesentlichen Zitate verwenden, damit sich jeder selbst ein Bild der mich so frappierenden Übereinstimmungen machen und den Gang meiner Schlussfolgerungen nachvollziehen kann. Natürlich muss ich mich auf wenige beschränken; aber es gibt unendlich viele weitere Zitatbelege, die »ins Bild passen«. Teilweise werde ich etwas ausführlicher zitieren, denn es ist mir wichtig, dass alle Äußerungen in ihrem Zusammenhang betrachtet werden können. Damit stehe ich jedoch gleichzeitig vor dem Problem dieser »dialogischen« Darstellung, denn ich versuche hier, etwas in eine logische Reihenfolge zu bringen, was man allein durch Logik gar nicht erfassen kann, weil das Denken der Zitierten so verwirrend vielschichtig ist. Wir könnten sie beide wohl erst dann richtig verstehen, wenn wir ebenfalls die Gabe hätten, alles gleichzeitig zu beobachten.
Von Ronald Davis liegen zur Zeit nur sein erwähntes Buch »Legasthenie als Talentsignal«, das Seminarhandbuch sowie meine persönlichen Notizen aus dem Seminar vor. Aus dem Reichtum der Steinerschen Schriften dagegen beschränke ich mich zunächst auf Zitate aus zehn seiner Werke – zumeist Mitschriften seiner Vorträge.*
Und wenn es ein Wagnis ist, schon nach so eingeschränkter Lektüre ein Resümee im Sinne eines Gedankenanstoßes zu ziehen – nun gut: dann wage ich es eben.

* Mittlerweile habe ich weitere Schriften und Vorträge von Rudolf Steiner gelesen und viele andere Parallelen gefunden. Ich werde im Folgenden diese Textstellen nicht noch zusätzlich zitieren, aber auf sie verweisen. Interessierte können sie dann in den entsprechenden Bänden der Gesamtausgabe (GA) bzw. den Taschenbüchern (TB) nachlesen (vergl. Literaturverzeichnis).

Ronald Davis beschreibt drei Merkmale, die von allen Legasthenikern geteilt werden:

1. Die Fähigkeit der bildlichen Begriffsbildung, d.h. das Denken mit geistigen Bildern.
2. Die Fähigkeit, ein mentales Bild so zu »registrieren«, als ob es eine tatsächliche Wahrnehmung wäre.
3. Eine Verwirrungsschwelle, die niedriger als der allgemeine Durchschnitt liegt.

Alle drei Merkmale stehen dabei in ständiger Wechselwirkung.
Ein Legastheniker hat als Kleinkind schon die ersten zwei der genannten Merkmale zu einer höchst effizienten Methode entwickelt, um plötzlich entstehende »Verwirrung«, (im Davis'schen Originaltext: »Confusion«) d.h. Unklarheit, Ratlosigkeit, Unentschlossenheit bei der Identifizierung ihm unbekannter Objekte aufzulösen:

»In einem Versuch, eine Verwirrung aufzulösen, wird die bildliche Begriffsbildung automatisch wirksam, und der unerkannte Gegenstand wird von möglicherweise mehreren hundert verschiedenen Standpunkten zu einem Begriff gebildet. In einem verwirrten Zustand werden diese geistigen Bilder so vom Verstand betrachtet und vom Gedächtnis aufgenommen, als ob sie wirkliche Beobachtungen wären. Wie nutzvoll diese Bilder bei der Identifizierung von Objekten auch immer sind, sie sind imaginäre und deshalb falsche Sinneswahrnehmungen …
Während dieser Zeit ist die Person desorientiert, und die Dauer der Desorientierung kann entweder unbestimmt oder einige Minuten oder Stunden dauern. Die Sinne, die durch diese Aktivität beeinträchtigt und verändert werden, sind das Sehvermögen, das Gehör, der Gleichgewichts-, der Bewegungs- und der Zeitsinn …
Wenn dieser Prozess zu einer präzisen Erkennung führt, wird die Verwirrung, wie auch die Verwirrungsschwelle aufgelöst, und die Desorientierung hat kleine oder keine Konsequenzen. In bestimmten kreativen und physischen Aktivitäten kann es in der Tat von großem Nutzen und Vorteil sein, wie es bei zahlreichen legasthenischen Erfindern, Sportlern und Künstlern zu sehen ist.«[9]

Das »Sinnesorgan«, womit der Legastheniker die verschiedenen Sichtweisen wahrnimmt, das also unbekannte Gegenstände »von möglicherweise mehreren hundert verschiedenen Standpunkten« aus betrachtet, nennt Ronald Davis »Das geistige Auge«.

Dazu führt er aus:

»Das geistige Auge hat keinen Standort. Es hat vielmehr eine unendliche Menge möglicher Standorte. Es befindet sich dort, wo sein Besitzer es jeweils platziert, hinwünscht oder wahrnimmt.
Wem dies wie ein übernatürlicher oder metaphysischer Begriff erscheint, der möge sich bitte daran erinnern, dass Legastheniker die Fähigkeit besitzen, ihre geistigen Bilder als reale Wahrnehmungen zu erleben. Wenn sie also das geistige Auge an einen bestimmten Ort ansiedeln, erlangen sie die Fähigkeit, ihre Wahrnehmungen von diesem Blickwinkel zu erleben.«[10]

Man kann es auch so ausdrücken: Während des Zustands der »Desorientierung« (zur Betrachtung dieses bei Davis immer wieder verwendeteten Ausdrucks – im Englischen: »Disorientation« – komme ich noch; vielleicht wäre »Ent-Orientierung« die treffendere Übertragung) blickt der Legastheniker mit seinem geistigen Auge auf das, was ihn verwirrt hat, und indem er es mit diesem geistigen Auge umkreist, führt dies zwar zu veränderten Wahrnehmungen in der realen Welt, gleichzeitig aber führt es ihn schnell zur Erkenntnis und Auflösung des Reizes, der ihn verwirrt hat.
Dass er mit seiner Terminologie »Verwirrung«, »Desorientierung« und schließlich gar »Geistiges Auge« eine Gratwanderung zwischen physischer und metaphysischer Welt einschlägt und sich damit fast zwangsläufig der Kritik des »Nicht-Beweisbaren« ausliefert, ist Ronald Davis wohl bewusst. Andererseits: Er selbst ist der Beweis. So fragt und antwortet er gleichzeitig:

»Hat der Legastheniker eine Erfahrung außerhalb des Körpers? Oder fabriziert sein Geist die erforderlichen Wahrnehmungsreize, die diese vielfältigen Ansichten hervorrufen? Ich weiß es nicht. Ich weiß nur, dass es geschieht.«[11]

Über 70 Jahre vorher sprach Rudolf Steiner so über das »Geistige Auge«:

»Indem wir uns bewegen in der Welt, mit dem seelischen Auge sehend, aber die physischen Augen zurücklassend, wenn wir also gerade durch das Auge verlassen unsere Leiblichkeit, kommen wir in jene Region hinein, wo die Imagination waltet.«[12]

Und:

»Sie sehen daraus also, dass schon das imaginative Denken sich an den ganzen Menschen richtet und dass der ganze Mensch leben muss in einer solchen imaginativen Erkenntnis. Das ist bei den höheren Erkenntnissen noch viel mehr der Fall.
Nun brauchen Sie sich nicht zu verwundern, dass dann auch eine solche Erkenntnis den ganzen Menschen anspricht. Aber man merkt dann auch, dass in der Welt eben noch vieles andere ist als dasjenige, was für die äußeren Sinne wahrnehmbar ist. Und man merkt vor allen Dingen, wie es möglich ist, in einer Welt zu leben, in der der Raum keine Bedeutung mehr hat ...
Aber bei der imaginativen Erkenntnis hört nach und nach das Räumliche ganz auf. Es wird alles zeitlich. Das Zeitliche im Imaginativen hat da die Bedeutung wie das Räumliche im Physischen. Und das führt jetzt zu etwas anderem. Das führt dazu einzusehen, dass das Zeitliche ein Bleibendes eigentlich ist. Das Zeitliche ist wirklich ein Bleibendes.«[13]

Dieses nachzuvollziehen ist mit unserer überwiegend analytisch-logisch trainierten Denkweise schwierig. Ich werde deshalb noch etwas näher auf die einzelnen Merkmale und ihre Begrifflichkeiten eingehen. Zunächst blicke ich noch einmal auf das zweite genannte Legastheniker-Merkmal: Ein mentales Bild so zu registrieren, als ob es eine tatsächliche Wahrnehmung wäre. Um dieses zu können, benutzt der Legastheniker die Fähigkeit der »Desorientierung«, d.h.:

»Verlust der eigenen Stellung oder Richtung in Bezug auf die Gegebenheiten der Umwelt; eine Verfassung, in der die inneren Wahrnehmungen nicht mit den wirklichen Gegebenheiten der Umwelt übereinstimmen; manche Menschen reagieren automatisch in dieser Weise auf Verwirrung. Im Zustand der Desorientierung werden die Wahrnehmungen verändert.«[14]

Wir kennen so etwas aus ganz alltäglichen Situationen. Wenn wir z.B. auf eine rotierende Scheibe schauen, auf die eine Spirale gemalt ist, fühlen wir uns benommen, und uns wird schwindelig. Oder: Wir sitzen im Auto vor einer roten Ampel; der Wagen vor uns rollt rückwärts, und wir treten »automatisch« auf die Bremse, statt auch in den Rückwärtsgang zu gehen, weil es uns vorkam, als rollten wir selbst vorwärts. Und die Situation in der Eisenbahn kennt auch jeder: Zwei Züge stehen nebeneinander am Bahnsteig, einer soll gleich nach rechts, einer nach links abfahren. Wir sitzen in dem einem und gucken in die Fenster des anderen. Und plötzlich fährt einer los. Aber welcher?

Das menschliche Gehirn verändert in bestimmten Situationen die reale Wahrnehmung und stellt die tatsächliche Wirklichkeit gleichberechtigt in eine Reihe anderer ebenso real empfundener Wirklichkeiten. Diese uns eingebaute Gehirnfunktion der Desorientierung aktiviert der Legastheniker; er hat in ihr eine Fähigkeit, mit der er Verwirrung auflösen kann und gelangt auf diese Weise zu Erkenntnissen.

Rudolf Steiner beschreibt diesen Vorgang sehr ähnlich:

»Wenn ich meinen eigenen Leib sehe, so ist der Leib selbst schon ein Schluss. Die Vorstellung ist nur vorhanden, indem ich die Augen auf den Leib richte, aber indem ich nun eine bestimmte halbbewusste, unterbewusste Prozedur ausführe, trage ich mir urteilsmäßig die Dinge zusammen, die das Ganze erleben lassen, zusammenfassend in dem Satz: Also ist dieses ein Leib.«[15]

Als weitere Beschreibungen der Desorientierungsfunktion könnte man vielleicht sogar die Aussagen interpretieren, die sich auf die Erlangung »höherer Erkenntnisse« beziehen, z.B. in: »Die geistig-seelischen Grundkräfte der Erziehungskunst«, Zweiter Vortrag, Oxford 17. August 1922 (GA 305) sowie in »Die Geheimwissenschaft im Umriss«, GA 13/1977, S. 300.

Der Legastheniker benutzt also die Desorientierung, um mehr als eine Wirklichkeit zu erkennen: um vielschichtige Wahrnehmungen zu erhalten. Er kann so Beobachtungen aus verschiedenen Perspektiven machen und gewinnt dabei mehr Informationen als andere Menschen. Gleichzeitig sind seine realen Sinneswahrnehmungen jetzt allerdings verändert (außer dem Geruchs- und dem Geschmackssinn): die visuelle und die auditive Wahrnehmung, der Tastsinn, der Gleichgewichtssinn, der Zeitsinn.

Das ist auch für Außenstehende leicht zu beobachten, und die meisten herkömmlichen (heutigen) Therapieansätze für Legastheniker – auch aus dem anthroposophischen Bereich – arbeiten hart an der Sinnesschulung. Solche Therapien sind oft sehr mühsam; sie sind meiner Meinung nach vom Ansatz her in Frage zu stellen, da sie Symptome kurieren wollen und nicht nach den Ursachen forschen.

»Das große Problem hier ist, daß die Legasthenie keine physische Krankheit, sondern eine vom Legastheniker erzeugte geistige Funktionsweise ist.«[16]

Rudolf Steiner bemerkt zu Beginn seiner heilpädagogischen Vorträge:

»Nur sowas wie, sagen wir, eine kleine Gedankenflucht oder eine Unfähigkeit, die Worte beim Sprechen in die richtigen Abstände zu stellen, so dass man entweder im Sprechen sich überschlägt, oder aber dass der Zuhörer spazieren gehen kann zwischen zwei Worten, die man herausbringt, oder ähnliche Unregelmäßigkeiten, die auch im Willensleben und Gefühlsleben auftreten können, die sind, wenigstens in einer geringfügigen Anlage, bei der größten Anzahl von Menschen bemerkbar. ... Man muss in diesen Dingen seine Symptomstudien machen, wie jeder Arzt bei Krankheitsfällen von Symptomen spricht ..., aber niemals dasjenige verwechseln wird, was im Symptomenkomplex liegt, mit demjenigen, was eigentlich der substanzielle Inhalt der Krankheit ist.«

Und er versucht, einen Blick auf das Substanzielle zu werfen, denn auch er sah schon, dass sich gegebenenfalls Genialität dahinter verbirgt:

»Wir haben ja im Grunde genommen gar kein weiteres Recht, über die Normalität oder Abnormalität des kindlichen Seelenlebens oder menschlichen Seelenlebens überhaupt zu reden, als indem wir hinschauen auf dasjenige, was durchschnittsmäßig ›normal‹ ist. Es gibt kein anderes Kriterium als dasjenige, was allgemein üblich ist vor einer Gemeinschaft von Philistern. ...
Daher sind die Urteile so außerordentlich konfus, wenn man anfängt, indem man eine Abnormalität konstatieren kann, dann alles Mögliche zu treiben und damit abzuhelfen glaubt – statt dessen treibt man ein Stück Genialität heraus.«[17]

Ronald Davis sagte während eines Seminars:

»You don't need therapy to understand talent or genius, you only have to add something.« (= »Man braucht keinerlei Therapie, um Talent oder Genialität zu verstehen, man muss diesem nur etwas hinzufügen.«)

Ein weiteres Legastheniker-Merkmal ist die »nonverbale Begriffsbildung«, d.h.:

»Denken mit geistigen Bildern von Begriffen oder Ideen; jede Form von Denken, die keine Wörter verwendet. Intuition ist eine Form von nonverbalem Denken, nonverbaler Begriffsbildung.«[18]

Demgegenüber steht die »verbale Begriffsbildung«, d.h.:

»Denken mit den Lauten der Wörter. Wenn man seine Gedanken innerlich als Wörter hört, denkt man verbal.«[19]

Da ein (potenzieller) Legastheniker bereits als Kleinkind automatisch und unbewusst die Desorientierungsfunktion seines Gehirns benutzt, um Gegenstände seiner Umgebung zu identifizieren – und dabei die Erfahrung macht, dass dieses Vorgehen anscheinend immer klappt, hat er keine Veranlassung, ein analytisch-logisches Denken zum bewussten Erkennen von Gegenständen zu entwickeln.

»Bei normaler (d.h. nicht-legasthenischer) Entwicklung beginnt sich die Fähigkeit zu analytischem und logischem Denken im Alter von etwa drei Jahren zu entwickeln. Es ist die Befähigung zum bewussten Erkennen. ... Kinder, die diese Fähigkeit benötigen, entwickeln sie. Aber der Legastheniker besitzt schon ein System, das schneller und genauer ist, als es das analytische und logische Denken je sein können. Er hat keinerlei Bedürfnis für diese (... »normale« ...) Fertigkeit, entwickelt sie also nicht.
Kinder, die eine Fertigkeit im analytischen und logischen Denken benötigen, müssen auch eine Fertigkeit im verbal-begrifflichen Denken entwickeln, denn Analyse und Logik beruhen auf Sprache. Diese Denkweisen folgen denselben Mustern wie die Satzbildung.
Das normale Kind muss also das Sprachzentrum in der linken Gehirnhälfte benutzen. Dies ist der Grund dafür, dass verbales Denken um ein Vielfaches langsamer ist als nonverbales Denken.
Das Sprachzentrum des Gehirns kann notwendigerweise nicht schneller arbeiten als mit der maximalen Geschwindigkeit, die ein Verstehen des

Gesprochenen noch zulässt, nämlich mit einem Tempo von höchstens 250 Wörtern pro Minute oder etwa vier Wörtern pro Sekunde. Dies bedeutet, dass der Denkprozess des normalen Kindes sich drastisch verlangsamt, während der Legastheniker nach wie vor mit voller Geschwindigkeit denkt.
Er hat natürlich sprechen und gesprochene Sprache verstehen gelernt. Tatsächlich versucht er manchmal so schnell zu sprechen, wie er denkt, aber sein Mund kann nicht mit seinem Denken mithalten. Wenn er etwas sagen will, was ihm wichtig ist, spricht er so schnell, dass die Wörter ineinanderlaufen. Seine Eltern hören dann ein unverständliches Wirrwarr von Lauten und machen sich Sorgen, dass er ein Stotterer wird.
›Langsam, Schätzchen,‹ sagt die Mutter, ›du sprichst so schnell, dass ich nichts verstehe.‹ Für den kleinen Legastheniker, der eine Idee auszudrücken versucht, die er in Bildern sieht, hört sich ihre Rede unerträglich langsam an. Es ist, als spräche sie mit einer Geschwindigkeit von ... einem ... Wort ... pro ... Sekunde.
Schätzungen, die den Geschwindigkeitsunterschied zwischen verbalem und nonverbalem Denken zu bestimmen suchen, klaffen weit auseinander. Nach den niedrigsten Schätzungen ist das nonverbale Denken etwa 400mal schneller als das verbale Denken, nach den höchsten Schätzungen verläuft es 2000mal schneller. Der reale Wert liegt vermutlich irgendwo dazwischen.
Die Entwicklung des verbalen Denkens (des Denkens mit den Lauten der Sprache) kann bis zu zwei Jahre dauern. Wenn es voll entwickelt ist, wird das verbale Denken zur vorwiegenden Denkweise der meisten Kinder.
Normale Kinder haben daher meist im Alter von fünf Jahren mit den Lauten der Wörter zu denken begonnen. Es ist vielleicht eine langsame Denkweise, aber sie erweist sich als sehr nützlich, wenn sie zu lesen beginnen.«[20]

Alle Lese-/Rechtschreibprogramme an den Schulen gehen heute grundsätzlich vom Analytisch-Logischen aus, basieren somit auf verbalem Denken:

»Das Kind ist nun (um das siebte Lebensjahr herum) in der Lage, diese Vorstellungsinhalte mit einer bewusst erlebten und geführten Aktivität zu durchdringen. So kann es sich aus bewusst erlebter Eigenaktivität den Dingen zuwenden. Es gewinnt die Fähigkeit, die Gegenstände seiner Wahrnehmung mit einer von innen geführten Bewusstheit zu betrachten, z.B. im Hinblick auf deren Teile und Elemente. Diese analysierende Betrachtung ist notwendig, wenn das Kind die Lautgestalt der Wörter so hören soll, dass dabei die Folge der einzelnen Laute als Elemente dieser Wörter bewusst hervortreten.«[21]

Welche Denkweise steht dann aber hinter den folgenden Äußerungen Rudolf Steiners? Eine analytisch-logische?

»Aber wiederum, wenn ich das Wort wahrnehme, so lebe ich mich nicht so intim in das Objekt, in das äußere Wesen hinein, als wenn ich durch das Wort den Gedanken wahrnehme. Da unterscheiden die meisten Menschen schon nicht mehr. Aber es ist ein Unterschied zwischen dem Wahrnehmen des bloßen Wortes, des sinnvoll Tönenden, und dem realen Wahrnehmen des Gedankens hinter dem Worte.«[22]

Zwar können wir alle Vorstellungsbilder zu Wörtern wie z.B. ›Baum‹ entwickeln, aber die wenigsten denken ausschließlich mit Bildern:

»Sie hören, sagen wir, irgendein Wort: ›Baum‹. Wenn sie das Wort ›Baum‹ hören, dann sprechen sie mit ihrem ätherischen Leibe leise – nicht mit ihrem physischen Leibe, aber mit ihrem ätherischen Leibe – leise auch ›Baum‹.«[23]

Meint Steiner hier jetzt einfach die Wiederholung des Wortes durch die innere Sprache? Nein:

»Was wir dann im Ätherleib haben, ist eine bildhafte Arbeit. Da wird in den Ätherleib hineingearbeitet, was wir Symbolik nennen können ... Da verarbeitet der Ätherleib in der Symbolik, wie im Traum, dasjenige, was den äußeren Eindrücken nicht mehr ähnlich ist, und darin besteht das Fortwirken des Lautes.«[24]

(Eine sehr anschauliche Beschreibung des Denkens mit dem Ätherleib findet sich übrigens auch in: Rudolf Steiner »Rhythmen im Kosmos und im Menschenwesen. Wie kommt man zum Schauen der geistigen Welt?«, Erster Vortrag, Dornach 30. Mai 1923, GA 350)
Damit beschreibt auch er folgerichtig die Entwicklung des Kindes als von dem Sinnlichen träumend, also nicht sinnlich orientiert, zu einem Sprachverständnis durch nonverbales Denken – und eben nicht durch von innen geführte Bewusstheit oder analytische Betrachtung.

»Wir sehen also das, was uns in der Dreiheit ›Gehen – Sprechen – Denken‹ im Kinde veranlagt entgegentritt, wie in dem bildhaften Element vereinigt.
Auch das, was das Kind zuerst im Sinnlichen träumend aufgenommen hat von den Taten der Umgebung, wird merkwürdigerweise in diesem zweiten Lebensalter vom Zahnwechsel bis zur Geschlechtsreife in Bilder verwandelt. Das Kind fängt an, möchte man sagen, zu träumen von dem, was seine Umgebung tut, während es in der ersten Lebensperiode das ganz nüchtern aufgefasst hat, in seiner Art nüchtern, indem es innerlich es nachahmt.
Jetzt fängt es an zu träumen von demjenigen, was die Umgebung tut. Und die Gedanken des kindlichen Denkens sind noch nicht abstrakte, noch nicht logische Gedanken, sie sind noch Bilder.
In demjenigen, wofür die Sprache tonangebend ist, in diesem künstlerischen Element, diesem ästhetischen Element, diesem bildhaften Element lebt das Kind vom Zahnwechsel bis zur Geschlechtsreife, und nur dasjenige kommt von uns als Erwachsene zu ihm, was in diese Bildlichkeit getaucht ist.«[25]

Der Konflikt liegt also auf der Hand: Wer die beiden Legastheniker-Fähigkeiten »Desorientierung« und »nonverbale Begriffsbildung« zum Denken benutzt, wird voraussichtlich Probleme beim Erlernen der Zivilisationstechniken Lesen und Schreiben bekommen, jedenfalls mit den herkömmlichen pädagogisch-didaktischen Methoden.

Vom natürlichen Talent zur erzeugten Behinderung

Das legasthenische Kind benutzt also sein besonderes Wahrnehmungstalent, die Gabe der Desorientierung, und sein bildhaftes Denken, um Verwirrung aufzulösen, d.h. Unbekanntes zu erkennen, Unverstandenes zu verstehen. Dies gelingt ihm als Kleinkind in der Regel sehr gut, weil es sich ja hauptsächlich mit realen physischen Gegenständen befasst.
Aus dieser Erfahrung heraus wird es sich nun unbewusst nicht nur dann desorientieren, wenn es einem unbekannten, aber anfassba-

ren Gegenstand begegnet, sondern auch, wenn es auf ein verwirrendes abstraktes Symbol stößt, welches sich nicht dreidimensional erfassbar darstellt, z.B. Striche, die einen Buchstaben oder eine Buchstabenkombination, die außerdem keinerlei bildhaften Bezug haben, ergeben sollen. Und da funktioniert sein wunderbarer Erkennungsmechanismus plötzlich nicht mehr.
Denn was passiert, wenn das Kind in der Desorientierung seine vielschichtige Wahrnehmungsfunktion aktiviert? Automatisch sieht es das Symbol, den Buchstaben oder das Wort, aus verschiedenen Richtungen: vorwärts, rückwärts, in beiden Richtungen auf dem Kopf stehend und im Raum schwebend. Das Bild »Baum« bleibt von allen Seiten immer ein Baum. Aber ein ***i*** von oben? Und ein ***b*** rückwärts? Die Verwirrung löst sich nicht auf; sie wächst vielmehr.

Hierzu Ronald Davis:

»Um zu sehen, wie sich das nonverbale Denken [auf den Legastheniker] auswirkt, stellen wir ihn uns nun sechsjährig vor und schicken ihn in die erste Klasse. Es spielt keine Rolle, wie gut er auf diesen Tag vorbereitet ist und wie begeistert er auf ihn gewartet hat. Was er erlebt, versetzt ihn in Panik.
Er befindet sich an einem unbekannten Ort. Eine Frau geht mit einem Stück Kreide an die Tafel, schreibt die Buchstaben R-O-T und fragt dann: ›Wer weiß, was das ist?‹
Einige Kinder haben das Wort schon gelernt, aber (der kleine Legastheniker) weiß es nicht. Selbst als sie ›Rot‹ sagen, sieht er keinen Zusammenhang. Die Striche der Buchstaben haben nichts mit seinem inneren Bild der Farbe Rot zu tun.«[26]

Rudolf Steiner beschreibt diese Situation ganz genauso:

»Und wenn das Kind dann in die Schule hineinkommt, dann tritt einem eben das entgegen, dass das Kind am meisten Opposition hat gegen das Lesen und Schreiben. Denn nicht wahr, da ist ein Mann: er hat schwarze oder blonde Haare, er hat eine Stirne, Nase, Augen, hat Beine, er geht, greift, sagt etwas, er hat diese oder jene Gedankenkreise – das ist der Vater. Nun soll das Kind aber das Zeichen da – VATER – für den Vater halten. Es ist gar keine Veranlassung, dass das Kind das für den Vater hält. Nicht die geringste Veranlassung ist dazu da ...«[27]

Bemerkenswert sind in diesem Zusammenhang auch Rudolf Steiners eigene erste Schulerfahrungen:

»Mein Vater war darauf bedacht, dass ich früh lesen und schreiben lernte. Als ich das schulpflichtige Alter erreicht hatte, wurde ich in die Dorfschule geschickt. Der Schullehrer war ein alter Herr, dem das Schulehalten eine lästige Beschäftigung war. Mir war das Unterrichtetwerden von ihm auch eine lästige Beschäftigung. Ich glaubte überhaupt nicht, dass ich durch ihn etwas lernen könne.«

Nach einem unglücklichen Vorfall (er wurde fälschlicherweise eines Vergehens beschuldigt) nahm ihn sein Vater kurzerhand aus der Schule:

»Und nun übernahm mein Vater selbst den Unterricht. Und nun saß ich denn stundenlang neben ihm in seiner Kanzlei und sollte schreiben und lesen, während er zwischendurch die Amtsgeschäfte verrichtete. Ich konnte auch bei ihm kein rechtes Interesse zu dem fassen, was durch den Unterricht an mich herankommen sollte. …
Wenn ich schrieb, so tat ich das, weil ich eben musste; ich tat es sogar möglichst schnell, damit ich eine Seite bald vollgeschrieben hatte. Denn nun konnte ich das Geschriebene mit Streusand, dessen sich mein Vater bediente, bestreuen. Und da fesselte mich dann, wie schnell der Streusand mit der Tinte auftrocknete, und welches stoffliche Gemenge er mit ihr gab. Ich probierte immer wieder mit den Fingern die Buchstaben ab, … und dadurch kam ich … an die Buchstaben heran.«[28]

Über diese »kindliche Spielerei« des kleinen Rudolf Steiner, durch die seine »… Schriftproben eine Gestalt annahmen, die meinem Vater gar nicht gefiel…«, darf man nun nicht lächelnd hinweglesen. Noch weniger allerdings soll man sie – wie auch sein übriges geschildertes Verhalten – als »Konzentrationsproblem«, »Verweigerungsverhalten« oder »Lernschwierigkeit« diagnostizieren. Aus meiner Sicht lassen sich manche solcher Textstellen so erklären: Was der kleine »Patzer« da »aus physikalischem Interesse« tat, war, das Unbegreifbare zu be-greifen, dem Abstrakten eine Form, ein Bild zu geben. Die streusandbedeckten Buchstaben hatten Gestalt gewonnen, ließen sich fühlen, erleben, von allen Seiten betrachten.

»Und trotz alledem habe ich verhältnismäßig früh gut lesen gelernt.«

Ein Widerspruch?
Nein, denn er bezieht sich dabei auf die Lektüre eines Geometriebuches. Es war ein Glücksgefühl für ihn, wenn ein zweidimensionales Symbol auch bei vielschichtiger Wahrnehmungsweise durch Herumkreisen des geistigen Auges immer denselben Sinn ergab: ein Dreieck, ein Viereck, ein Kreis bleiben auch von links oder rechts gesehen, von oben oder unten betrachtet noch ein Dreieck, ein Viereck und ein Kreis.

»Mit Enthusiasmus machte ich mich darüber her. Wochenlang war meine Seele ganz erfüllt von der Kongruenz, der Ähnlichkeit von Dreiecken, Vierecken, Vielecken; ich zergrübelte mein Denken mit der Frage, wo sich eigentlich die Parallelen schneiden; der pythagoreische Lehrsatz bezauberte mich ... Ich weiß, dass ich an der Geometrie das Glück zuerst kennen gelernt habe.
Ich wollte mir sagen können, das Erlebnis von der geistigen Welt ist ebenso wenig eine Täuschung wie das von der Sinnenwelt. Bei der Geometrie sagte ich mir, hier darf man etwas wissen, was nur die Seele selbst durch ihre eigene Kraft erlebt, in diesem Gefühle fand ich die Rechtfertigung, von der geistigen Welt, die ich erlebte, ebenso zu sprechen wie von der sinnlichen. Und ich sprach so davon. Ich hatte zwei Vorstellungen, die zwar unbestimmt waren, die aber schon vor meinem achten Lebensjahr eine große Rolle spielten. Ich unterschied Dinge und Wesenheiten, die ›man sieht‹, und solche, die ›man nicht sieht‹.«[29]

Unbestreitbar hat Rudolf Steiner es in der Folgezeit irgendwie geschafft, sich das Lesen und Schreiben anzueignen, aber es hat ihn »malträtiert«. Mit dem Lesen kam er vermutlich auf autodidaktische Weise und angetrieben von seiner großen Wissbegierde, vielleicht auch durch Raten klar, beim Schreiben bemühte er sich um lautgetreues Schreiben, indem er sich die Klänge vorstellte, wie er sie bei anderen gehört hatte, d.h. indem er sich »Laut-Bilder« schuf.

»Ich las in meiner Knabenzeit über die Worte hinweg, ging mit der Seele unmittelbar auf Anschauungen, Begriffe und Ideen, so dass ich vom Lesen gar nichts für die Entwicklung des Sinnes für orthographisches und grammatikalisches Schreiben hatte.
Dagegen hatte ich beim Schreiben den Drang, genau die Wortbilder so in Lauten festzuhalten, wie ich sie als Dialektworte zumeist hörte. Dadurch

bekam ich nur unter den größten Schwierigkeiten einen Zugang zum Schreiben der Schriftsprache.«[30]

Ein Legastheniker erklärte mir einmal, wie er sich Namen merkt bzw. sich an Namen erinnert: Über das »Bild des Lautes«.

»Ich sehe den Menschen genau vor mir, aber dann fällt mir oft der Name nicht ein. Dann stelle ich mir eine andere Person vor, die ihn anspricht. Und dann weiß ich den Namen wieder.«

Nun soll hier allerdings auch nicht verschwiegen werden, dass Rudolf Steiner an anderen Stellen mehrfach erwähnt, dass er in seiner Kindheit und Jugendzeit »gut lesen« konnte, während ihm das orthographisch und grammatikalisch korrekte Schreiben schwerfiel. Aber es gibt tatsächlich Legastheniker, die frühzeitig – zumeist autodidaktisch – lesen lernen, die gelesenen Wortbilder aber beim Schreiben nicht einsetzen können.
Es könnte sich hinter diesem »guten Lesen« aber auch das durch Anschauung erworbene Verständnis der Bücher handeln, denn Steiner betont seine frühe Lesefähigkeit immer im Zusammenhang mit bildhaften Darstellungen wie zunächst Geometriebüchern; später, mit 11 Jahren, waren es Mathematik- und Physikbücher. Und er fügt hinzu:

»Ich setzte mit dem Lesen ... immer wieder an; es ging jedesmal etwas besser.«

Schon lange vor dem bewussten Geometriebuch hatte Rudolf Steiner seine ersten »Lese-Erfahrungen« übrigens so gemacht:

»Unter den Spielsachen fesselten mich besonders diejenigen, deren Art ich auch heute für besonders gut halte. Es waren Bilderbücher mit beweglichen Figuren, die unten an Fäden gezogen werden können. Man verfolgte kleine Erzählungen an diesen Bildern, denen man einen Teil ihres Lebens dadurch selbst gab, dass man an den Fäden zog. Vor diesen Bilderbüchern saß ich oft stundenlang mit meiner Schwester. Ich lernte an ihnen auch, wie von selbst, die Anfangsgründe des Lesens.«[31]

Und was fasziniert legasthenische Kinder heutzutage besonders?
Ganz bestimmt kann man über gewisse »Bilderbücher« von heute, die Comics, und ihren Wert sehr unterschiedlicher Meinung sein,

aber da kann man die Kinder völlig versunken »lesen« sehen – wie sie das rasend schnelle Durchblättern der Hefte selbst gern bezeichnen.
Und während wir uns innerlich oder äußerlich über die »Schundlektüre« aufregen, übersehen wir (da wir ja nicht wortblind, wohl aber bildblind sind), dass vor unseren Augen der geniale nonverbale Denker innerhalb von Minuten den ganzen Comic »gelesen« hat. Das geht tatsächlich so schnell, dass er in der Zeit, in der man selbst normalerweise höchstens zwei Sprechblasen lesen könnte, schon die dritte Heftseite betrachtend »liest«.
Wie Rudolf Steiner schließlich alles geschafft hat: Studium, Doktortitel, sein ganzes Lebenswerk – ich weiß es nicht. Ich vermute (nach der Lektüre seiner methodisch-didaktischen Vorschläge), dass es eine Kombination seiner autodikatischen Begabung, seiner Erkenntnis und der damals üblichen Lehrmethoden war. Das weiter zu erforschen ist ein anderes Kapitel und würde hier zu weit führen (siehe Teil II und Teil III). Auf jeden Fall hat sich Rudolf Steiner irgendwie erfolgreich durch die Welt der Buchstaben hindurchgearbeitet, nur: in ihr gelebt – geschweige denn, sie geliebt – hat er nicht. Buchstaben sind zeitlebens »Dämonen« für ihn geblieben, deren Benutzung er empfiehlt, so weit wie möglich hinauszuschieben:

»Als die Europäer … nach Amerika gekommen sind, … da sind die Indianer davongelaufen, weil sie das für kleine Teufelchen hielten, was da als Buchstaben vorhanden war, und sie haben gesagt: Die Blassgesichter … verständigen sich durch kleine Teufelchen, durch Dämonen.
Aber das sind Buchstaben auch für Kinder. Sie bedeuten ja gar nichts für die Kinder. Das Kind empfindet – und es hat Recht – in den Buchstaben etwas Dämonisches; sie sind ja schon ein Zaubermittel geworden, weil sie Zeichen sind. Man muss vom Bilde ausgehen. Das Bild ist kein Zauberzeichen, es ist etwas Reales, und so muss man aus dem heraus arbeiten. Da kommen dann die Leute und sagen: ›Ja, aber die Kinder lernen dann spät erst Lesen und Schreiben.‹ – Das sagt man ja nur, weil man heute nicht weiß, wie schädlich es ist, wenn die Kinder früh lesen und schreiben lernen. Es ist sehr schlimm, wenn man früh schreiben kann. Lesen und Schreiben, so wie wir es heute haben, ist eigentlich erst etwas für den Menschen im späteren Lebensjahre, so im 11./12. Lebensjahre.

Indianische Bildergeschichte in Bilderschrift.
Die Erzählspirale verläuft vom Zentrum aus nach außen zur Peripherie.

Und je mehr man damit begnadigt ist, kein Lesen und Schreiben vorher fertig zu können, desto besser ist es für die späteren Lebensjahre. Derjenige, der noch nicht ordentlich schreiben konnte mit dem 14./15. Lebensjahr – ich kann da aus eigener Erfahrung sprechen, weil ich es nicht konnte mit 14/15 Jahren –, der verlegt sich nicht so viel für die spätere spirituelle Entwicklung als derjenige, der früh, mit 7/8 Jahren schon fertig lesen und schreiben konnte.
Das sind Dinge, die gerade der Lehrer beobachten muss.«[32]

Der Sieg

Durch seinen Selbstversuch fand Ronald Davis heraus:

»Der Legastheniker muss lernen, seine Desorientierung (bewusst) an- und abzuschalten. Dies geschieht dadurch, dass er sein geistiges Auge bewusst an eine bestimmte Stelle bringt. Wenn er das bewerkstelligt, ist er nicht mehr desorientiert und kann die äußere oder ›wirkliche‹ Welt korrekt wahrnehmen. Er ist orientiert.«[33]

Besonders im Zusammenhang mit Tätigkeiten, bei denen das »Talent« auf vollen Touren arbeitet, wird bei Legasthenikern für gewöhnlich die Schrift verzerrt. Bei Ronald Davis z.B. wurde die

Schrift besonders unentzifferbar, wenn er plastizierte und dabei etwas aufschreiben wollte. Dadurch kam er zu dem Schluss, dass nicht die Struktur (Gehirn oder Nervensystem) wirklich gestört war, sondern dass das Problem durch einen anderen Faktor ausgelöst sein musste. So entdeckte er seinen »Orientierungspunkt« (er nennt ihn auch »Zone des Wohlgefühls«), von dem aus er die »wirkliche« Welt nicht mehr verzerrt, sondern korrekt wahrnahm:

»Ein stabiler Ort hinter und über dem Kopf, an den man das geistige Auge bringt, um sich zu orientieren; die Stelle variiert ein wenig von Person zu Person. Wir bringen das geistige Auge immer wieder zurück zum Orientierungspunkt.«[34]

Aus:
»Legasthenie als Talentsignal«
© Ariston-Verlag

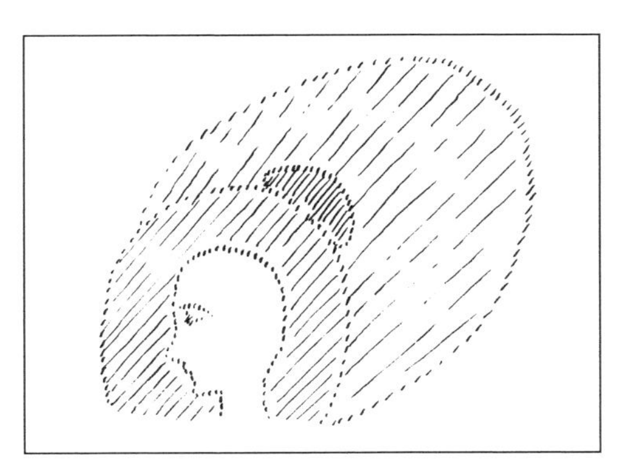

Dieser Sachverhalt war wohl auch Rudolf Steiner bekannt; man findet eine Zeichnung von ihm, die sich vermutlich darauf bezieht, was allerdings in diesem Rahmen nicht weiter dargestellt werden kann.[35] Der Punkt liegt demnach im Zentrum von einer Art »Ätherherz«, einer Stelle außerhalb des Körpers, die aber die Verbindung zur Erkenntnis schafft.

Ronald Davis beschreibt, dass mit der Desorientierung auch eine außergewöhnliche Wahrnehmungsfähigkeit verbunden ist:

»Dieses Talent (das Wahrnehmungstalent der Desorientierung) kann ein sehr bedeutender Vorteil sein, der den Fähigkeitsgrad in folgenden Bereichen verbessert und erhöht: Räumliches Bewusstsein, Menschen lesen, strategische Planung, technische Künste, Drama/Rollenspiele, Musik/Tanzen, Sport, Fahren von Fahrzeugen, Technik/Maschinenbau, Geschichten erzählen.«[36]

Durch das bewusste An- und Abschalten der Desorientierungsfunktion seines Gehirns kann der Legastheniker seine Wahrnehmung beherrschen lernen. Er kann sie kontrollieren.
(Wie dieses Orientierungstraining im Einzelnen durchgeführt wird, beschreibt Ronald Davis ausführlich in seinem Buch »Legasthenie als Talentsignal«.)
Aber dies ist nur der erste Schritt. Einen Buchstaben oder ein Wort bei orientierter Betrachtung nicht mehr kreuz und quer durch den

Gerrit, 16 Jahre

Raum fliegen zu sehen, von oben und unten und rechts und links, ist lediglich Voraussetzung für das geistige wie das physische Auge, das Symbol in seiner Zweidimensionalität ruhend zu erfassen. Es auch dem Sinne nach zu beherrschen, ist der zweite Schritt.
Auf das Orientierungs-Training muss also das Symbolbeherrschungs-Training aufbauen, zu allererst das vollständige Erlernen des Alphabets. Jeder Buchstabe wird be-greifbar gemacht, indem der Legastheniker zunächst das große, später auch das kleine ABC aus Knetmasse modelliert und dabei immer wieder seine Orientierung überprüft. So lernt er rasch, die Schriftsymbole zu entdämonisieren, zu beherrschen.
Zur Erzeugung oder Verbesserung einer daraus resultierenden tatsächlichen Lesefähigkeit des Legasthenikers hat Ronald Davis dann die so genannte »Spell-Reading-Methode« entwickelt, eine Buchstabiermethode, die schnell – das kann selbst bei einem Nichtleser in wenigen Minuten eintreten – in eine Ganzwortmethode übergeht und dann im dritten Schritt die bildhafte Aufnahme des Inhalts erreicht. Es erschien mir selbst zuerst unglaublich, aber es ist eine *Buchstabier*methode, keine *Lautier*methode!
Verblüffend ist hier einmal mehr die Parallele zu Steiner. Hat es es geahnt, gewusst, gesehen? Er schreibt:

»Mit der Normalwörtermethode erfasst man nur das Körperlich-Leibliche. Mit der Lautiermethode kommt man schon dem Seelischen nahe, und – horribile dictu – ja, es ist ganz schrecklich zu sagen: Mit der Buchstabiermethode kommt man ganz ins Seelische hinein. Das Letzte ist selbstverständlich heute noch Idiotismus, aber seelischer ist es zweifellos; nur es ist nicht unmittelbar anzuwenden.«[37]

Während des »Spell-Readings« (wie bei jedem anderen Lesen auch) gelangt man zwangsläufig an Wörter, die keine Bildhaftigkeit in sich tragen bzw. mit denen der Leser (noch) keine Erfahrung gemacht hat, die er verbildlichen könnte. Dies können Abstrakta aller Art sein – vor allem aber sind es die am häufigsten gebrauchten Wörter der deutschen Sprache: Präpositionen, Konjunktionen, Pronomen, Artikel. Ronald Davis nennt sie »Auslösewörter«.
Bei Auftauchen eines Auslösewortes schaltet sich beim Legastheniker unmittelbar die Desorientierung wieder ein, und die Verwirrung mit allen schon beschriebenen Begleiterscheinungen überwältigt ihn.

»Alle diese Wörter waren schon Teil des sprachlichen Vokabulars jeder dieser Personen in der Zeit, als sie noch fünf Jahre alt waren. Was fehlte, war ein Bild oder eine Begriffsbildung für die Bedeutung jedes Wortes. Weil die hauptsächliche Denkart der Legastheniker die bildliche ist, konnten sie mit den Wörtern nicht denken, für die sie keine Begriffe oder keine Bilder hatten.«[38]

Auch für Rudolf Steiner war es schon wichtig, gerade solche Wörter mit der Zeit wirklich zu »entziffern«. Er zitiert in diesem Zusammenhang einmal Jean Paul mit folgenden Worten:

»Vertraut auf die Entzifferungskanzlei der Zeit und des Zusammenhangs. Ein Kind von fünf Jahren versteht die Wörter ›doch‹, ›zwar nun‹, ›hingegen‹, ›freilich‹; versucht aber einmal, von ihnen eine Erklärung zu geben, nicht dem Kinde, sondern dem Vater! – Im einzigen ›zwar‹ steckt ein kleiner Philosoph.«[39]

Zur Beherrschung der Auslösewörter, der »blanken Bilder«, wie Davis sie auch nennt, wird nun ebenfalls die Symbolbeherrschungsmethode genutzt, mit der schon das Alphabet gelernt worden war, d.h. der Legastheniker macht sich ein dreidimensionales Bild des Wortes, indem er seine Bedeutung und das Schriftbild im Knetmodell darstellt.
Die Symbolbeherrschungstechnik wird von Ronald Davis übrigens auch für den Legasthenie-Berater empfohlen, damit dieser dadurch Begriffe besser verstehen lernt. Ebenfalls Schülern und Lehrern hatte Rudolf Steiner indes schon am 18. August 1924 folgendes empfohlen:

»Daher hat das Kind durchaus den Drang, Formen plastisch … zu bilden. … Wenn Sie daher als Lehrer … wissen, was das Kind aus plastischen Stoffen heraus gern formt …, dann werden Sie dem Kinde eine gute Anleitung geben können. …
Daher ist es schon wichtig für den Lehrer, weil die heutige Seminarbildung darinnen noch gar nichts tut, dass er versucht, sich selber plastisch zu betätigen. Sie werden sehen, wenn Sie noch soviel gelernt haben über eine Lunge oder über eine Leber, oder sagen wir, irgendwelche verwickelten Zusammenhänge von Gefäßen, Sie wissen nicht so viel, als wenn Sie das Ganze einmal in Wachs oder in Plastilin nachbilden. Da fangen Sie plötzlich an, ganz anders über die Sache zu wissen. …

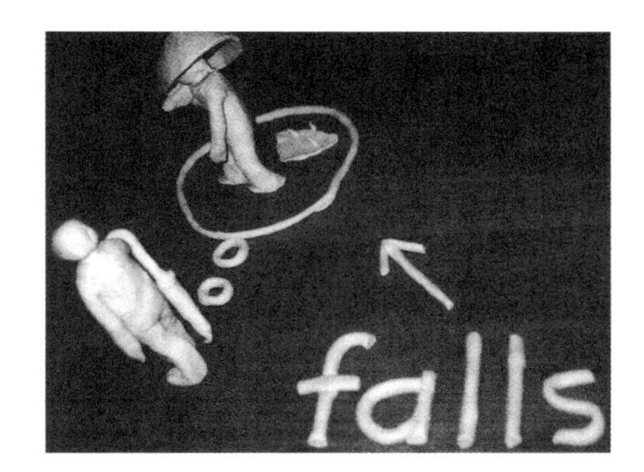

Knetmodell »falls« (Abdruck mit freundlicher Genehmigung der dda-Deutschland)

Nun ist es sehr interessant, wenn man die Kinder einfach so darauflos arbeiten lässt, nachdem man ihnen etwas erklärt hat vom Menschen, die Lunge oder ein anderes Organ, dann fangen sie an, solche Formen aufzubauen, wie die Lunge oder die dem ähnlich sind, und zwar ganz von selber. ...
Und deshalb ist es notwendig, dass Sie sich auf diese plastische Methode wirklich einlassen, sich Mittel suchen, wodurch Sie in die Lage kommen, die Formen ... sinngemäß wirklich nachzubilden, mit Wachs oder in Plastilin oder meinetwillen – wie es oftmals auch unsere Kinder machen – in Straßenschmutz. Nun ja, wenn man ein anderes Material nicht hat, so ist das ein sehr gutes Material.
Das ist der innere Drang, die innere Sehnsucht des Ätherleibes: so plastisch-malerisch tätig zu sein. Daher kann man sehr leicht an diesen Drang, an diese Sehnsucht anknüpfen und so die Buchstaben aus den Formen hervorholen, die das Kind malt, oder auch aus den Formen, die das Kind plastisch ausbildet, weil man wirklich aus Menschenerkenntnis heraus dann den Unterricht gestaltet. Das muss auf jeder Stufe geschehen. Das ist sehr interessant zu sehen, wie das Kind aus seiner eigenen Menschenwesenheit heraus formt.«[40]

Zwischenbilanz

Ronald Davis hat Methoden gefunden, die Legasthenie wirksam zu bewältigen. Zusammen mit einem Team von Wissenschaftlern aus verschiedenen Fakultäten hat er seine Entdeckung an dem von ihm gegründeten Reading-Research-Council und dem Dyslexia-Correction-Center in Kalifornien seit 1982 immer weiter erforscht und fortentwickelt.

- Die Orientierung korrigiert die Wahrnehmung.
- Die Symbolbeherrschung korrigiert die Legasthenie.

Wenn die Wörter, die zuvor kein Bild hatten, bildhaft gefüllt werden, braucht der Legastheniker seine spezielle Wahrnehmungsfähigkeit der Desorientierung nicht mehr anzuwenden. Er bleibt im Umgang mit der Schrift und ihren Symbolen orientiert. Er lernt, mit dem Wort bildhaft zu denken. Die Legasthenie verschwindet nach und nach. Das Talent bleibt: die »Gabe der Meisterschaft«.

»Wenn jemand in einer Sache zur Meisterschaft gelangt ist, wird sie zu einem Teil seiner selbst. Sie wird zum integralen Teil seines Denkens und Schaffens. Sie bereichert all sein späteres Denken und Schaffen um die wesentliche Qualität dieses Gegenstandes.«[41]

Auf nonverbaler Ebene Auslösewörter und Abstrakta mit der Symbolbeherrschungsmethode beherrschen zu lernen, würde aber wahrscheinlich nicht nur bei Legasthenikern, sondern bei jedem Menschen die Lesefertigkeit und das Sprachverständnis erheblich verbessern.
Seit einigen Jahren läuft an verschiedenen »ganz normalen« Grundschulen in Kalifornien ein Versuch, mit den Methoden von Ronald Davis zu arbeiten. Es sollte ursprünglich ein Präventivprogramm zur Vermeidung von Legasthenie werden, aber die Ergebnisse zeigen, dass bei den Kindern durch die Schulung des bildhaften Denkens nicht nur keine Legasthenie auftrat, sondern dass sich eine Reihe ganz anderer unerwarteter Fähigkeiten entfaltete, u.a. ein vertieftes Sprachverständnis sowie eine kreative, anspruchsvolle gedankliche Geschicklichkeit.
Die genauen Ergebnisse wurden mittlerweile (www.dyslexia.com) veröffentlicht, und man hat begonnen, spezielle Lehrerausbildungen anzubieten.
Neben diese gegenwärtige Erfahrung stelle ich nun wiederum einen Ausspruch von Rudolf Steiner:

»Wir leben im fünften nachatlantischen Zeitraum, auf den wird der sechste folgen und auf diesen der siebente. Wir haben bis jetzt ... als

Erdenmenschen eigentlich einen gewissen Hang zu abstraktem Denken, zu unbildlichem Denken entwickelt. Dasjenige, was sich entwickeln muss, bevor dieser fünfte nachatlantische Zeitraum zu Ende geht, das ist bildhaftes Vorstellen, Imagination. Und es ist die spezielle Aufgabe dieses fünften nachatlantischen Zeitraums, in der Erdenmenschheit die Gabe der Imagination zu entwickeln.«[42]

Ein Beispiel aus meinem eigenen Erleben mit legasthenischen Kindern und Jugendlichen möchte ich hier noch anfügen – zum Nachspüren, zu welchen Aussagen bildhaftes Denken befähigt:

»Ich weiß, wo das Ende der Welt ist.«
»Ja, wo denn?«
»Hinter meinem Rücken!«
(Mädchen, 11 Jahre)

Im täglichen Umgang mit legasthenischen Kindern und Jugendlichen lerne ich ständig dazu. Ihr faszinierendes blitzschnelles bildhaftes Denken eröffnet mir immer wieder neue Sichtweisen, die ich oft erst viel später erkenne. Ich bin überzeugt, dass wir alle unendlich viel von ihnen lernen können.
Sicher ist oder wird nicht jeder Legastheniker ein Leonardo oder ein Einstein, aber wir werden ihre Begabung erst wirklich kennenlernen, wenn unsere Schulen ihnen nonverbale Techniken anbieten, damit sie darüber die in der Tat unverzichtbaren Zivilisationstechniken des Lesens und Schreibens erlernen können, ohne »malträtiert« zu werden.
Zusätzlich werden sich auch für überwiegend verbal denkende Kinder neue, erweiterte Möglichkeiten des Lernens erschließen, wie der Pilotversuch in Kalifornien schon andeutet. Ich wünsche es mir – vor allem für die Waldorfschulen.
Auf dem Umschlag von F. Carlgrens Buch »Erziehung zur Freiheit« findet sich folgendes Steiner-Zitat:

»Nicht gefragt soll werden: Was braucht der Mensch zu wissen und zu können für die soziale Ordnung, die besteht; sondern: Was ist im Menschen veranlagt und was kann in ihm entwickelt werden?
Dann wird es möglich sein, der sozialen Ordnung immer neue Kräfte aus der heranwachsenden Generation zuzuführen.
Dann wird in dieser Ordnung immer das leben, was die in sie eintretenden

Vollmenschen aus ihr machen; nicht aber wird aus der heranwachsenden Generation das gemacht werden, was die bestehende soziale Organisation aus ihr machen will.«

Ronald Davis spricht diesen selben Gedanken in einem Interview mit Saskia Steltzer (in: »Ab 40«) so aus:

»Meiner Meinung nach werden diese Begabungen weltweit durch unser Ausbildungssystem verschwendet. Wie lange noch können wir uns das leisten? Wir brauchen ihren Beitrag, um den Fortbestand unserer Gesellschaft zu sichern.«

Doch selbst, wenn wir die Denkweise Rudolf Steiners nun glauben, im Ansatz erkannt zu haben: Seine genialen Gedanken zu verstehen, bleibt weiter eine Herausforderung:

»Ich werde nie über irgendetwas Geistiges sprechen, das ich nicht aus unmittelbarster geistiger Erfahrung kenne. Das ist mein Leitstern. Und das hat mir über alle Illusionen hinweggeholfen.
Ich kann die Illusionen durchschauen. Und ich darf wohl sagen, dass für mich das Geistige so und ganz so Wirklichkeit ist, wie der Tisch es ist, auf dem ich das schreibe.
Wer alles bei mir überschauen wollte, der würde Einklang sehen, wo er, da er es eben nicht überschaut, nur Widerspruch findet.«[43]

Übrigens: Den »Kampf mit den Buchstaben« hat schon so mancher gefochten:

»Ich will nur darauf hinweisen, dass viele schon vergessen haben, dass (er) ja niemals hat orthographisch schreiben können, dass er in Wirklichkeit sein ganzes Leben hindurch Fehler gemacht hat, insbesondere in seiner Jugend.«[44]

»So überließ (er) die Rechtschreibung seiner literarischen Werke einem professionellen Schreiber, weil diese ihm ein ›unsinniges Gräuel‹ und ein ›unüberwindliches Ärgernis‹ war.«[45]

Von wem hier die Rede ist, fragen Sie? Dieser Mensch hat immerhin den »Faust« geschrieben …

Teil II

… und aufzusuchen gerade das Gebiet,
wo die wirklichen Fähigkeiten stecken

Sieben Jahre sind seit dem Erscheinen meiner Broschüre »... wie wir maltrâtiert worden sind ...« vergangen – sieben Jahre voller interessanter Gespräche und Begegnungen, voller bestätigender Erlebnisse und neuer Erkenntnisse, aber auch weiter- und tiefergehender Fragen, die auf Antwort warten.
Meine Beratungstätigkeit mit legasthenischen Kindern und Jugendlichen hat seit jenen Septembertagen 1997 ständig an Umfang, Intensität und nicht zuletzt auch an Erfolg zugenommen. Es hat sich ein reger Dialog mit Betroffenen aus den unterschiedlichsten Gesellschafts- und Altersgruppen entwickelt, die mir ihr (manchmal fast erschrockenes) Erstaunen darüber schildern, dass sie sich plötzlich »verstanden« fühlen.
Wenn ich mich jetzt daranmache, meine Gedanken um einige wesentliche Aspekte zu ergänzen, so beginne ich dort, wo ich damals aufgehört habe.

Noch einmal: Rudolf Steiner

Im Jahre 1903 berichtete auch er von seinem Unverstandensein:

»Ich bin viel missverstanden worden; und werde gewiss auch noch viel missverstanden werden. Das liegt in der Natur meines Weges. Für alles mögliche bin ich schon genommen worden. Nicht zum mindesten für einen Fanatiker nach dieser oder jener Richtung. Wenn ich mich von etwas frei weiß, so ist es gerade der Fanatismus. Denn der Fanatismus ist der wahre Verführer zur Illusion. Und ich habe stets den Grundsatz gehabt, aller Illusion aus dem Wege zu gehen.
Sie schreiben, dass ich in meinem Leben den Geist darstelle. In <u>einer</u> Hinsicht, das versichere ich Ihnen, strebe ich das gewiss an: Ich werde nie über etwas <u>Geistiges</u> sprechen, das ich nicht aus unmittelbarster geistiger <u>Erfahrung</u> kenne. Das ist mein Leitstern. Und das hat mir über alle Illusionen hinweggeholfen. ...
Und ich darf wohl sagen, dass für mich das Geistige so und ganz so Wirklichkeit ist, wie der Tisch es ist, auf dem ich das schreibe. Wer <u>alles</u> bei mir

überschauen wollte, der würde Einklang sehen, wo er, da er es eben nicht überschaut, nur Widerspruch findet.«
(Rudolf Steiner, 1903, Hervorhebungen lt. Original.)

Einer der Widersprüche bei der Betrachtung der Person Rudolf Steiner, seines Lebens und Werks, ist z.B., dass sich dieser hochqualifizierte Geist offensichtlich (zumindest zeitweilig) im »Kampf mit den Buchstaben« befunden hat. Ich habe schon im I. Teil meiner Ausführungen davon berichtet, wie entsetzt sein Lehrer über seine Schreibkünste als Achtjähriger war, denn:

»Ich rundete alle Buchstaben, ignorierte die Oberzeilen und schrieb alle Worte unorthographisch.«

Sieht man sich sein überliefertes gestochenes Schriftbild heute an, möchte man ihm dieses Bekenntnis kaum glauben. Doch wie sehr er als Kind beim Schreibenlernen gelitten hat, bringt er in seinem Werk verschiedentlich zum Ausdruck – mal offen biographisch wie in seinem »Lebensgang«, mal philosophisch formuliert wie in seinem Buch »Die Geheimwissenschaft im Umriss«.

Da schreibt er:

»Für das ›Ich‹ bedeuten Erinnerung und Vergessen etwas durchaus Ähnliches wie für den Astralleib Wachen und Schlaf. Wie der Schlaf die Sorgen und Bekümmernisse des Tages in ein Nichts verschwinden lässt, so breitet Vergessen einen Schleier über die schlimmen Erfahrungen des Lebens und löscht dadurch einen Teil der Vergangenheit aus.
Und wie der Schlaf notwendig ist, damit die erschöpften Lebenskräfte neu gestärkt werden, so muss der Mensch gewisse Teile seiner Vergangenheit aus der Erinnerung vertilgen, wenn er neuen Erlebnissen frei und unbefangen gegenüberstehen soll. Aber gerade aus dem Vergessen erwächst ihm Stärkung für die Wahrnehmung des Neuen.
Man denke an die Tatsache wie das Lernen des Schreibens. Alle Einzelheiten, welche das Kind zu durchleben hat, um schreiben zu lernen, werden vergessen. Was bleibt, ist die Fähigkeit des Schreibens.
Wie würde der Mensch schreiben, wenn beim jedesmaligen Ansetzen der Feder alle die Erlebnisse in der Seele als Erinnerung aufstiegen, welche beim Schreibenlernen durchgemacht werden mussten.«[46]

Hat Rudolf Steiner die »schlimmen Erfahrungen des Lebens«, all das, was er »beim Schreibenlernen durchgemacht« hat, einfach nur erfolgreich »vergessen«? Wie hat er den Kampf mit den Buchstaben gewonnen, ohne weiterhin zu diesem Zweck »malträtiert« zu werden? Hier liegt das Geheimnis. Rudolf Steiner ist für mich der Beweis, dass es Wege gibt, Probleme beim Schreibenlernen aus ganz bestimmten, dem Menschen innewohnenden Denkstrukturen heraus zu bewältigen!

Um das Erkennen und Verstehen dieser Denkstrukturen und die Bewältigung der Schriftsprachprobleme mit ihrer Hilfe geht es mir – nicht im Entferntesten um eine Beweisführung, ob, wie sehr oder wie lange Rudolf Steiner Legastheniker war. Es geht allein darum zu versuchen, das dem Legasthenie-Phänomen zu Grunde liegende spezielle Denken der Legastheniker am Beispiel Rudolf Steiners aufzuspüren.

Meiner Meinung nach hat Rudolf Steiner in seinen methodisch-didaktischen Ausführungen viele Hinweise auf einen Weg versteckt, wie man erreichen kann, dass sich Legasthenie als »Behinderung« gar nicht erst entwickelt, das Denken aber, das ihr zu Grunde liegt, dabei nicht geopfert, sondern erhalten und gefördert wird.

Für Rudolf Steiner verbirgt sich wie für Ronald Davis hinter dem Zutagetreten von Lese-/Rechtschreibproblemen kein »Defizit«, kein »Minus«, sondern offenbar eine besondere Fähigkeit, ein »Plus«. Und beide, damals wie heute, stehen mit dieser Erkenntnis weitgehend unverstanden da – auf jeden Fall in krassem Widerspruch zur herrschenden Meinung und Schulpraxis – z.T. auch der Schulpraxis an Waldorfschulen.

Rudolf Steiner kommt angesichts der Aussichtslosigkeit seiner Überzeugungsbemühungen bei den Schulgewaltigen seiner Zeit auf geradezu »konspirative« Ideen.

In den »Konferenzen« führt er aus:

»Und so müssten Artikel erscheinen – selbstverständlich ohne dass es so aufgetragen wird, dass es bemerkt wird, als ob es an diese Adresse gerichtet würde; das wäre ganz falsch. Aber die Schulinspektion müsste eine Rolle spielen. Es müssten Artikel erscheinen von den verschiedensten Gesichtspunkten aus, dass es einfach eine große Bedeutung hat für das Kind, wenn es erst zwischen dem achten und neunten Jahr wirklich lesen lernt.

Es werden da Beispiele aufgeführt, wie Goethe vor dem neunten Jahr nicht lesen und schreiben konnte, wie Helmholtz viel später lesen und schreiben lernte. Dagegen wird angeführt, wie Leute, die schließlich Trottel geworden sind, wie die mit vier, fünf Jahren lesen und schreiben gekonnt haben.«[47]

Steiner hält also das frühe Lesen- und Schreibenlernen für geradezu schädlich und möchte es auf Grund seiner eigenen Erfahrung erst zwischen dem 11. und 15. Lebensjahr ansetzen (vergl. S. 39 / 40). Am liebsten würde er den Eltern sogar »gratulieren«, deren Kind mit 9 Jahren noch nicht lesen und schreiben kann.[48]
Aber er hat mit dieser Meinung damals wie heute keine Resonanz gefunden.

Das traditionelle Ursachenbild

Man diagnostiziert im allgemeinen Schulbetrieb vielmehr weiterhin unverdrossen schon bei Sieben- oder Achtjährigen, die keinen ordentlichen Zugang zur Schriftsprache entwickeln, die so genannte »Teilleistungsstörung« Legasthenie bzw. Lese-Rechtschreib-Schwäche – je nach gerade gängigem Sprachgebrauch. Tests im Vorschulalter bemühen sich um eine noch frühere Erkennung.
Wenn dann irgendwann eine »offizielle« Diagnose vorliegt, besteht in den meisten Bundesländern zwar die Möglichkeit, zunächst auf eine Zensierung der Lese- und Rechtschreib-Leistungen zu verzichten, aber dazu ist oft ein sehr umfangreiches gutachterliches Procedere erforderlich, an das sich dann wiederum jahrelange spezielle Fördermaßnahmen anschließen.
Allein das Diagnoseverfahren stellt schon eine enorme Belastung für das betroffene Kind dar:

»Für eine komplette, vermeintlich ›abgesicherte‹ Diagnose werden in der Regel zunächst Besuche beim Haus-, Kinder-, Augen-, Hals-Nasen-Ohren- und gegebenenfalls sogar beim Nervenfacharzt anstehen.
Sollten alle dort vorgenommenen Untersuchungen und Tests ›negativ‹ verlaufen, also ohne Befund sein – was übrigens relativ häufig vorkommt –, werden die Betroffenen erfahrungsgemäß so lange weiter überwiesen und herumgereicht (zuletzt meist an die Universitätskliniken), bis schließlich dann doch irgendeine ›Anomalie‹ festgestellt wird.

Diesem Procedere liegen keineswegs böser Wille oder ärztliche Profitsucht zugrunde, sondern es verrät allenfalls die eigene Hilflosigkeit der professionellen Helfer.«[49]

Ca. 60 verschiedene Ursachen für das Auftreten von Legasthenie stehen in der Diskussion. Sie reichen von Entwicklungs- und Hirnreifeverzögerungen (verursacht z.B. durch Lateralitätsprobleme, Wahrnehmungsprobleme, anatomische Schädigungen und Stoffwechselprobleme) über psychische und soziale Ursachenkomplexe bis zum »Gehirnschaden«. Nach neuesten molekulargenetischen Befunden werden jetzt auch Gene als Ursache in Betracht gezogen – gestützt durch die Beobachtung, dass Legasthenie in manchen Familien gehäuft auftritt, also dominant erblich zu sein scheint.
In seltener interdisziplinärer Eintracht sind Psychologen, Ärzte, Sozialpädagogen, Lehrer, Erziehungswissenschaftler, Logopäden, Motopäden und andere Experten auf der Suche nach der »Störung«.
Auch aus anthroposophischer Sicht geht man gegenwärtig von Lern- und/oder Entwicklungs- »störungen« aus, wenn es mit dem Lesen und Schreiben nicht so recht klappen will, und so wird manchmal schon bei Drittklässlern eine »Reifeverzögerung« diagnostiziert. An niederländischen Waldorfschulen hat man sogar eine »Zweitklassuntersuchung« entwickelt.[50]
Hans Friedbert Jaenicke plädiert ebenfalls für ein frühes Förderprogramm schon ab Anfang der zweiten Klasse.[51]

Und Rosemarie Jänchen kommt zu dem Schluss:

»Wer im 1. und 2. Schuljahr nicht lesen und schreiben gelernt hat, braucht als Erwachsener dazu zwei bis drei Jahre. Das zeigt, wie sehr das Erlernen dieser Techniken zu dem kindlichen Entwicklungsstand gehört, den wir allgemein mit Schulreife bezeichnen.«[52]

Zwar finden sich gerade in der anthroposophischen Literatur hin und wieder auch Verweise auf berühmtgewordene Legastheniker, z.B. auf Paul Ehrlich, und es gibt sogar die Beobachtung »besonderer Begabungen« und »wertvoller Eigenschaften« bei legasthenischen Kindern, wenn z.B. Moniek Terlouw am Schluss ihres Buches (S. 162) schreibt:

»Legasthenisch-Sein bedeutet nicht nur, dass man allerlei nicht kann, sondern es bedeutet auch, dass man auf bestimmten Gebieten Begabungen hat: Eine lebendige Vorstellung, ein gutes visuell-räumliches Gedächtnis und die Fähigkeit, gut ›mit den Händen denken‹ zu können, sind wertvolle Eigenschaften, die in manchem Beruf willkommen sind.«

Aber bei der Frage nach der Ursache geht man hier wie dort von einem »Defizit« aus, das möglichst frühzeitig behandelt und behoben werden muss.

Die Gegenposition: Legasthenie als Begabung

Eigene Erfahrungen und Forschungen haben mich dagegen zu der Überzeugung gebracht, dass das Einzige, was in Bezug auf den Umgang mit Legasthenikern wirklich »frühzeitig« passieren sollte, das Erkennen des legasthenischen Phänomens ist, nicht das Beseitigen. Im Gegenteil: Aus dem frühen Erkennen muss erst einmal ein gezieltes Fördern der für die Legasthenie verantwortlichen Determinanten erwachsen und nicht deren Bekämpfung.
Denn wenn die Wurzel der Legasthenie eigentlich eine Begabung ist, wie Ronald Davis es an sich selbst erkannt und in seinem Buch überzeugend dargelegt hat, dann darf man doch die Begabung nicht wegtherapieren, sondern muss sie nutzen, aus der ihr innewohnenden Kraft heraus dieser Folgeerscheinung Herr zu werden. Denn sie hat die Kraft dazu.
Rudolf Steiner hat sich in seinem Werk zwar nicht ausdrücklich zur »Legasthenie« und ihrer Behandlung geäußert, aber ich nehme ihn dennoch für diese These als meinen Kronzeugen in Anspruch.
In Anspielung auf die Probleme, die Johann Wolfgang Goethe zeitlebens mit Rechtschreibung und Grammatik hatte, sagte er einmal – versehen mit der persönlichen Bemerkung »… ich glaube über diese Sache ganz besonders sachgemäß sprechen zu können aus Gründen heraus, die Sie vielleicht zwischen den Zeilen dessen, was ich sagen werde, merken werden …«:

»Anstatt immer zu bedauern, sie können nicht orthographisch schreiben, und immerfort zu fragen: Was soll man denn tun, damit sie nun orthographisch schreiben lernen? – wäre es viel günstiger, darüber nachzudenken: Wo stecken denn eigentlich die wirklichen Fähigkeiten, wenn sie nicht da drinnen sind? – und aufzusuchen gerade das Gebiet, wo die wirklichen Fähigkeiten stecken, um dann auf irgendeine Weise die Brücke zu finden, um eventuell auch dasjenige noch hineinzubringen, was in solche Leute hineingebracht werden muss.«[53]

Warum dieser und vielen ähnlichen Bemerkungen Steiners bislang so wenig Beachtung geschenkt wurde, hängt vielleicht damit zusammen, dass sie nicht im Kontext der Legasthenie-Diskussion betrachtet wurden. Bringt man allerdings die Äußerung Steiners mit der vorher zitierten Beobachtung Moniek Terlouws in Verbindung, öffnet sich der Blick, warum gerade die Davis-Methode zur Bewältigung der Legasthenie ein so Erfolg versprechender Weg ist.
Wenn nun aber gerade das Gebiet, wo die wirklichen Fähigkeiten stecken, nicht aufgesucht, noch nicht einmal gesucht wird, steckt der kleine Legastheniker mit all seinen Begabungen in der Klemme: Die Eltern werden unruhig, wenn ihr Kind nicht »rechtzeitig« (d.h. nicht dann, wenn es die Gesellschaft normalerweise erwartet) einen Zugang zur Schriftsprache entwickelt, der Lehrer mahnt zur Geduld und vertröstet: »Das wird schon werden«, den Therapeuten dagegen kann es nicht schnell genug gehen, den kleinen »Träumer« aus irgendeinem Himmel (vielleicht gerade dem Gebiet, wo die »wirklichen Fähigkeiten« stecken) auf den Boden zu holen, und das Kind, ausgestattet mit der legasthenischen Fähigkeit, Menschen zu »lesen«, zieht sich alle Schuhe gleichzeitig an und kommt mit seinem Selbstwertgefühl ins Stolpern.
Verstehen Sie mich bitte richtig: Ich will hier auf keinen Fall Eltern, Lehrer oder Therapeuten, auch und schon gar nicht Fachautoren, in ihrem ernsthaften Ringen um die Bewältigung der Legasthenie kritisieren. Aber ich möchte ihnen Mut machen, zumindest Neugier wecken, die Erkenntnisse von Ronald Davis bei ihrem fortgesetzten Bemühen in Betracht zu ziehen. Ich selbst habe jedenfalls die Erfahrung gemacht: Nach Davis sieht man vieles in einem anderen Licht.
Hätte ich z.B. die Davis'sche Erkenntnis des »bildhaften (nonverbalen) Denkens«, das neben dem Desorientierungstalent der Legasthenie ursächlich zu Grunde liegt, schon eher besessen und begriffen, hätte ich vielleicht schon vor einigen Jahren Teile dessen erkennen können, was sich mir jetzt Schritt für Schritt öffnet. Ich hätte z.B. eine Verbindung herstellen können zwischen den mich

damals schon beschäftigenden Problemen der Legasthenie und der mir durchaus bekannten Untersuchung von P. Rozin und seinen Mitarbeitern aus dem Jahre 1971, die von Erfahrungen legasthenischer Kinder mit nichtalphabetischen Schriftsystemen berichtet:

»Einen interessanten Versuch in dieser Richtung haben drei amerikanische Psychologen an der Universität von Pennsylvania mit leseschwachen (legasthenischen) Kindern gemacht. Solche Kinder haben Schwierigkeiten, Wörter und Sätze aus einzelnen Buchstaben zusammenzusetzen – sowohl beim Schreiben als auch beim Lesen.
Nach vielen Versuchen gelang es den drei Forschern mit einem interessanten Trick, den richtigen Eingangskanal zu erreichen und den Kindern in kurzer Zeit beizubringen, ganze Sätze praktisch ohne Fehler wenigstens zu lesen.
Man hatte die erstaunliche Beobachtung gemacht, dass die Kinder mit der chinesischen Bilderschrift, also mit gepinselten Wortsymbolen, viel leichter umgehen konnten als mit unserem europäischen Alphabet. Schon nach fünf bis zehn Minuten konnten sie in einer solchen Symbolschrift einfache Sätze lesen.
Und nach etwa vier Stunden, weit schneller als andere Kinder, waren sie bereits in der Lage, eine ganze Geschichte zu verstehen, während sie vorher selbst nach tagelangem Üben kaum ein Wort, geschweige denn einen längeren Satz richtig herausbrachten.«[54]

Auch Klaus B. Günther spricht in seinem Aufsatz: »Ein Stufenmodell der Entwicklung kindlicher Lese- und Schreibstrategien« schon früh über Untersuchungen mit nichtalphabetischen Schriftsystemen:

»Bei nichtalphabetischen Schriftsystemen wie dem chinesischen Hanzi und dem japanischen Kanji, deren Elementareinheiten Morpheme bzw. Wörter repräsentieren (s. Coulmas, 1983), haben Kwee Young und Yuko Kimura (zit. bei Bryant/Bradley, 1983, S. 173/176) gezeigt, dass dort, dem Charakter dieser Schriftsysteme entsprechend, eine sicher weiterentwickelte logographemische Strategie grundsätzlich dominant ist, was nach Makita (1968) bewirkt, dass in Japan nur knapp 1 % der Schulkinder Leseschwierigkeiten aufweisen.«[55]

Hätte ich nicht selber in Kenntnis dieser Untersuchungen darauf kommen können, dass die Probleme beim Schriftspracherwerb vielleicht mit unserer alphabetischen Schrift zusammenhängen könn-

ten und ihre Ursache folglich eher im System und seiner Vermittlung als beim einzelnen Kind und seinen »Entwicklungsstörungen« oder seinen »Hirnschäden« zu suchen sind?
Ich glaube, ich war, ohne es zu wissen und zu wollen, einfach zu festgefahren in meinen überlieferten Vorstellungen von Legasthenie als »Defizit«, »Störung«, »Krankheit«, »Fehler« usw.
Seit Davis sind für mich die herkömmlichen Erklärungs- und Bewertungsmuster über den Haufen geworfen, und ich bin sicher, dass sich in Zukunft auch in der öffentlichen Meinung vieles an der Beurteilung der Legasthenie und damit am Stellenwert des Legasthenikers in der Gesellschaft ändern wird.

Prominente Legastheniker berichten

In Amerika hat es schon begonnen, dass sich eine Reihe mehr oder weniger prominenter Menschen als »dyslexic« outet, und man darf gespannt sein, welche Persönlichkeiten auch hierzulande sich nicht länger (wenn überhaupt) verschämt, sondern selbstbewusst, vielleicht sogar stolz, zu ihrer Legasthenie bekennen.
Z.B. wird der berühmte dänische Architekt Jørn Utzon, der u.a. das Opernhaus in Sydney entworfen hat, in der Zeitschrift Living Architecture mit folgendem – wie er selbst noch meint – »Defizit«-Bekenntnis zitiert:

»Ich bin kein Ingenieur geworden, weil ich nicht nur Legastheniker bin sondern auch überhaupt keinen mathematischen Durchblick besitze. Man muss über den hellen Kopf des Mathematikers verfügen – etwas was ich bewundere –, wenn man ein guter Ingenieur werden will. Bedenken Sie aber: mit der Geometrie ist es etwas anderes.
Zur Kompensation dieser großen Defizite, meiner Abnormitäten, verfüge ich über einen eigenartigen, angeborenen Sinn für Raum. Ich träume ein Haus und habe es dann in meinem Kopf. Das war etwas, das mir als Architekt zugute kam.«[56]

Beeindruckend ist auch ein Interview mit dem bedeutenden Pantomimen, Regisseur, Buchautor und Hochschulprofessor Samy Molcho, das unter dem Titel »Bei mir ist alles okay« am 8.5.1998 im Deutschen Allgemeinen Sonntagsblatt stand:

»Niemand sollte entdecken, dass ich nicht schreiben kann. Wer im Versteck lebt, wird erfinderisch. Ich musste gut sein: damit ich mir jemanden leisten konnte, der meine Briefe schreibt …
Meine sechs Bücher habe ich natürlich nicht selbst geschrieben, sondern diktiert … Ich verstehe Worte nicht linear, in einer Reihe, ich sehe das Gesamte, ein vollständiges Bild. … Aus meiner Sicht hat man euch verzerrt, in die Eindimensionalität der Sprache gesperrt. Das Wort ›Begriff‹ kommt doch von ›greifbar‹. Die Schule hat das vergessen. Statt mit Greifbarem zu arbeiten, arbeitet sie mit Wörtern …«

Die Frage, ob ein Legastheniker einen »Fehler« im Gehirn habe, beantwortet er lachend:

»Überhaupt nicht. Mit mir ist alles okay. Nur die Messgeräte sind nicht in Ordnung. Dreidimensional zu denken bedeutet, eine andere Auffassung von den Dingen und der Welt und ihren Möglichkeiten zu haben. …«

Klar: Nicht jeder Legastheniker wird gleich ein Leonardo, ein Einstein oder ein Samy Molcho, aber mir ist z.B. gerade ein Fall hier in Hamburg bekannt geworden, wo ein Personalchef ausdrücklich einen Legastheniker sucht, weil er jemanden mit »vielschichtigem, umsichtigem, ›chaotischem‹ Denken« braucht. Vielleicht gibt ja es bald mehr solcher Chefs.
Wie und wann dieses Umdenken hin zu einer angemessenen Wertschätzung des Legasthenikers (vom »Behinderten« zum »Begnadeten«) allerdings auch bei unseren Schulpolitikern stattfindet und in unseren Schulbetrieb Einzug hält, steht in den Sternen.

Rechtschreibung – ein überholtes Relikt?

Anfang der 80er Jahre hatte man in den alten Bundesländern sogar damit begonnen, die Lese- und Rechtschreibschwäche quasi »amtlich« abzuschaffen. Man stellte sich auf den Standpunkt, Legasthenie sei ein Artefakt, nach dem es zwangsläufig immer Kinder geben werde, die mit dem Erlernen der Schriftsprache Schwierigkeiten haben.

In letzter Zeit wurden auf Länderebene allerdings doch wieder »Legasthenie-Erlasse« herausgegeben, die spezielle Diagnose- und Förderempfehlungen vornehmlich zur Prävention des sich in Deutschland ausbreitenden Analphabetentums bei Erwachsenen vorsehen. Außerdem zetert die Nation, dass die Jugend im Lande der Dichter und Denker nicht mehr richtig (recht-)schreiben könne und verlangt stärkere Anstrengungen der Schulen, diesem Übel abzuhelfen.
Nun ist die nachlassende Rechtschreibfertigkeit der Deutschen zwar tatsächlich eine unleugbare Realität, die von den Heidelberger Psychologinnen Claudia Zerahn-Hartung und Ute Pfüller 1995 wissenschaftlich belegt wurde, aber dass dies ein »Übel« sei, sagt die Untersuchung nicht. Das ausdrückliche Gegenteil allerdings auch nicht, so dass jeder »wohl« oder »übel« die Bewertung dieses Forschungsergebnisses selbst vornehmen muss.
Ich jedenfalls plädiere dafür, hier nicht vorschnell in den Chor der Übel-Rufer einzustimmen.
Die Stuttgarter Zeitung berichtete am 10. April 1998 über die mit dem Georg-Siber-Preis ausgezeichnete Studie, die sich auf 592 Probanden deutscher Muttersprache aller Bildungsniveaus und Berufssparten zwischen 16 und 30 Jahren stützt:

»Für die Untersuchung diente ein standardisiertes Lückendiktat ›Moselfahrt‹ aus dem Jahr 1968 (Althoff-Test), bei dem damals fünf Prozent der jungen Erwachsenen die Note ›ungenügend‹ bekamen. Heute (1995), so die beiden Wissenschaftlerinnen, müsste man bei der Hälfte der Deutschen die Rechtschreibung als ›nicht ausreichend‹ bewerten …
Die Arbeit bietet nun erstmals statistische Belege für die empirisch gestützte Vermutung, dass sich die Rechtschreibfertigkeiten in den vergangenen Jahrzehnten drastisch verschlechtert haben. … Innerhalb von einer Generation haben sich die Rechtschreibfehler von zehn auf zwanzig erhöht, wobei die Diktate der Männer fünf Fehler mehr aufwiesen als die der Frauen. Ein signifikanter Geschlechterunterschied.
Die auseinanderdriftende Entwicklung von immer schwächerer Rechtschreibleistung und immer größerer Intelligenzleistung, meinen die zwei Psychologinnen, weise auf eine Tendenz zu einer ›Gesellschaft von Legasthenikern‹ hin.«

Ob die deutsche Sprachgemeinschaft mit ihrer zum halbgaren Reförmchen abgemagerten »Rechtschreibreform« – offiziell eingeführt

ab 01.08.1998 – diesem Szenario nachhaltig entgegenwirken kann, darf getrost bezweifelt werden. Aber immerhin werden nun auch ausgewiesene Nicht-Legastheniker – zumindest für eine gewisse Eingewöhnungszeit – ihr Urteil über »richtig« und »falsch« in orthographischen Einzelfragen vielleicht etwas vorsichtiger handhaben.
Ich frage einmal bewusst ketzerisch: Wofür sollen perfekte »Orthographiker« von den Schulen eigentlich noch hergestellt werden? Welche Steinzeittechnik wird da als des Abendlandes oberstes Kulturgut so sehr verehrt, dass sie zum Richter zwischen richtig und falsch, gut und schlecht, oben und unten, Job oder nicht Job avanciert ist?
Werfen wir doch mal einen Blick in die Zukunft der technischen Entwicklung – gar keinen prophetischen, sondern ganz realistischen Blick:
In ein paar Jahren ist eine Computertastatur wie diese hier, auf der ich mich gerade abmühe, ein vorgeschichtliches Museumsstück. Dann sprechen wir unsere Texte ins Mikrofon, und der Computer schreibt sie für uns hin. Und die Entscheidung, ob »Delphin« oder »Delfin«, hat seine Software längst getroffen.
Wer will, kann diese Zukunft heute schon ausprobieren. Die Frankfurter Rundschau schrieb am 28.08.1998 unter »Neuigkeiten von der Cebit«:

Ohne Tastatur und Maus
Mit verbesserter Spracherkennungstechnik will IBM den Computeranwender von Tastatur und Maus befreien. Diktate und Befehle könnten mit dem Programm ›ViaVoice 98‹ mit natürlicher Stimme eingegeben werden. Dabei würden jetzt 128.000 Wörter erkannt, doppelt so viele wie bisher.

(Mittlerweile – 2004 – gibt es viele Softwareanbieter mit immer besseren Spracherkennungsprogrammen. So erkennt das neue ViaVoice jetzt bis zu eine Million Wortformen.)

Vielleicht gruselt es Sie bei dem Gedanken, aber Gottlieb Daimlers erstes Automobil wurde 1882 wegen seines höllischen Tempos von ca. 12 km/h auch verboten. Weil die Pferde scheu wurden. Genützt hat es nichts.
Wie bei so vielen Dingen wird man den »Fortschritt«, auch wenn man ihn partout nicht für einen solchen halten möchte, nicht verhindern können. Und so schön es heute ist Kutsche zu fahren, bei der Hochzeit

oder im Urlaub, so schön ist es in hundert Jahren, mit dem Füllfederhalter in korrektestem Schriftdeutsch etwas aufzuschreiben. Nur: Ein gesellschaftlich wertvollerer Zeitgenosse als der, der den Computer für sich schreiben lässt, wird man dann nicht mehr sein.
Apropos »realistischer« vs. »prophetischer« Blick in die Zukunft: Für Rudolf Steiner war dies seinem Wesen und seiner Welterkenntnis gemäß kein Gegensatz; der prophetische war der realistische Blick in die Zukunft.
So konnte er schon am 14. Oktober 1913, also vor 87 Jahren, bei einem Vortrag in Kopenhagen die oben dargestellte technische Entwicklung voraussehen, bewerten und in Bezug auf die damit einhergehende geistig-seelische Evolution des Menschen weiterdenken:

»Heute lernt der Mensch noch schreiben. In einer nicht sehr fernen Zukunft wird man sich nur noch daran erinnern, dass die Menschen in früheren Jahrhunderten geschrieben haben. Es wird eine Art der mechanischen Stenographie geben, die dazu noch auf der Maschine geschrieben werden wird. …
Handschriften wird man ausgraben wie wir die Denkmäler der Ägypter. …
Und so wahr es ist, dass unsere Handschrift für die Zukunft so etwas sein wird wie für uns die Hieroglyphen der Ägypter, etwas, was man anstaunen wird, so wahr ist es, dass daneben die Menschenseelen drängen werden, die unmittelbaren Offenbarungen des Geistes wieder zu erhalten. Das äußere Leben wird veräußerlicht werden, aber das innere Leben wird sein Recht fordern. …
Das sind die beiden Seiten des Zukunftsbildes: Auf der einen Seite wird immer mehr eine Verödung eintreten durch die an der Oberfläche befindlichen Seelenkräfte, andererseits durch Reaktion eben gegen die Verödung, ein Hervorrufen der in den Tiefen liegenden Seelenkräfte. Um dieses zu erkennen, dazu verbreiten wir die Anthroposophie. …
Machen Sie sich über die Zukunft keine Illusion. Aber wir geben uns über die Zukunft keiner Illusion hin, wenn wir uns vorhalten, wie es ausschaut im äußeren materiellen Leben, wenn wir ausgehen von der Betrachtung, dass man in der Zukunft so von der Handschrift sprechen wird, wie wir von den Hieroglyphen der Ägypter sprechen. … Von manchem, was für uns noch Seelisches ist, wird man als von einem lang Vergangenen sprechen. … Den Geist des bloß Gedachten werden die Menschen eintauschen müssen für den Geist der unmittelbaren Anschauung …«[57]

Gleichgültig, wie die »mechanische Stenographie-Maschine« der Zukunft letztlich aussehen und funktionieren wird, die den Menschen irgendwann das Schreiben abnimmt, sie ist (wenn auch als »Verödung« apostrophiert) nichts weiter als eine Veräußerlichung des äußeren Lebens, die Platz schafft, dem inneren Leben zu seinem Recht zu verhelfen, und die in den Tiefen liegenden Seelenkräfte hervorruft.
Vielleicht tragen Legastheniker mit ihren in den Tiefen liegenden Talenten schon eine unbewusste Ahnung vom Entwicklungsgang des Menschengeschlechtes in sich. Vielleicht haben sie bereits den Geist des bloß Gedachten eingetauscht für den Geist der unmittelbaren Anschauung. Vielleicht stehen sie deshalb staunend vor den Buchstaben wie wir vor den Hieroglyphen der Ägypter, weil ihre Seelen danach drängen, die unmittelbaren Offenbarungen des Geistes zu erhalten.
Vielleicht.
Die vier Buchstaben jedenfalls, die sich in einer festgelegten Form und Reihenfolge hintereinander gestellt als H-u-n-d lesen lassen, sind bestimmt nicht die unmittelbare Offenbarung des Lebewesens Hund, sie sind noch nicht einmal der Gedanke bzw. das Wort »Hund«, sie sind lediglich die nach momentaner gesellschaftlicher Konvention hier und heute benutzte äußere Darstellung des Wortes »Hund«. Buchstaben sind äußeres Leben.
Dennoch – und damit widerspreche ich weder meiner eigenen »ketzerischen« Zwischenbemerkung noch der visionären Aussage Rudolf Steiners – bleibt die Beherrschung schriftlicher Kommunikation (jedenfalls so weit wir die Entwicklung überblicken können) nicht nur als humanistisches Bildungsziel, sondern als lebensnotwendiges Handwerkszeug für die Herausforderungen der Gegenwart und Zukunft unverzichtbar.
Sprache in Schriftform muss verstanden, aber auch verständlich geäußert, d.h. geschrieben werden können. Deshalb müssen unsere Kinder ohne Zweifel optimal »literalisiert« werden, wenngleich nach meiner Überzeugung der Orthographie in Zukunft eine geringere Rolle zufallen wird als heute. Die Techniken aber, mit welchen den Kindern von heute und morgen die Welt der Buchstaben aufgetan wird, und zwar noch bevor sie sich in Legastheniker und Nicht-Legastheniker aufgeteilt haben, sollten sich allerdings ändern. Einen »Kampf« mit den Buchstaben braucht es nicht zu geben.

Wenn es gelingt, die legasthenischen Begabungen, die in den Tiefen liegenden Seelenkräfte des ganzheitlichen, bildhaften, non-verbalen Denkens bei allen Kindern rechtzeitig zu wecken, zu fördern und zu nutzen, kann der Prozess des Schreibenlernerns ein erfolgreicher und befriedigender Lebens- und Entwicklungsabschnitt für alle werden. Und darüber hinaus eine Vielzahl an anderen Talenten und geistig-seelischen Ressourcen aktivieren.

Weitere Fragestellungen

Um mich in meinem eigentlichen Nachdenken über die Problematik der Legastheniker mit der Schriftsprache nicht zu verzetteln, will ich die vielfältigen Möglichkeiten, mit unterschiedlichen Begabungen umzugehen, hier jetzt nur streifen. Denn ob Dyskalkulie oder Aufmerksamkeitssteuerungsdefizite (z.B. Hyperaktivität): Auch manch andere »Entwicklungsprobleme« bzw. »Lernstörungen« lassen sich aus dem Blickwinkel der Davis'schen Erkenntnisse heraus betrachten – zumal sie oft mit einer Legasthenie einhergehen.
Die Forschungen der Davis Dyslexia Association DDA gehen bereits längst über die »reine« Legasthenie hinaus in solche Richtungen. Entsprechende Informationsadressen und Literaturangaben können Sie dem Anhang entnehmen (siehe auch Ronald D. Davis: »Die unerkannten Lerngenies. Mit der Davis-Methode Lernstörungen beheben«, Ariston-Verlag, Kreuzlingen 2004). Als ein Beispiel sei auf das Buch von Thom Hartmann zum Thema »ADD« (Attention Deficit Disorder = Aufmerksamkeitssteuerungsdefizit) verwiesen: »Beyond ADD – Hunting for Reasons in the Past and Present«, vorgestellt im Dyslexia Reader, No. 9, Spring 1997. Da kann man z. B. lesen, dass es durchaus auch andere Betrachtungsweisen und daraus resultierende andere Bewertungsmaßstäbe dieser (bei uns so dringend therapiebedürftigen) Auffälligkeit gibt. Thom Hartmann berichtet:

In Indien hat sich außerdem eine sehr unterschiedliche Sichtweise der ADD herausgebildet als sie in den Vereinigten Staaten üblich ist. Während der Monsun-Zeit des Jahres 1993 habe ich eine 12-stündige Zugreise durch den halben Subkontinent unternommen, um eine kleine Stadt in der Nähe der bengalischen Bucht zu besuchen. Im selben Abteil saßen verschiedene indische Geschäftsleute und ein Arzt.

Es interessierte mich, wie sie ADD sahen, und ich fragte sie: »Kennen Sie sich aus mit einem Persönlichkeitstyp, bei welchem die Betroffenen den Eindruck erwecken, dass sie nach Stimulation lechzen, gleichzeitig aber größte Schwierigkeiten haben, bei einer Sache zu bleiben? Sie hüpfen sozusagen von Karriere zu Karriere und manchmal auch von Beziehung zu Beziehung und scheinen nie richtig ›auf den Boden zu kommen‹.«
»Oh ja! Diesen Typ kennen wir gut«, sagte einer der Männer, und die anderen nickten im Einverständnis.
»Wie nennen Sie ihn?« fragte ich.
»Sehr heilig«, sagte er, »das sind alte Seelen, nahe dem Ende ihres karmischen Zyklus.« Wieder nickten die anderen drei, diesmal vielleicht ein wenig bekräftigender, gleichsam als Antwort auf meinen insistierenden Blick.
»Alte Seelen?«, fragte ich, wobei ich dachte, das dies doch eine sehr seltsame Beschreibung dessen sei, was wir als Defizit bezeichnen.
»Ja«, sagte der Arzt, »in unserer Religion glauben wir, dass der Sinn der Reinkarnation darin besteht, sich letztendlich aus den weltlichen Verstrickungen und Wünschen zu befreien. Während jedes Lebens machen wir gewisse Lernprozesse durch, bis wir schließlich frei von dieser Erde sind und uns in der All-Einheit dessen auflösen, was Sie ›Gott‹ nennen würden. Wenn eine Seele nahe am Ende ihrer Tausenden von Inkarnationen ist, muss sie einige Leben dazu benutzen, viele, viele Dinge zu tun, um die letzten wenigen Fäden zu entflechten, die aus ihren früheren Leben noch übrig geblieben sind.«
»Ein solcher Mensch steht kurz vor der Erleuchtung«, fügte der erste Geschäftsmann hinzu. »Wir haben höchsten Respekt vor solchen Persönlichkeiten.«

Im übrigen ist ein weiteres Buch von Ronald Davis in Vorbereitung, in dem er sich dezidiert zum Problemkomplex des Autismus äußert.
Interessant in diesem Zusammenhang sind auch die Werke des Neurologie-Professors Oliver Sacks, z.B. »Der Mann, der seine Frau mit einem Hut verwechselte« und (gerade im Zusammenhang mit Autismus) »Eine Anthropologin auf dem Mars«.
Und last but not least: Über eine weitere »farbenfrohe« Fassette der verschiedenen menschlichen Wahrnehmungsweisen berichtete die ZEIT am 12.09.1997 in ihrem Beitrag »Wenn Mozart farbig schillert«: nämlich über die Fähigkeiten der sogenannten »Synästhetiker« – Menschen, die Emotionen, Gerüche oder Geschmacksrichtungen

»optisch« wahrnehmen. Viele »sehen« auch bestimmte Zahlen, Buchstaben oder Töne farbig vor sich, denn bei Synästhetikern sind die festen Grenzen einzelner Sinneswahrnehmungen aufgehoben.
So unterschiedlich all diese Phänomene in ihren Ursachen und Auswirkungen auch sein mögen: Lassen Sie sie uns doch bitte nicht gleich mit dem Vorschlaghammer »Behinderung« oder »Krankheit« oder »Störung« niedermachen, sondern zu allererst immer in Respekt vor dem Anderssein betrachten.
Wenn allein das aus der Beschäftigung mit den Gedanken des Ronald Davis herauskäme: neue Wege des Umgangs mit dem Anderssein zu kultivieren, wäre das ein bedeutsamer erster Schritt! Und Rudolf Steiners Überzeugung entspräche das allemal! Er sagt:

»Der heutige materiell denkende Mensch hat leicht spotten über solche Dinge. Er wird das für eine psychische Epidemie halten, wird sagen: Was kann man geben auf das, was aus krankhaften Seelen kommt.
Man möchte diesen Materialisten fragen, was er sagen würde, wenn einer psychisch krank wird, so dass ihn die Psychiater ins Irrenhaus sperren, aber dort beginnen würde, aus seiner Erleuchtung heraus den wirklich als Idee den Menschen vorschwebenden ›Luftmotor‹ zu ersinnen? Den würden sie dann auch von einer krankhaften Seele hinnehmen und nicht fragen, ob das aus einer krankhaften Seele kommt.
Das ist kein Kriterium, kein Einwand, ob eine Seele krankhaft ist. Es handelt sich darum, den Inhalt dessen, was aus der Seele kommt, zu prüfen. Es ist das Schlimmste an unserem materiellen Geist, dass man an Nebenrücksichten, nicht an Wahrheitskraft appelliert.«[58]

Also: Ausflüge in neue Erkenntniswelten lohnen sich unbedingt.
Ich selber möchte meine Betrachtungen nun aber weiterhin so eng wie möglich auf den Bereich der Legasthenie, konkret: auf die Probleme mit der Schriftsprache begrenzen, die ich im Folgenden einmal unter Hinzunahme interessanter Erkenntnisse der neueren Gehirnphysiologie beleuchten will, bevor ich auf praktische Überlegungen zur Umsetzung meiner Thesen komme.
Es kann sich hier naturgemäß wiederum nur um Denkanstöße, um »Puzzleteile« handeln, die sich mir beim mehr oder minder zufälligen Lesen verschiedener Bücher und Artikel im Zusammenhang mit meiner Arbeit mit Legasthenikern förmlich aufgedrängt haben.

Ein Blick in das Forschungsgebiet der neueren Gehirnphysiologie* ist wie der Blick durch ein Riesen-Teleskop in die Unendlichkeit: hinter jeder Galaxie werden immer neue, fernere Systeme entdeckt, hinter denen dann noch weitere unbekannte Welten liegen. Und was liegt dann wiederum hinter denen?

Der Gehirnforscher Eccles ist davon überzeugt, dass es noch Hunderte von Jahren dauern wird, bis das Gehirn sich weitgehend selbst verstehen kann. Denn je mehr man herausfindet, desto mehr begreift man, was man alles noch nicht erfassen kann.

Wenn ich nun einen Ausflug in diese Unendlichkeit wage, so ist es wirklich nur ein Blick, ein erster, naturgemäß subjektiver und zudem weitgehend zufälliger Einblick, ohne auch nur im entferntesten damit behaupten zu wollen, einen Überblick über die Geheimnisse der vielleicht 100 Billionen Synapsen, jener zerebralen Schaltstellen und Neuronen-Vernetzungen in unserem Kopf, zu haben. Aber soll man sich einen fragenden Einblick versagen, bloß weil man sich den vollen Durchblick nicht zutraut?

Die Gehirnforschung ist – jedenfalls in dem Ausmaß und dem Tempo, wie sie heute betrieben wird – noch eine junge Wissenschaft. Niemals zuvor hat sich das Wissen über Neurone und Gehirne, über Wahrnehmungen und die Verarbeitung von Sinnessignalen so schnell vermehrt wie in der »Dekade des Gehirns«, zu der der damalige US-Präsident Bush dies letzte Dezennium des Jahrtausends erklärt hat.

Als die weltgrößte Fachgesellschaft zur Erforschung des Gehirns, die »Society for Neuroscience«, im November 1995 ihr 25-jähriges Bestehen feierte, kamen rund 20.000 Wissenschaftler in San Diego zusammen. Trotzdem steht die Forschung an vielen Stellen noch völlig am Anfang, denn auch ein Präsidenten-Erlass kann ein Unternehmen dieser Dimension, das wohl noch »Hunderte von Jahren« dauern wird (lt. Eccles), nicht auf ein Jahrzehnt herunterkürzen.

* Lesen Sie hierzu auch die Veröffentlichung von Herbert Seufert »Die schöpferischen Gestaltungskräfte – und deren Zusammenhang mit der rechten Gehirnhälfte«, in: Erziehungskunst, Sept. 1992

Andererseits steht aber genauso fest: Wir wissen heute schon sehr viel mehr über die Vorgänge und Zusammenhänge im Gehirn als noch vor 30 oder 20 Jahren. Besser gesagt: Wir könnten es wissen, wenn uns die Erkenntnisse dieser Forschungen nur verständlich und anwendbar erreichten bzw. wir uns von ihnen erreichen ließen. Für die Legasthenie-Diskussion sind z.B. die Erkenntnisse der »Zuständigkeiten« der beiden Gehirnhälften besonders interessant. Um der berechtigten Kritik der Simplifizierung vorzugreifen: Ich weiß, dass die in den 60er bis 80er-Jahren für möglich gehaltene »eindeutige« und für alle Menschen zutreffende Lokalisierung der Gehirnzuständigkeitsbereiche in den letzten Jahren von verschiedenen Wissenschaftlern kontrovers diskutiert wird und sicherlich differenzierter betrachtet werden muss, als ich es in meinen folgenden Ausführungen leisten kann. So einfach lassen sich die Menschen eben auch in dieser Hinsicht nicht über einen Kamm scheren, denn jeder Mensch ist ein Individuum und prägt sich seine individuellen Synapsenverbindungen. Steiner spricht auch von »Fußabdrücken im Gehirn«, die sich durch das Gehenlernen, Sprechenlernen und Denkenlernen konfigurieren.[59]

Aber manchmal hilft auch eine vereinfachte, nicht alle, aber doch die Mehrheit repräsentierende Darstellung, unsere vielfältig verwobenenen Fähigkeiten im Licht dieses Denkmodells neu zu beobachten, uns selbst besser zu verstehen und Zusammenhänge zu erkennen und zu berücksichtigen.

Zwar wusste man schon früh (spätestens seit Leonardo da Vinci), dass das Gehirn links und rechts je eine Hälfte besitzt, die man in Anlehnung an das antike Weltbild »Hemisphären« nannte, also Erd- und Himmelshalbkugeln, aber die Kenntnis über den Grad der Verschiedenheit ging kaum darüber hinaus, dass der Mensch eben ein linkes und ein rechtes Gehirn hat, wie er auch ein linkes und ein rechtes Ohr hat.

1861 machte dann der französische Arzt Paul Broca die Entdeckung des Zusammenhangs zwischen linker Körperhälfte und rechter Gehirnhälfte sowie rechter Körperhälfte und linker Gehirnhälfte. Seit damals ist bekannt, dass das Sprachzentrum, das nach ihm »Broca-Zentrum« genannt ist, seinen Sitz bei den allermeisten Menschen (bei etwa 98 % der Rechtshänder und ca. 66 % der Linkshänder) in der linken Gehirnhälfte hat. Und der deutsche Physiologe Hermann von

Helmholtz formulierte etwa zur gleichen Zeit die ersten, damals noch unerhörten Zusammenhänge von Hirnaktivitäten und Bewusstsein. Aber erst seit den sechziger Jahren dieses Jahrhunderts wuchs die Erkenntnis, auf welch unterschiedliche Denkmodi sich die beiden Gehirnhälften spezialisiert haben, wie sie sich gegenseitig ergänzen und wie sie beide an unseren kognitiven Prozessen beteiligt sind. Richtiger müsste ich sagen: Es wuchs die wissenschaftliche Erkenntnis. Die intuitive Erkenntnis war lange da, aber eben (noch) nicht bei Wissenschaftlern und schon gar nicht bei Pädagogen und Didaktikern, sondern viel eher bei Künstlern und Dichtern. In Rudyard Kiplings »Kim« heißt es z. B.:

> »Ich danke dem Boden, der mich gebar,
> Und dem Leben, das mich genährt,
> Doch am meisten Allah, der meinem Kopf
> Zwei verschiedene Seiten beschert.
> Lieber verlöre ich Hemd und Schuh
> Und Freunde und Tabak und Topf,
> Als nur einen Augenblick
> Eine Seite von meinem Kopf.«[60]

Ich komme noch darauf zurück, warum »die Wissenschaft« ein paar Jahre länger gebraucht hat als die Künstler, aber immerhin schrieb schließlich auch der amerikanische Gehirnforscher Prof. Roger W. Sperry 1973:

> »Die wichtigste Erkenntnis, die sich herauszukristallisieren scheint, ist …, dass es anscheinend zwei Denkweisen gibt – die verbale und die nonverbale –, die weitgehend getrennt voneinander von der linken und der rechten Hemisphäre repräsentiert werden.
> Unser Bildungssystem wie auch unsere Wissenschaft allgemein neigen dazu, die nonverbale Form der Intelligenz zu vernachlässigen. Das hat zur Folge, dass die rechte Gehirnhälfte seitens unserer Gesellschaft diskriminiert wird.«[61]

1981 erhielt Prof. Sperry für seine Gehirnforschungen den Medizin-Nobelpreis. Der »Interdisziplinäre Beirat des Landesverbandes Legasthenie Hessen« erklärt hingegen noch sechzehn Jahre später (1997) in seiner Stellungnahme zu dem Buch von Ronald Davis »Legasthenie als Talentsignal«:

»So unterscheidet Davis zwischen ›verbalen‹ und ›nonverbalen‹ Begriffen. Das ›Verbale‹ soll der Laut eines Begriffes sein, das ›Nonverbale‹ die bildhafte Vorstellung davon. Diese Form der Unterscheidung ist unbekannt. Man kann höchstens unterscheiden zwischen Klassenbegriffen der Logik und sogenannten natürlichen Begriffen (nach R. Bergius).«

Nun hat Ronald Davis in seinem Buch zwar keineswegs zwischen verbalen und nonverbalen Begriffen unterschieden, sondern zwischen verbalen und nonverbalen Begriffsbildungen, also Denkweisen, aber wahrscheinlich hätte der Interdisziplinäre Beirat auch diese, von Sperry 1973 gebrauchte Unterscheidung für unbekannt erklärt.
Was sich für Prof. Sperry in Bezug auf die Denkmodi der beiden Hemisphären gerade erst als verbale und nonverbale Denkweise »herauskristallisierte«, wurde in seinem Fassettenreichtum bald immer differenzierter beschrieben.

Die Funktionen der Hemisphären

Ich stelle im Folgenden zwei in ihrer Ausformulierung leicht verschiedene, im Kern jedoch übereinstimmende Links-Rechts-Modelle vor, und zwar von zwei Autorinnen, auf die ich später noch im Einzelnen eingehen werde.
Barbara Meister Vitale gibt in ihrem hochinteressanten Buch mit dem deutschen Titel »Lernen kann phantastisch sein«, Gabal Verlag, 1995 (Originaltitel: »UNICORNS ARE REAL, A Right-Brained-Approach to Learning«), auf Seite 10 zunächst einen Überblick über die Spezialisierung der Hemisphären.

Linke Hemisphäre (L-Modus):
Handschrift • Symbole • Sprache • Lesen • Laute • Differenzierung von Details und Fakten • einfaches Zahlenverständnis • Erzählen und Berichten • Aufgaben erledigen • Zuhören

Rechte Hemisphäre (R-Modus):
Haptische Wahrnehmung • Räumliches Empfinden • Formen und Muster • Gesang und Musik • Farberkennung und -unterscheidung • Mengen und mathematisches Zahlenverständnis • künstlerischer Ausdruck • kreative Eingebungen • Visualisation • Gefühle

Sie führt dann Beispiele an, wie sich links- bzw. rechtshemisphärische Bewusstseinsformen der Kinder zeigen. Ich zitiere hier exemplarisch ihre Charakterisierung des Bereichs »Realität und Phantasie«, da sich hieraus der eigentlich viel spannendere Originaltitel ihres Buches herleitet (S. 14/15):

»Linkshemisphärische Kinder finden sich in der Realität, mit der Art und Weise wie die Dinge sind, gut zurecht. Sie können mit den Bildern und Geschichten in der Schule umgehen. Sie reagieren sehr lebhaft auf ihre Umwelt und passen sich ihrer Umgebung gut an. Auf Neues reagieren sie schnell und stellen sich darauf ein. Auf diese Weise gehen sie durch ihr Leben. Was linkshemisphärische Kinder nicht tatsächlich sehen können, existiert für sie nicht.
Rechtshemisphärische Kinder versuchen auf jede mögliche Weise ihre Umgebung so zu verändern, dass sie ihren Bedürfnissen entspricht. Diese Tendenz äußert sich oft als Verhaltensstörung. Diese Kinder benutzen ihre Phantasie, Bildersprache und Imagination. Sie fühlen sich am besten, wenn sie etwas aus sich heraus selbst gestalten können.
Ich erinnere mich an Kevin, der immer zu spät zur Schule kam. Eines Morgens verkündete er mit seinen großen, nach oben gerichteten Augen: ›Ich habe ein Einhorn getroffen. Es hat mich nach dem Weg zum nächsten Regenbogen gefragt und versprochen, dass du mir nicht böse sein wirst.‹

Ricarda, 11 Jahre: »Einhorn«

Ich schrie ihn an: ›Kevin, du weißt genau, dass es keine Einhörner gibt!‹ Voller Entrüstung schrie er zurück: ›Einhörner gibt es doch!‹ Während des folgenden Schuljahrs begriff ich, dass – zumindest für Kevin – Einhörner sehr real waren.«

Betty Edwards betrachtet als Zeichenlehrerin das Ganze von einer etwas anderen Seite. Sie definiert die Denkmodi der Hemisphären in ihrem sehr empfehlenswerten Buch mit dem leider ebenfalls eher irreführend ins Deutsche übertragenen Titel »Garantiert Zeichnen Lernen«, Rororo Sachbuch, 1998 (Originaltitel: »Drawing on the Right Side of the Brain – A Course in Enchancing Creativity and Artistic Confidence«) so:

Linke Hemisphäre (L-Modus):

- **Verbal** (Gebraucht Wörter zur Bezeichnung, Beschreibung und Definition)
- **Analytisch** (Wahrnehmungen werden Schritt für Schritt und Teil für Teil zergliedert)
- **Symbolisch** (Benutzt Symbole, die für etwas anderes stehen ...)
- **Abstrakt** (Wählt einen kleinen Teil der in einer Wahrnehmung enthaltenen Information aus und benutzt ihn zur Wiedergabe des wahrgenommenen Ganzen)
- **Zeitlich** (Achtet auf Zeit und Reihenfolge; macht stets eins nach dem anderen)
- **Rational** (Zieht Schlussfolgerungen mit Hilfe des Verstandes auf der Grundlage von Fakten)
- **Digital** (Rechnerische Verwendung von Zahlen)
- **Logisch** (Zieht Schlussfolgerungen auf der Basis logischer Gesetze: Eins folgt in logischer Ordnung aus dem anderen, z.B. ein mathematischer Lehrsatz oder eine unumstößliche Beweisführung)
- **Linear** (Verkettet Gedanken – aus einem folgt immer direkt der nächste –, was zu konvergenten Schlüssen führen kann)

Rechte Hemisphäre (R-Modus):

- **Nonverbal** (Innewerden der Dinge, äußerst geringer Bezug zu sprachlichem Ausdruck)
- **Synthetisch** (Wahrnehmungen werden zu einem Ganzen zusammengefügt)

- **Konkret** (Bezieht sich auf die Dinge in ihrem jeweils gegenwärtigen Zustand)
- **Analog** (Entdeckt Übereinstimmungen und versteht bildliche Zusammenhänge)
- **Nichtzeitlich** (Ohne Zeitgefühl)
- **Nichtrational** (Bedarf keiner rationalen oder faktischen Basis; ist bereit, auf eine Entscheidung oder Beurteilung zu verzichten)
- **Räumlich** (Erschaut Dinge in ihrem Verhältnis zu anderen Dingen und Teile in ihrem Verhältnis zum Ganzen)
- **Intuitiv** (Schließt vorhandene Lücken; erschaut Systeme, Modelle oder Bilder durch plötzliche Eingebung)
- **Ganzheitlich** (Erfasst etwas auf einmal als Ganzes, nimmt durchgehende Muster und Strukturen wahr, was oft zu divergierenden Schlüssen führt)

Dies alles – und wahrscheinlich noch viel mehr – fällt also (selbst wenn man einzelne individuelle Verschiebungen berücksichtigt) in die jeweiligen Zuständigkeitsbereiche unserer linken und rechten Gehirnhälften. Ebensoviel Wertvolles links wie Wertvolles rechts. Ebensoviel Unverzichtbares hier wie Unverzichtbares dort. Sind wir also vielleicht von Natur aus beidseitig veranlagt, und unsere ausgeprägte Rechtsdominanz ist nur eine Folge der herrschenden Kulturnorm? Welchen Einfluss hat hat überhaupt die jeweilige Kultur auf die Dominanzentwicklung?

Bei der Betrachtung ägyptischer Skulpturen fiel mir dies kürzlich in besonderer Weise auf: Alle drücken die von mir vermutete ursprüngliche Beidseitigkeit schon in ihrer körperlichen Darstellung aus. Sie wirken statisch und undynamisch, gleichzeitig aber gelassen und ausbalanciert. Alle schreiten sie mit dem linken Bein voran, während sie ihre Waffen, Werkzeuge oder Opfergaben gleichberechtigt in der linken und der rechten Hand halten.

Die Frage, ob dies Zufall sei, verneinte der ägyptische Führer vehement: Die Gottheiten, Priester und Pharaonen setzen den linken Fuß vor, weil sie einen »bewussten Schritt« tun, und das Bewusstsein war in der damaligen Vorstellung im Herzen angesiedelt.
Irgendwann im Verlauf der Menschheitsgeschichte auf ihrem Weg von der ägyptischen Epoche über die griechische zur römischen Epoche änderte sich das. Bei den Römern setzte sich immer mehr die Rechts-Dominanz durch; sehen Sie sich mal römische Skulpturen an: Hier ist oft das rechte Bein nach vorn gestellt und der rechte Arm bzw. die rechte Hand sind aktiv. Was ist da passiert?
Mindestens eine gleichzeitige Entwicklung ist zu beobachten: Die schriftliche Kommunikation der Menschen hat sich von den ägyptischen Hieroglyphen zu den lateinischen Buchstaben hin gewandelt, von den Bildsymbolen zu den abstrakten Lautzeichen. Ob nun das eine das andere oder das andere das eine hervorgerufen hat, sollen Experten entscheiden; für mich ist hier jedenfalls ein Zusammenhang unübersehbar.
Mit dem Römischen Weltreich setzte sich in unserer Kultur die Herrschaft der Rechts-Dominanz durch, und wie man sieht, hat diese sich deutlich stabiler als jenes erwiesen. Sie wirkt bis in die Begriffsbildung auch unserer deutschen Sprache hinein: der rechte Lebenswandel, recht schönen Dank, gehe ich recht in der Annahme? Zu »Links« entstand allenfalls »linkisch«, ein »linker Hund« ist eben kein rechtschaffener Kerl, und wer morgens mit dem linken Fuß aufsteht – na ja …
Nicht nur in der Sprache manifestiert sich bis heute die Diskriminierung alles »Linken«; die Spur führt vom Aberglauben (wenn z.B. die schwarze Katze von links über den Weg läuft) über die gesellschaftliche Etikette (das gute Händchen und das böse Händchen) bis hinein in die Politik, denn zu »Linken« wurden die Sozialisten ja

erst, seit sie in den frühen Parlamenten auf der »schlechten« Seite, also links, sitzen mussten.
Eigentümlicherweise ist das einzig Linke in unserer völlig auf rechts gepolten Welt nach wie vor die linke Hemisphäre: die für unsere »rechten« (aber eben nicht rechtshirnigen) Fähigkeiten zuständige Gehirnhälfte.
In dieser linkshirnigen, rechtsdominierten Welt ist es kein Wunder, dass jeder Versuch, die Bildungs- und Erziehungsverantwortlichen aufzufordern, die Gleichwertigkeit der beiden Gehirnhälften anzuerkennen und die Potenziale beider Hemisphären dem Menschen nutzbar zu machen, große Hürden zu überwinden hat.
Denn wenn die rechtshirnigen Fähigkeiten bis zur Negation ihrer selbst verkümmert sind, wie sollte eine linkshirnige Gesellschaft zu überzeugen sein, dieses wortlose, künstlerische, kreative, intuitive, unfassbare Etwas in uns überhaupt zuzulassen? Zu akzeptieren, dass nicht alle Menschen über dieselbe Denk- und Wahrnehmungsweise verfügen wie die »Norm«?
Jerome Bruner sagt mit Blick auf die Ungeheuerlichkeit eines solchen Versuches:

»Und dementsprechend ist auch jeder, der darüber schreibt, dieser eigentümlichen Aura des Skurrilen verhaftet.«[62]

Dabei war – längst vor Ronald Davis und ohne jede wissenschaftliche Legitimation durch die Gehirnforschung – das Phänomen des nonverbalen Denkens einigen durchaus bekannt, und zwar auch einigen durchaus Bekannten.

Das Phänomen des nonverbalen Denkens

Albert Einstein sagte z.B. 1945:

»Die Worte oder die Sprache, so wie sie geschrieben oder gesprochen werden, scheinen in meinem Denkmechanismus überhaupt keine Rolle zu spielen. Die psychischen Entitäten, die mir als Elemente des Denkens zu dienen scheinen, bestehen aus gewissen Zeichen und mehr oder weniger klaren Bildern, die sich ›willentlich‹ reproduzieren und kombinieren lassen.«[63]

Und George Orwell schrieb:

»Das Schlimmste, was man beim Schreiben von Prosa tun kann, ist, sich den Worten zu unterwerfen. Denkt man an einen konkreten Gegenstand, denkt man nicht in Worten; will man dann aber beschreiben, was man sich bildlich vorgestellt hat, muss man erst lange herumsuchen, bis man die Worte findet, die man für treffend hält.
Denkt man an etwas Abstraktes, wird man eher dazu neigen, von Anfang an Worte zu benutzen, und dann – es sei denn, man versucht es bewusst zu verhindern – wird der jeweilige Jargon durchbrechen und die Sache für einen erledigen, auf Kosten des Sinnes, den er verdunkelt oder gar entstellt. Vielleicht sollte man auf die Benutzung von Worten so lange wie möglich verzichten und sich über den Sinn zunächst, so gut man kann, mit Hilfe von Bildern und Empfindungen klar werden.«[64]

Diesem kollegialen Rat, auf die Benutzung von Worten so lange wie möglich zu verzichten, war Victor Hugo schon 1862 nachgekommen – oder besser: zuvorgekommen, und zwar auf die allerradikalste Weise. Wenn man dem Guinness-Buch der Rekorde glauben will, führte er den kürzesten Briefwechsel der Menschheitsgeschichte. Hugo war nach dem Erscheinen seines Buches »Les Misérables« aufs Land gefahren, wo ihm aber die Ungewissheit über den Erfolg seines Werkes keine Ruhe ließ. Also schrieb er an seinen Verleger: »?« Postwendend bekam er die hochbefriedigende Antwort: »!« Nichts war gesagt, aber alles verstanden.
Auch Steiner spricht immer wieder von der »Bildhaftigkeit« der Gedanken:

»Aber wir müssen uns vorstellen, dass wir auch im gedanklichen Tätigsein nur eine bildhafte Tätigkeit haben ...«[65]

In einer Erklärung des geistig-seelischen Lebens als einem komplexen Rhythmus von Sympathie und Antipathie beschreibt er Begriffsbildung folgendermaßen:

»Wenn Sie diese ganze Prozedur durchgemacht haben, wenn Sie bildhaft vorgestellt haben, dies zurückgeworfen haben im Gedächtnis und das Bildhafte festhalten, dann entsteht der Begriff.«[66]

Und er kritisiert lebhaft das bloße Wortdenken:

»Das ist es, was für die Zukunft der Menschheit so unendlich notwendig werden muss: dass die Menschen sich bequemen, in die Realität, in die Wirklichkeit sich hineinzubegeben. Die Menschen denken heute fast nur in Worten, sie denken nicht in Wirklichkeit ...
Sie verbinden gar keine Begriffe mit dem Herausholen der Dinge aus der Wirklichkeit. ... Die Leute glauben am allermeisten, etwas von der Wirklichkeit zu verstehen; wenn sie aber anfangen zu sprechen, dann kommen sie mit den allerleersten Worthülsen.«[67]

Steiner bezieht sich in diesem Zusammenhang insbesondere auf Äußerungen von Politikern seiner Zeit; viel voller sind deren (und anderer Leute) Worthülsen heutzutage aber immer noch nicht geworden. Im Gegenteil: Ein geradezu groteskes Musterbeispiel unbildlichen Denkens lieferte eine dpa-Meldung vom 24.05.1998:

»London. In der Plutonium-Wiederaufbereitungsanlage Thorp auf dem britischen Atomgelände von Sellafield ist nach Angaben der Umweltschutzorganisation Greenpeace radioaktiver Abfall ausgelaufen. ... Ein Sprecher des Sellafield-Betreibers British Nuclear Fuels (BNFL) wies die Greenpeace-Angaben zurück. Es habe kein Leck gegeben. Es sei nur etwas Flüssigkeit aus einem beschädigten Rohr ausgetreten.«

Das muss man tatsächlich zweimal lesen! Ist es schon so weit, dass wir uns kein Bild von einem Leck mehr machen können? Das hätte der Betreiber von Sellafield wohl gerne. Wenn wir nicht mehr wissen, dass ein Leck eine Stelle in einem beschädigten Rohr ist, aus dem dann Flüssigkeit austritt, dann können wir wohl gut glauben, es habe kein Leck gegeben. Wenn man uns aber schon im Konkreten so mit Worthülsen einzulullen versucht, wie ist es dann erst mit abstrakten Begriffen?
Die Psychologin, Journalistin und Autorin Vera F. Birkenbihl verweist in ihrem Buch »Stroh im Kopf?« darauf, wie gerne wir uns gerade in der deutschen Sprache in Abstraktheiten verflüchtigen. Sie stellt fest, dass sich in der deutschen Sprache ein ›einfaches‹ Niveau für jedermann und ein ›höheres‹ Niveau für Gebildete entwickelt hat, das darauf angelegt ist, z.B. so zu »glänzen«:

»Die relative Effizienz kumulierter Kommunikationssubstrate basiert auf der funktionalen Relation zwischen der absoluten Kapazität des Rezipienten und dem quantitativen Thesaurus offerierter Information.«[68]

Hier hilft auch zweimal Lesen nichts. Nach Birkenbihls Meinung will dieser Autor seine Leser auch gar nicht informieren; er will publizieren. Sonst hätte er sich eventuell ja auch so ausdrücken können: »Zwei Gesetzmäßigkeiten erfolgreicher Gesprächskunst, über die nachzudenken sich auf alle Fälle lohnt.«

Das Gehirn als Lernorgan

Es lohnt sich auf alle Fälle, über Vera F. Birkenbihl, ihre Veröffentlichungen, Bücher und Spiele nachzudenken. Sie ist die Leiterin des Instituts für gehirn-gerechtes Arbeiten in Odelzhausen bei München und hält Vorträge und Seminare vor allem in Wirtschaft und Industrie.
Den Begriff »gehirn-gerecht« hat sie 1990 geprägt. Gehirn-gerechtes Lernen bedeutet bei ihr, dass eine Information gleichzeitig links- und rechtshemisphärisch erfasst werden sollte, um optimal »gelernt« zu werden. Darauf komme ich noch zurück.
Ich »traf« Vera F. Birkenbihl im letzten Dezember, als mir das Ravensburger Spiel »THINK – Gehirnpotenziale« in die Hände kam. In dem dort beiliegenden Begleitbuch schreibt sie:

»Zwar wurden alle Menschen als »Gehirn-Besitzer« geboren, doch die meisten sind durch Erziehungs- und Ausbildungsprozesse davon abgebracht worden, ihr ungeheures Potenzial zu entfalten. Typische Symptome sind ein (angeblich!) schlechtes Gedächtnis, Konzentrationsprobleme, Angst vor Lernprozessen usw. ... Sie wissen z.B., dass Erwachsene beim Memory-Spielen mit Kindern zunächst verlieren, weil Kinder ihr Gehirn intuitiv und damit optimal nutzen.«

Interessant im Zusammenhang mit der Legasthenie-Problematik ist, worauf sie das typische linkslastige Schullernen historisch zurückführt:

»Das Lernen in der Schule basiert maßgeblich auf Versuchen von Ebbinghaus. Dieser hat vor über 100 Jahren gezeigt, wie man optimal lernt, und zwar Unsinn-Silben (ähnlich dem sturen Pauken von Vokabeln, zu denen man noch keine Vorkenntnisse hat).
Sein Gedankengang: Wenn ein Schüler das lateinische Wort tabula kennt, wird er das englische table wesentlich leichter lernen als ein Schüler ohne Kenntnisse einer romanischen Sprache.

Um wissenschaftlich exakt feststellen zu können, wie man lernt, müssen wir Material nehmen, zu dem keine der Versuchspersonen Assoziationen aus der Vergangenheit besitzt. Daher verfiel er auf Unsinn-Worte (wie puk, flam, bif etc.). Nach tausenden von Versuchen ›wusste man Bescheid‹! Daraus resultieren die Lern- und Vergessenskurven, die man heute noch verwendet.
Der gute Ebbinghaus und seine Anhänger übersahen allerdings, dass unser Gehirn ein Lernorgan par excellence ist – aber für Nützliches, also für Informationen, die entweder das Überleben absichern oder uns zumindest interessieren.«[69]

Irgendwie kommt mir die alte Ebbinghaus-Methode auch bekannt vor: Gerade in der Legasthenie-Diagnostik werden heute noch solche Aufgaben gestellt. Zur Erkennung von Lautdifferenzierungsdefiziten und Merkschwächen sollen Kinder Unsinnworte und Unsinnsilben nachsprechen. Weil sie aber nicht gewohnt sind, so einseitig zu denken, werden viele jetzt ihr bildhaftes Denken und ihre Desorientierungsfunktion einsetzen, um eine Bedeutung der Worte herauszufinden.
Da sie dabei zwangsläufig zu keiner Lösung kommen können, bleiben sie desorientiert und machen also »Fehler« beim Nachsprechen. Nimmt man nun Ebbinghaus als Parameter für Lernerfolge, so kann man tatsächlich nur konstatieren, dass diese Kinder im typischen Schullernen versagen. Aber würden sie auch versagen, wenn wir ihnen den Stoff »gehirn-gerecht« anböten?

Vor einigen Monaten erfuhr Vera F. Birkenbihl durch eine Mutter, deren legasthenisches Kind aufgrund von Hinweisen aus einem ihrer anderen Bücher (»Trotz Schule lernen«) schon gewisse Erfolge erzielt hatte, von den enormen Fortschritten des Kindes, seit es mit der Davis-Methode in Bekanntschaft gekommen ist. Beeindruckt von Ronald Davis und seinen Erfahrungen verfasste sie daraufhin das Vorwort für die aktuelle Neuauflage seines Buches »Legasthenie als Talentsignal«. So hatte sich plötzlich ein von mir nur aus der Ferne beobachteter Gedankenkreis ganz von selbst geschlossen.
Wenn unser Gehirn seinem Kapazitätspotenzial nach nun also dieses Lernorgan par excellence ist, und es trotz aller excellence doch zu Lernproblemen, z.B. ganz konkret: zu Problemen beim Erlernen der Schriftsprache kommt, ist einer der Gründe sicherlich das große

ABER in Birkenbihls zitierter Aussage, genau das, was der gute Ebbinghaus (und nicht nur der) übersehen hat:
Das Gehirn ist ein exzellentes Lernorgan, unbestritten, ABER für Nützliches, also für Informationen, die entweder das Überleben absichern oder uns zumindest interessieren.
Doch was, bitte, ist nützlich, und was ist interessant? Bei Informationen, die das Überleben absichern, fällt – weil kollektiv – die Antwort leicht. Bei Informationen, die uns interessieren, kann es – weil individuell – keine allgemeingültigen Antworten geben.
Die Frage, was sich bei einem Menschen als Interesse oder Desinteresse, also als (unbewusst) lern-relevant oder lern-irrelevant ausprägt, hat viel mit der Hemisphären-Dominanz zu tun. Die bildhafte Denkweise des Legasthenikers entwickelt aus sich heraus schwerlich ein Interesse an den ihrem Wesen nach bildlosen Buchstaben unserer Schrift.
Und ein solches Interesse von außen einzupflanzen, wird zunehmend schwieriger, da der Mensch von heute über eine schier unbegrenzte Fülle von Informations-Medien verfügt, mit denen er seine Wissbegierde bildhaft und somit tausendmal schneller als über den Umweg geschriebener Wörter befriedigen kann. Aber eine Lern-Unfähigkeit des Gehirns, ein »Gehirnschaden«, ist dies natürlich nicht. Eher ein Lern-Trainingsmangel infolge konsequenter Vernachlässigung des rechtshemisphärischen Potenzials durch die üblicherweise angewandten Lehrmethoden.
Betty Edwards drückt ihre Kritik am Schullernen so aus:

»Obwohl sich die Erzieher heute zunehmend der Bedeutung des intuitiven und schöpferischen Denkens bewusst zu werden beginnen, sind Unterricht und Lehrpläne weiterhin im Wesentlichen auf die Ausbildung der links-hemisphärischen Fähigkeiten zugeschnitten. …
Die rechte Hirn-Hemisphäre – die des Träumers, des Künstlers, des Schöpfers und Erfinders – : In unserem Unterrichtssystem ist sie verloren.«[70]

Eindringlich befasst sich auch Gerhard Huhn in seiner Dissertation[71] mit der Problematik des einseitig linkshemisphärisch ausgerichteten Schullernens:

»Es geht … um den Respekt oder Nicht-Respekt vor den universellen und noch weitgehend unbekannten Potenzialen des Menschen, vor dem, was sich in jedem einzelnen Menschen neu entfalten kann, um Achtung vor dem Schöpferischen, das in uns angelegt ist.«[72]

Und er fügt wenig später hinzu:

»Aus diesem Grund muss auf die Erfahrungen großer Künstler und Wissenschaftler, aber auch auf das Wissen östlicher Philosophien (z.B. Taoismus, Zen-Buddhismus) Rückgriff genommen werden, um Zugang zu den zunächst paradoxen und (natürlich!) ›unlogischen‹ Möglichkeiten der Förderung der Aktivitäten der rechten Hemisphäre zu finden.«[73]

Meiner Überzeugung nach liegt der Schlüssel im eigenen Potenzial in der Kunst, aus dem dominanz-bedingten Desinteresse ein gehirn-eigenes Interesse zu erwecken, und nicht – um nur einen heute weit verbreiteten neurologischen Ansatz zu nennen – in einer allgemeinen Sinnesschulung o.ä., wie sie beispielsweise von Jean Ayres gefordert wird, die in »Bausteine der kindlichen Entwicklung« davon spricht, dass Schulschwierigkeiten die Folge einer mangelhaften sensomotorischen Integration seien.
Stark verkürzt heißt Ayres' These in meinem Verständnis: Das Gehirn verarbeitet die äußeren Sinneswahrnehmungen (Sehsinn, Hörsinn, Gleichgewichtssinn, Tastsinn und Bewegungssinn) nicht richtig, und folglich müssen diese Sinne besser geschult werden.

Denken und Wahrnehmen

Ich will hier überhaupt nicht verschweigen, dass ein solcher Ansatz auf den ersten Blick sogar die Unterstützung von Rudolf Steiner aufweisen kann. In einem Vortrag am 16.4.1923, in dem er über die Wichtigkeit der Feinmotorik, des Gleichgewichtssinns und des Gehenlernens für die Sprachentwicklung referiert, führt er aus:

»Sie werden sehen: wenn ein Kind schlampig geht, so führt es auch nicht richtige Intervalle zwischen Satz und Satz herbei, sondern alles verschwimmt in den Sätzen.
Und wenn ein Kind nicht ordentlich lernt, harmonische Bewegungen mit den Armen zu machen, dann ist seine Sprache krächzend und nicht wohllautend.

Ebenso, wenn Sie ein Kind gar nicht dazu bringen, das Leben zu fühlen in seinen Fingern, dann wird es keinen Sinn bekommen für Modulation in der Sprache.«

Aber man muss schon genau hinhören: Wen spricht Rudolf Steiner hier mit »Sie« an? Lehrer oder Therapeuten von Kindern mit Schulproblemen wohl kaum, denn er fügt als nächsten Satz dieser Betrachtung an:

»Das alles bezieht sich auf die Zeit, während das Kind gehen und sprechen lernt.«[74]

Gehen und Sprechen. Erst der dritte, der vollendende Entwicklungsschritt nach Steiner ist das Denken. Wie sich die Evolution der Menschheit in den drei Schritten »Gehen – Sprechen – Denken« vollzogen hat, vollzieht sich auch die Entwicklung des einzelnen Menschen.

Wenn nun aber die eventuell zu Problemen führenden Auffälligkeiten des Legasthenikers definiertermaßen eine Folge seiner besonderen rechtshirnigen Denkweise sind, dann sind sie eben eine Folgeerscheinung dieses Denkens und nicht dessen Ursache. Was auch immer man mit sensomotorischen Übungen therapiert und sogar Positives erreicht – man geht die Ursache der Legasthenie und ihre Bewältigung damit nicht an. Die liegt im Denken.

Nach welchen Kriterien aber will man eine Denkweise, die anders ist als die des Durchschnitts, beurteilen, um sie für veränderungsbedürftig zu erklären? Nach »normal« und »unnormal«? Was ist denn normal? Wenn die Mehrheit normal ist, dann sind z.B. in unseren Breiten alle braunhaarigen Menschen normal und alle blonden unnormal.

Eine Veränderung bis hin zur Verzerrung der mehrheitlich gewohnten Sinneswahrnehmungen (Davis nennt eben dies: Desorientierung) ist im rechtshirnigen Verarbeitungsprozess durchaus »normal«. Sie kann dort sogar ausdrücklich wünschenswert und erhaltenswert sein. Dies bestätigen uns allerdings nicht unsere linkshirnig-rationalen Wissenschaften, sondern einmal mehr die Künstler. Caro Carra sagt z.B. in »The Quadrant of the Spirit«:

»Ich weiß nur zu gut, dass es mir nur in glücklichen Augenblicken gelingt, mich in meiner Arbeit zu verlieren. Maler und Dichter spüren genau, dass ihr wahres, unwandelbares Wesen jenem unsichtbaren Reich entstammt, das ihnen ein Bild der ewigen Wirklichkeit vermittelt. ... Ich habe das Gefühl, als ob ich nicht in der Zeit existiere, als ob vielmehr die Zeit in mir existiert. Ich bin mir auch darüber klar, dass es mir nicht gegeben ist, das Rätsel der Kunst vollständig zu lösen. Nichtsdestoweniger gelange ich fast zu dem Glauben, dass ich im Begriff bin, mit meinen Händen das Göttliche zu berühren.«[75]

Und natürlich waren auch Rudolf Steiner Erlebnisse von derart unschätzbarem Wert jenseits der normalen Wahrnehmung nicht fremd:

»Man versenkt sich in die Pflanze, so dass man fühlt, wie die Schwerkraft hinunter der Wurzel nach der Erde geht, wie sich die Blütenkraft nach oben entfaltet. Man erlebt mit das Blühen, das Fruchten. ...
Man taucht ganz unter in die äußere Welt. Da, da wird man hingenommen von der äußeren Welt. Man wacht wieder auf wie aus einer Ohnmacht. Aber man bekommt jetzt nicht mehr abstrakte Gedanken, man bekommt Imaginationen. Man bekommt Bilder. Und in diesen Bildern, die man bekommt, sieht man vom Standpunkte des Materialismus aus keine Erkenntnis mehr.
Man sagt: Erkenntnis muss in abstrakten, logischen Begriffen vor sich gehen. Ja, wenn die Welt aber nicht so ist, dass sie sich den abstrakten Begriffen der Logik ergibt!
Wenn die Welt ein Kunstwerk wäre zum Beispiel, dann müssten wir sie künstlerisch auffassen, nicht logisch; dann wäre die Logik bloß da, damit wir uns disziplinierten. Aber von der Welt würden wir mit der Logik nichts verstehen.«[76]

In Bildern, sagt Rudolf Steiner, sieht man vom Standpunkte des Materialismus aus keine Erkenntnis mehr, d.h. keine Erkenntnis, die in abstrakten, logischen Begriffen vor sich geht.
Legastheniker aber denken überwiegend in Bildern! Wie sollen sie zu einer Erkenntnis von etwas kommen, was abstrakter nicht sein kann: zur Erkenntnis der Buchstabenwelt!
Auch über den nächsten Satz lohnt es sich, etwas länger nachzudenken: »Ja, wenn die Welt aber nicht so ist ...!« Ich erlaube mir, diesen Satz für meine Überlegungen einfach mal »frei zu übersetzen«:
»Ja, wenn das Denken der Legastheniker aber nicht so ist, dass es sich den abstrakten Begriffen der Logik ergibt! – Wenn ein Kind

rechtshirnig denkt, dann müssen wir es rechtshirnig auffassen, nicht logisch; dann ist die Logik bloß da, damit WIR uns disziplinieren. Von dem Kind würden wir mit der Logik nichts verstehen.«
Legastheniker haben natürlich sehr wohl Erkenntnisse – viele, tiefe, uns Linkshirnlern oft weit vorauseilende, aber eben nicht unbedingt vom Standpunkte des Materialismus aus gesehen. Weil sich ihr Denken nicht den abstrakten Begriffen der Logik ergibt.
Eltern legasthenischer Kinder könnten ohne Ende »Anekdoten« von dieser Fähigkeit erzählen, wenn unsere materialistische Welt sie nicht sogleich mit dieser eigentümlichen Aura des Skurrilen überzöge, von der ich in anderem Zusammenhang schon gesprochen habe. Subjektiv mögen das sicher interessant-erstaunliche »Begegnungen der dritten Art« sein, tatsächlich werden sie aber lieber dem Reich der Fabeln zugeordnet. Da tut es richtig gut, auf Beobachtungen anderer zu stoßen, die einem die eigenen Erlebnisse nicht ganz so skurril vorkommen lassen. So berichtet Vera F. Birkenbihl in ihrem Buch »Stroh im Kopf«:

»Noch ein Aspekt, den ich bisher nicht erwähnt habe, ist interessant. Höchstwahrscheinlich ›liegen‹ sogenannte para-normale Fähigkeiten (Telepathie, Telekinese, das ›zweite Gesicht‹ u.a.) ebenfalls im rechten Hirn. ... Ich habe jedenfalls seit Jahrzehnten in manchen Seminaren (abends, auf freiwilliger Basis) Telepathie-Übungen eingesetzt und immer wieder festgestellt, dass der typische rationale Linkshirnler am meisten Probleme dabei hat.«[77]

Ähnliches schreibt auch Werner Holzapfel in »Kinderschicksale, Entwicklungsausrichtungen«:

»Vielleicht lässt sich die vorwiegend negative Charakterisierung noch dahin ergänzen, dass legasthenische Kinder ein auffallendes Verständnis für spirituelle Vorstellungen besitzen. Das glaube ich in den mir bekannten Fällen beobachtet zu haben.«[78]

Die Dominanzprägung

Zurück zur Ausgangsthese: Wenn ein Kind rechtshirnig denkt, dann müssen wir es rechtshirnig auffassen...
Für die körperlich sichtbare Dominanz bedeutet rechtshirniges Denken nicht, dass Kinder mit rechtshemisphärischen Denkstrukturen automatisch Linkshänder sind. Meistens sind sie beidhändig oder

gekreuzt (rechte Hand/linker Fuß) ausgeprägt. Nur einige sind eindeutig Linkshänder.
Den Bogen von den »skurrilen«, »paranormalen« bzw. »spirituellen« Fähigkeiten zur Frage der Dominanzausprägung schlägt auch hier wieder Rudolf Steiner. Unbestritten: Steiner setzte sich zwar durchaus für eine Umtherapierung zumindest vom Links- zum Rechtshänder ein, was er übrigens interessanterweise mit den Erkenntnissen von Broca, der das Sprachzentrum in der linken Hemisphäre ausgemacht hatte, begründet,[79] aber auch bei dieser Thematik lohnt ein genaueres Hinsehen, wie er an anderer Stelle (z.B. in der Konferenz vom Mittwoch, 14. Juni 1920, GA 300/1) konkretisiert:

»Ja, im Ganzen wird man finden, dass diejenigen Kinder, die spirituelle Anlagen haben, unbehindert schreiben können, wie sie wollen, links und rechts. Aber Kinder, die materialistisch sind, die werden vom Schreiben mit beiden Händen idiotisch.
Einen gewissen Grund hat es schon, dass die Rechtshändigkeit auftritt. Es ist so, dass Kinder in diesem materialistischen Zeitalter durch die Linkshändigkeit idiotisch werden, wenn beide Hände abwechselnd gebraucht werden.
Das ist unter Umständen eine nicht unbedenkliche Sache bei all den Dingen, die Verstand in sich haben; beim Zeichnen gar nicht. Zeichnen kann man sie ganz gut lassen mit beiden Händen.«

So ganz uneingeschränkt, ohne jedes Wenn und Aber, fordert Rudolf Steiner also offenbar doch nicht, den Linkshänder oder den Beidhänder zum Rechtshänder zu machen – auch wenn seine Einschränkung im ersten Moment »schwer verdaulich« ist: »Aber Kinder, die materialistisch sind, die werden ... idiotisch«.
Übrigens auch nur vom Schreiben mit beiden Händen – schon das Zeichnen ist für Rudolf Steiner in diesem Zusammenhang etwas anderes, etwas, was selbstverständlich nicht zu den Dingen gehört, die Verstand in sich haben, also (wenn Sie erlauben:) nicht zu den Dingen, die ihre Quelle in der linken Hemisphäre, sondern in der anderen Wahrnehmungsweise haben.
Ich weiß nicht, wie weit ich Steiner »in meinem Sinne« einfach übersetzen darf. Aber wir müssen neue Vokabeln finden, in denen wir uns als heutige Menschen über die Weite der Steinerschen Gedanken verständlich und verständig austauschen können, und

nicht länger bloß vor ihnen zusammenzucken, weil wir sie in ihrem Wortsinn nicht mehr verstehen.
Wann sind denn Kinder materialistisch? Wann und was ist denn eigentlich das materialistische Zeitalter, von dem so oft die Rede ist? Auf jeden Fall doch etwas, das es zu überwinden, hinter sich zu bringen gilt, das Platz machen muss (und wird!) für etwas Neues. Vielleicht auch in der Therapie.
Vielleicht werden wir in Zukunft viele unserer heutigen Diagnose- und Therapieansätze aufgrund der Erkenntnisse aus der Gehirnforschung anders beurteilen. Vielleicht werden wir Kinder mit links- oder beidseitigen Dominanzen, ob sie nun »Lernprobleme« aufweisen oder nicht, dann nicht mehr zwangsweise auf die einseitige, die »richtige« und zumeist rechte Dominanz (Hand, Auge, Fuß) trimmen, die nach vorherrschender Meinung bis zum vollendeten siebten Lebensjahr entwickelt sein soll. Und der zur Zeit noch konsequent nachgeholfen werden muss, wenn die Beidseitigkeit bzw. die gekreuzte Dominanz bis dahin nicht überwunden ist.
Vielleicht ist ja auch Audrey McAllen einfach noch im »materialistischen Denken« befangen, wenn sie sich für die einseitige Präferenz der linken Gehirnhälfte – gerade bei Lernschwierigkeiten – ausspricht:

»Oft hilft man den Kindern nicht konsequent, die rechte Körperseite beim Ankleiden zuerst anzuziehen, den rechten Arm zuerst in den Ärmel zu stecken, den rechten Schuh zuerst anzuziehen. …
Ob die Kinder später wirklich noch beidseitig sind, können wir beim Vergleich der einfachen Dominanzuntersuchung mit dem Seitigkeitstest herausfinden. Diese undefinierte Seitigkeit ist die Grundlage für eine gekreuzte Dominanz, die Lernfähigkeiten behindern kann.
Die Dominanz, den bevorzugten Gebrauch einer Körperseite, erlangt ein Kind etwa mit dem siebten Lebensjahr. In dieser Zeit gibt es einen Wachstumsschub in der linken Hirnhemisphäre, und beide Hälften haben dann ihre ganzheitlichen und lokalisierten Funktionen entwickelt.«[80]

Was aber, wenn es sich ganz anders verhält? Wenn der diagnostizierte »Wachstumsschub« der linken Gehirnhälfte kein natürlich-evolutionärer, sondern ein gesellschaftlich-produzierter ist? Weil wir das Kind in eine linkshirn-orientierte Welt hineingeboren und -erzogen haben? Dann ist der »Wachstumsschub« vielleicht nur ein

Blockierriegel, der die rechtshirnigen Fähigkeiten in ihrer Entwicklung behindert.
Gerhard Haberland z.B. geht davon aus, dass die meisten Menschen von ihrer Veranlagung her beidhändig (Ambidexter) sind, und führt aus:

»Infolge der Erziehung und des Rechtsdruckes wird ein beträchtlicher Teil der Ambidexter sowie der schwach ausgeprägten Linkshänder ohne Schwierigkeiten an die Bevorzugung der rechten Hand gewöhnt und empfindet sich selbst als Rechtshänder, trotz erhalten gebliebener Geschicklichkeit der linken Hand.«[81]

Genetische Anlagen scheinen also eine Rolle für die Dominanzentwicklung zu spielen; die »Händigkeit« ist angeboren und verteilt sich lt. Haberland nach der Gauß'schen Fehlerkurve:

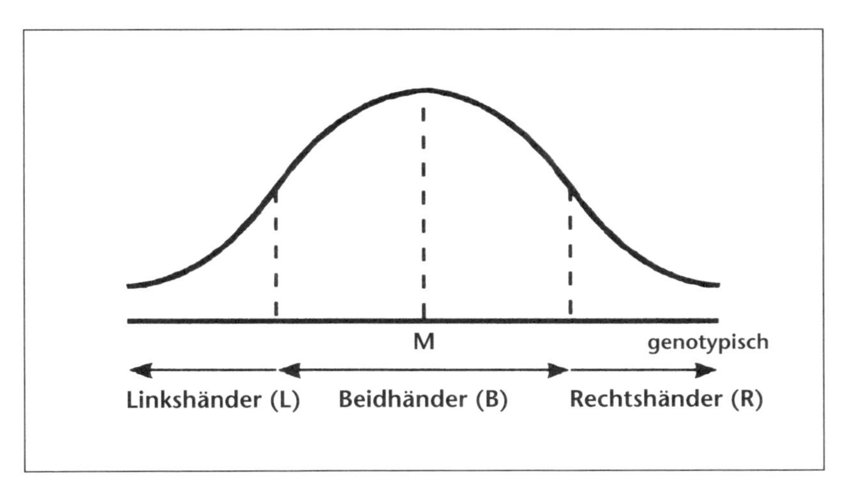

Das Problem legasthenischer Kinder sieht Haberland darin, dass sie gegenläufig zur Kulturnorm geprägt sind und deshalb fast zwangsläufig damit kollidieren. Legastheniker haben in der Regel keine ausgeprägt einseitige Dominanz, sondern sind beidseitig veranlagt bzw. haben sich die Beidseitigkeit erhalten.
Dieses ist immer wieder festgestellt worden und findet sich auch in verschiedenen neurophysiologischen Untersuchung, die Sally P. Springer und Georg Deutsch in »Linkes/Rechtes Gehirn« erwähnen. So fand man z.B. bei der Autopsie legasthenischer Erwachsener in

vier von sieben Fällen eine ungewöhnliche Symmetrie des »Planum Temporale«, eines Gehirnbereichs, der normalerweise (bei 70 % der Menschen) auf der linken Gehirnseite um etwa ein Drittel größer ist als auf der rechten Seite. Bei diesen vier Untersuchten war das Planum Temporale auf beiden Seiten gleich groß, aber nicht etwa war das linke so »klein« wie das rechte, sondern das rechte so groß wie das linke.
Es müssen übrigens nicht gleich Autopsien sein, die einen Einblick in die strukturelle Gehirnorganisation erlauben; auch das lebendige Gehirn gibt Teile seiner Geheimnisse preis. Bei kernspintomographischen Studien hat sich z.B. gezeigt, dass 70 % der untersuchten Legastheniker eine Planum-Symmetrie aufweisen, bei den Kontrollpersonen nur 30 %.
Hinzu kommt, dass weibliche Legastheniker nachgewiesenermaßen die größte Schnittfläche des sogenannten »Balkens« besitzen (des »Corpus callosum« – des größten Nervenfasertrakts im Gehirn, der die Gehirnhälften miteinander verbindet), gefolgt von männlichen Legasthenikern, während normal-lesende Kontrollpersonen die kleinsten »Balken« aufweisen.
Derart vergrößerte »Balken« (bei auffällig ausgeprägter Beidhändigkeit) hat man auch bei Musikern, vornehmlich klassischen Tasten- und Saiteninstrumentalisten, beobachtet, die schon vor dem siebten Lebensjahr mit dem musikalischen Training begonnen hatten.
Gegenwärtig ist zwar noch nicht abschließend geklärt, welche Rolle der »Balken« bei höheren kognitiven Prozessen spielt, aber sie ist auf jeden Fall sehr komplex. Und eines scheint festzustehen: Der »Balken« absolviert sein raschestes Wachstum während der Fetalentwicklung, verdoppelt seine Größe dann zwischen Geburt und dem Ende des zweiten Lebensjahres und wächst danach nur noch geringfügig weiter, bis er im Alter von ca. 25 Jahren seine Maximalgröße erreicht hat.[82]
Betty Edwards, die eine »fertige« Dominanzausprägung im zehnten Lebensjahr ansiedelt, stellt fest, dass die meisten Erwachsenen der westlichen Kulturen in ihrer künstlerischen Entwicklung nie über das Niveau hinaus gelangen, das sie als Neun- oder Zehnjährige erreicht hatten. Und sie zieht daraus folgenden Vergleich:

»Wollten wir diese (künstlerische) Unfähigkeit klassifizieren – wie zum Beispiel Pädagogen Leseschwierigkeiten als ›Dyslexie‹ bezeichnen –, könnten wir sie ›Dyspiktorie‹ oder ›Dysartistie‹ nennen. Doch bislang ist noch niemand auf diese Idee gekommen. Das ist auch nicht verwunderlich, denn das Zeichnen gehört – im Gegensatz zum Lesen und Schreiben – in unserer Kultur nun einmal nicht zu den lebenswichtigen Fähigkeiten.«[83]

An dieser Stelle möchte ich von einer Beobachtung berichten, die für mich einige der bisher dargestellten Fassetten des Themenkomplexes »Legasthenie« in einen interessanten Zusammenhang gebracht hat – Schulschwierigkeiten, Dominanzausprägung, Gehirnforschung, Davis-Methode. Und die eben zitierte Betty Edwards, auf die ich durch diesen »Fall« überhaupt erst gestoßen bin. Normalerweise kommt man ja nicht so leicht auf die Idee, sich beim Nachdenken über die Legasthenieproblematik ein Buch vorzunehmen, das »Garantiert zeichnen lernen« heißt.
Ich wollte auch weder garantiert zeichnen lernen noch garantiert zeichnen lehren – ein fünfzehnjähriges Mädchen, das mit massiven Schulschwierigkeiten zu mir kam, brachte mich dazu. Auf die Frage, was sie denn in Zukunft gerne besser können möchte, woran wir also gemeinsam arbeiten sollten, sagte sie: »Besser zeichnen«. Zeichnen war das, was sie am besten konnte.
So kam ich auf Betty Edwards und habe seitdem viel von ihr gelernt – sogar besser zeichnen. Und in die Beratung dieses Mädchens habe ich Übungen nach Edwards durchaus einbauen können.
Trotzdem sollte es natürlich vorrangig ums Lesen und Schreiben gehen, obgleich sie auf den ersten Blick nicht unbedingt legasthenisch erschien. Aber sie las »automatisch«, d.h. sie konnte nichts vom Inhalt des Textes aufnehmen; sie schaltete sämtliche Vorstellungen dabei ab. Wie im Buch von Davis aufgeführt, ließ ich sie nach der sogenannten »Orientierungssitzung« das große ABC aus Knetmasse formen. Als sie die Buchstaben des fertige Alphabets benennen und dabei berühren sollte, machte ich folgende Beobachtung: Die Buchstaben lagen rechts und links vor ihr über den ganzen Tisch verteilt. Sie begann mit der linken Hand, wechselte aber vor ihrer Körpermitte immer auf die rechte Hand. Ein Kreuzen der Mittellinie fand nicht statt. Ich deute dies so, dass sie beim Umgang mit Buchstaben jeweils nur eine Gehirnhälfte aktivierte und eine Integration nicht stattfand. Das belegte ja auch ihre »einseitige« Art zu lesen.

Nun ist mir zwar bekannt, dass es viele Körperübungen gibt, die zum Kreuzen der Mittellinie führen können (besonders aus dem Gebiet der Edu-Kinesiologie), aber ich fuhr einfach mit der nächsten Aufgabe fort: Sie sollte sich jetzt bei der Berührung und Benennung der Buchstaben gleichzeitig eine klare Vorstellung des Buchstabens vor ihrem geistigen Auge machen. Ich war schon sehr verblüfft, wie sie nun mühelos die Mittellinie kreuzen konnte.
Bedeutet das womöglich, dass es sich »körperlich« bemerkbar macht, wenn wir dem Gehirn eine »gehirn-gerechte« Aufgabe geben – wie hier z.B. »Sprache plus Vorstellung«? Im Fall dieses Mädchens (was das Lesen betrifft) hat sich übrigens die dritte Stufe des von Ronald Davis entwickelten »Spell-Readings« bestens bewährt.[84]
Meiner Meinung nach kann das Trainieren einer auf Einseitigkeit ausgerichteten Körper- bzw. Hemisphärendominanz nicht der Weg sein, Kindern das Lernen zu erleichtern. Vom allzu oft ausbleibenden »Erfolg« einmal ganz abgesehen, vernachlässigen wir damit fast sträflich die in den Kindern angelegten Potenziale und präparieren sie bestenfalls für die Bedingungen unseres gegenwärtigen Schullernens. Barbara Meister-Vitale bringt es auf den Punkt:

»Durch die Integration beider Gehirnhälften entsteht eine Intelligenz, die weitaus größer ist als die Summe ihrer Teile. Eine Intelligenz, die jenseits der Spezialisierung und jenseits der individuellen Verarbeitungsmechanismen jeder Hemisphäre existiert. Diese Intelligenz ist der unbekannte Faktor. Er ist jene Schöpfungskraft, die erfindet, kreiert und entdeckt. Vielleicht werden wir diesen unfassbaren Gedanken nicht wirklich verstehen können, aber wir sollten nie aufhören, es zu versuchen. Wir müssen den Kindern unserer Welt die Chance geben, ihre höchsten Gipfel zu erreichen.«[85]

Vieles, was wir heutzutage an »Lernschwierigkeiten« und »Verhaltensauffälligkeiten« vorfinden, hat seine Ursache darin, dass diese Kinder ein MEHR an Fähigkeiten, aber eben genauso ein MEHR an Verwirrungsmöglichkeiten zur Verfügung haben – z.B. mehr Schwierigkeiten als andere, sich zwischen etwas entscheiden zu können. Hierzu eine kleine Geschichte einer dreizehnjährigen Legasthenikerin zum Wort »mehr«:

mehr

Heute fahre ich ans Meer
Ich habe mehr Gepech mit
als alle anderen. Als wir
angekommen waren wolten wir
sofort ins Meer, ich hatte mehr
Badeanzüge mit als alle anderen.
Deshalb kand ich nicht swimmen
weil ich mich nicht entscheiden
konte welchen ich anzihen sol.
Am Abend wolten wir in die
Disko ich hatte mehr Klamatten
mit als alle andern. Also kante
ich nicht mit weil ich mich nicht
entscheiden konte was ich anzihen
sol. Das Meer ist dal

Jenny, 13 Jahre

Für mich kann der Weg nur sein, ihnen zu helfen, dass sie ihre vielfältigen Talente verknüpfen lernen, d.h. ihre Hemisphären integriert nutzen lernen. Die Aufgabe besteht darin, diese Talente in den Kindern zu erkennen, auch wenn man sie selbst nicht (oder noch nicht bzw. nicht mehr) besitzt, und ihnen eine Schule anzubieten, wo sie ihre vollen, ihre beidseitigen Fähigkeiten ausüben lernen.
Diese »neue« Art des Lehrens braucht aber nicht neu erfunden zu

werden. Ich bin überzeugt, dass sie sich bei genauem Hinsehen in der Erziehungskunst Rudolf Steiners überzeugend und anwendbar finden lässt.
So jedenfalls verstehe ich seine differenzierten Ausführungen zum eben behandelten Thema »Einseitigkeit/Beidseitigkeit« während eines Vortrags am 7. Mai 1920:

»Da komme ich auf eine Frage, die mir gestellt worden ist und die eine große Bedeutung hat: die Linkshändigkeit oder die Beidhändigkeit.
Sehen Sie, es ist richtig, dass man im Allgemeinen dasjenige, was im Grunde genommen allgemeine Menschengewohnheit geworden ist, die Rechtshändigkeit, die man benützt beim Schreibenlernen und bei anderen Geschicklichkeiten des Lebens, dass man diese Gewohnheit erweitere dadurch, dass man auch die linke Hand in einer gewissen Weise geschickt macht, es ist in gewisser Weise berechtigt.
Allein, wenn man über solche Dinge diskutiert, so ist die Diskussion nur fruchtbar, wenn man einen tieferen Einblick in die menschlichen Lebensverhältnisse hat.
Wenn wir einem Zeitalter entgegenleben, in dem im Menschen die volle Menschheit erweckt wird, wenn wir einem Zeitalter entgegenleben, in dem zu dem abstrakten Sinn, der heute so ausgebildet ist, wiederum die Kultur des Gemütsvermögens, des Gefühlsleben und Aktivität des Willenslebens kommt, dann lässt sich über manche Frage ganz anders sprechen, als sich heute über diese Frage sprechen lässt.
Wenn die Menschen weiterhin so erzogen werden, wie unsere Menschen erzogen werden, so dass man immer in Abstraktionen steckenbleibt – der Materialismus ist ja gerade dasjenige, was in Abstraktionen steckenbleibt, was nicht bis zum Begreifen des Materiellen aus dem Geistigen kommt – dann wird man sich nach einiger Zeit, wenn man beide Hände zum Schreiben in gleicher Weise ausbildet, überzeugen können, dass ein gewisser Grad von Schwachsinnigkeit die Menschen ergreift, die da die beiden Hände in gleicher Weise benützen lernen, denn es hängt schon ein wenig die Art, wie wir heute als Menschen sind, zusammen damit, dass wir die rechte Hand in ausgiebigerem Maße benützen als die linke Hand. …
Ich würde über diese Dinge gar nicht sprechen, wenn ich nicht gerade viel darüber nachgeforscht hätte und wenn ich nicht zum Beispiel probiert hätte, was es heißt, die linke Hand zu benützen. Wenn man

sich die Menschenbeobachtung erworben hat, dann kann man auch durch das Probieren herausbekommen, was es bedeutet, die linke Hand zu benützen.
Die linke Hand ist gut dann, wenn der Mensch einen gewissen Grad in der Unabhängigkeit des Geistig-Seelischen von dem Leiblichen erreicht hat; aber so in der Abhängigkeit, wie der heutige Mensch ist von dem Leiblichen, da entsteht eine ungeheure Revolution in dem Leiblichen selbst, wenn man die linke Hand in derselben Weise zum Beispiel zum Schreiben wie die rechte Hand verwendet. ...
Die Erziehungsmethode, welche den Menschen zuerst so behandelt, dass sie diejenigen Erziehungsgrundlagen, die hier besprochen worden sind, auf ihn anwendet, die darf dann auch die Beidhändigkeit gebrauchen. Die heutige Kultur darf nicht abstrakt zum Gebrauch der beiden Hände einfach übergehen. Solche Dinge kann man ja natürlich nur aus Erfahrung sagen. Aber Statistiken würden das, was ich heute gesagt habe, ganz wesentlich beweisen.«[86]

Das ist der entscheidende Satz, der mich in meinem Zweifel ermutigt zu fragen, ob es denn wirklich immer angeraten ist, die gesellschaftlich normierte Rechtshändigkeit offensichtlichen Beidhändern anzutherapieren, oder ob wir nicht besser versuchen sollten, den Menschen so zu behandeln, dass wir die Erziehungsgrundlagen Rudolf Steiners auf ihn anwenden:
Die Erziehungsmethode, welche den Menschen zuerst so behandelt, dass sie diejenigen Erziehungsgrundlagen, die hier besprochen worden sind, auf ihn anwendet, die darf dann auch die Beidhändigkeit gebrauchen.

Ganzheitliche Fähigkeiten

»Heute stellen die Leute in abstracto die Frage: Wie sollen wir die Fähigkeiten des Kindes entwickeln? Aber wir sollten uns klar sein: ›Man muss zuerst die Fähigkeiten des werdenden Menschen kennen, wenn der abstrakte Satz: man muss die Fähigkeiten des Kindes entwickeln‹, eine konkrete Bedeutung haben soll.«[87]

Man muss die Fähigkeiten des Kindes also erst einmal kennen, sagt Steiner, bevor man sich daran macht, sie zu entwickeln. Und nicht einfach drauflos unterrichten bzw. therapieren, möchte ich hinzufügen.
Was passiert, wenn ein Kind in die Schule kommt? Bis jetzt hatte es beim täglichen Lernen automatisch den individuellen Reichtum seiner beiden Hemisphären entwickelt, und zwar ungeheuer schnell. Nun bricht mit dem sogenannten »Ernst des Lebens« das Schullernen über das Kind herein und fordert und fördert überwiegend linkshemisphärische Fähigkeiten.
Je nach dem individuellen Entwicklungsgang der Kinder kann hier der erste wesentliche Motivationsverlust eintreten – allein durch die Tatsache, dass sich das Lernen plötzlich ungleich langsamer vollzieht. Was vorher wie von einem Schwamm aufgesogen wurde, soll jetzt von außen hineingepumpt werden. Dabei verkümmern allzu schnell die rechtshemisphärischen Lernfähigkeiten, wie uns Betty Edwards am Beispiel des Zeichnens und Vera Birkenbihl am Beispiel des Memoryspielens darlegen.
Dass diese Verkümmerung von den Kindern sowie den Erziehenden als »Verlust« gar nicht recht wahrgenommen wird, liegt daran, dass das herkömmliche Schullernen in der Regel ja durchaus erfolgreich »funktioniert«:
Auch wenn die Kinder nun vielleicht lustloser und langsamer lernen, als sie es von Natur aus wohl könnten, werden sie doch zu funktionsfähigen, dominanten Linksdenkern zurechtgeschliffen, erreichen höhere Schulabschlüsse, kommen zu wissenschaftlichen Ehren und bilden bald wieder eine linkshirndominante Generation von »Gehirn-Muffeln« statt »Gehirn-Besitzern« (Birkenbihl) aus.

Ronald Davis hat dazu einmal in einem Interview mit der Zeitschrift »ab 40« gesagt:

»Das Erziehungssystem versteht wenig vom Lernprozess an sich … Lehren ist keine Kunst mehr, leider … Die meisten Lehrer sind heute Erziehungsermöglicher … Sie sind ein Produkt des gleichen Systems, in das sie involviert sind beim Lehren. So hat sich das seit Generationen fortgesetzt.«

Was aber sagte Rudolf Steiner schon vor 75 Jahren über den »Lernprozess an sich«, das Aufsaugen oder Hineinpumpen, wie ich es eben genannt habe?

»Man muss so erziehen können, dass Anlagen ausgebildet werden, die man selbst gar nicht hat. Das heißt aber: Es gibt etwas im Menschen, was man als Erzieher oder Lehrer überhaupt nicht erfassen kann. Das ist etwas, dem man mit scheuer Ehrfurcht gegenüberstehen soll, und das sich durch die Erziehungkunst entfaltet, ohne dass man es wie ein Abbild der eigenen Fähigkeiten in den Zögling von sich aus hineinbringt.«[88]

Ich bin nicht die Erste, die den Pädagogikentwurf Rudolf Steiners ohne jeden Zweifel unter dem Prädikat des erst Jahrzehnte später von Vera Birkenbihl eingeführten Begriffs »gehirn-gerecht« einordnet. Gerhard Huhn z.B. schrieb 1990 in seiner provokanten Dissertation[89] über die Risiken derzeitiger Lehrpläne für die freie Entfaltung der Kinder:

»Ein aus dem deutschen Sprachraum stammendes, jetzt international verbreitetes sehr umfassendes ganzheitliches Erziehungskonzept, das auf einige Jahrzehnte Erfahrung beim Einsatz alternativer, didaktischer Methoden und einen völlig anderen Umgang mit den Inhalten des Bildungsprozesses verweisen kann, ist die Pädagogik der Waldorf-Schulen nach Rudolf Steiner. Viele Elemente dieses bereits seit 1919 entwickelten Konzeptes stehen in frappierender Übereinstimmung mit den Forderungen an einen ›gehirn-gerechten‹ Unterricht, so wie sie sich aus der neueren Gehirnforschung ergeben.«

Im Folgenden zählt Huhn die von ihm festgestellten Übereinstimmungen auf wie Perlen an einer Kette: die andere Schulstruktur an den Waldorfschulen, die Selbstverwaltung, die Anpassung des Unterrichtsstoffs an die kindliche Entwicklung, das frühe Fremdsprachenlernen, der handwerkliche und künstlerische Unterricht, der Epochenunterricht, der Verzicht auf Auslese (kein Sitzenbleiben, keine Zensuren), die Selbstfortbildung der Lehrer sowie die Einbeziehung des Schularztes. Er fährt dann fort:

»Sowohl bei der Pädagogik nach Steiner wie auch bei den meisten anderen Reformpädagogen fällt auf, in wie starkem Umfang diese alternativen schulischen Bemühungen immer wieder darauf abzielen, beide Hemisphären zu aktivieren, auch wenn die Initiatoren ihre Methoden nicht aus der Gehirnforschung, sondern zumeist aus einem sehr genauen

Beobachten kindlicher Lernprozesse und einem intuitiven Erfassen der optimalen Voraussetzungen für gelingendes Lernen abgeleitet haben.«[90]

Da möchte man sich doch am liebsten zufrieden zurücklehnen und aus vollem Herzen in das Loblied auf diese ideale Schulform einstimmen – wenn da nicht auch in den Waldorfschulen die tägliche Realität mit ihren täglichen Problemen wäre. Wenn sich nicht auch hier die Lehrer mit unmotivierten Kindern herumschlagen müssten. Wenn es nicht auch hier intelligente Kinder mit Lernschwierigkeiten gäbe. Wenn wenigstens hier die frühe (oder zumindest im Vergleich rechtzeitige) Beherrschung der Fremdsprachen klappen würde. Wenn!

Mit dem lapidaren Hinweis, dass Theorie und Praxis eben zwei verschiedene Schuhe seien, wird man der Diskrepanz zwischen dem »Soll« und dem »Haben« an den Waldorfschulen nicht gerecht. Meiner Meinung nach liegt die Ursache in der vorher erwähnten Tatsache, dass die herrschende Kultur auch die Lehrenden an Waldorfschulen »behindert« hat – mit der Folge, dass sie ihre ganzheitlichen Fähigkeiten nur bruchstückhaft entwickelt und trainiert haben.

Vielleicht wären wir dem »Ideal« ein Stück näher, wenn es mehr Lehrkräfte gäbe, deren rechtshemisphärische Fähigkeiten stärker ausgebildet sind. Aber es liegt auf der Hand, dass Menschen mit überwiegend rechtshemisphärisch geprägter Denkweise sich von der Gesellschaft nicht gerade ermutigt fühlen, ausgerechnet Lehrer zu werden, sondern lieber Berufe wählen, in denen sie ihre speziellen Fähigkeiten eher nutzbar und sichtbar machen können – als Handwerker z.B. oder Techniker, als Künstler oder Architekten.

Denn wenn man sich – zumal als Legastheniker – durch die linkshirn-dominierte Schulzeit einigermaßen durchgeschlagen hat, wird man kaum den Wunsch verspüren, nun seinerseits Kinder mit dem Erlernen des Lesens und Schreibens »malträtieren« zu wollen. So bleibt diese wichtige erzieherische Aufgabe fast »naturbedingt« bei den zwar hochmotivierten und liebevoll bemühten, aber im rechtshemisphärischen Denken einfach untrainierten (oder abtrainierten?) Lehrerinnen und Lehrern hängen.

Es gibt nur wenige Beispiele, dass ein ehemals lernschwieriges Kind später selbst Lehrer geworden ist. Die von mir schon mehrfach herangezogene Lehrerin Barbara Meister-Vitale ist so eine Ausnahme:

Sie erzählt von sich selbst, dass sie ein »lernbehindertes« Kind war, das erst mit 12 Jahren lesen gelernt hat. Mehr über diese seltene und deshalb besonders beeindruckende »Karriere« finden Sie in ihrer Autobiographie »Frei fliegen – Eine Ermutigung an alle, die mehr intuitiv als logisch, mehr chaotisch als geordnet, mehr phantasievoll als realitätsbezogen denken und leben«, Synchron Verlag Berlin. Aber ob und wann dieses Beispiel (im wörtlichen Sinne:) »Schule macht«, kann ich nicht voraussehen. Da man also in der Regel nicht davon ausgehen kann, dass rechtshirn-starke Kinder schon in der Schule auf rechtshirn-starke Lehrer stoßen, muss also – ob Eltern, Lehrer oder Therapeuten – daran gearbeitet werden, die unbemerkt verkümmerten, aber gleichwohl bei jedem Menschen angelegten rechtshemisphärischen Fähigkeiten zunächst als gleichberechtigte Begabungen überhaupt wieder zuzulassen: sie im anderen zu erkennen und zu nutzen und sie bei sich selbst zu trainieren.
Nicht zuerst von sich selbst, sondern immer zuerst vom anderen auszugehen, war für Rudolf Steiner eine der grundsätzlichen Forderungen an die ersten Waldorf-Lehrer. Leider konnte er die praktische Umsetzung seiner (laut Huhn intuitiv geschaffenen) wirklich genialen Pädagogik nur sechs Jahre lang persönlich beobachten und beeinflussen, und das auch nur meistens aus der Ferne, wenig aus dem Inneren des (Waldorf-)Schulalltags heraus.
Er ist bestimmt oft, aber eben nicht immer froh darüber gewesen, wie sein pädagogisches Ideal zu seinen Lebzeiten vermittelt wurde. Die kritischen Äußerungen Steiners zur frühen Waldorfschul-Praxis sind jedenfalls streckenweise sehr massiv. (Vergl. Konferenzen I – III) Hätte sich irgendetwas anders entwickelt, wenn er »seiner« Schule länger den Weg hätte weisen können? Ich weiß es nicht. Gleichwohl ist die Waldorfschule von ihrem Ansatz her für mich die wirklich »ideale« Schulform für gehirn-gerechtes Lernen unter Inanspruchnahme (und Anerkennung!) der Potenziale beider Hemisphären!
Dies zu erkennen, konkret: sie zur tatsächlich idealen Schule für alle – ob Legastheniker oder nicht – zu machen, heißt deshalb, sich den Blick von gelegentlichen Abweichungen in der Alltagspraxis nicht trüben zu lassen, sondern sich mit wachem Interesse einmal mehr den Wurzeln zuzuwenden, aus denen sie vor 80 Jahren aufgegangen ist, und nicht nur das zu betrachten, was in 80 Jahren in ihr vorgegangen ist.

So »frappierend«, wie sich für Gerhard Huhn die Übereinstimmung des Konzepts der Waldorfschule mit der Theorie des gehirn-gerechten Lernens darstellte, stellt sich mir die Übereinstimmung der Erkenntnisse der Legasthenieforschung von Ronald Davis und der Gehirnforschung einerseits sowie meiner eigenen Erfahrung im täglichen Umgang mit der speziellen Denk-, Lern- und Wahrnehmungsweise der Legastheniker andererseits mit den Ausführungen Rudolf Steiners dar, und zwar insbesondere in Bezug auf konkrete didaktische Hinweise.
Einige Beispiele werde ich im Folgenden versuchen aufzuzeigen, aber bestimmt lassen sich noch viel, viel mehr finden. Und so bitte ich, sie als Anstoß zu weiteren eigenen Überlegungen und Erprobungen zu verstehen.

Gehirn-gerechtes Lernen

Ich möchte mit einem lustigen Experiment von Vera Birkenbihl beginnen. Lernen Sie bitte (jetzt gleich!) die folgenden Zeilen auswendig:

»Ein Zweibein sitzt auf einem Dreibein und isst ein Einbein. Da kommt ein Vierbein und nimmt dem Zweibein das Einbein weg. Da nimmt das Zweibein das Dreibein und schlägt das Vierbein.«[91]

War es einfach? Hatten Sie Schwierigkeiten?
Wenn es Ihnen leicht gefallen ist, haben Sie sich wahrscheinlich zu jedem Bein ein Bild gemacht, dann ist der kurze Text nämlich sofort lernbar. Ohne Bilder hinter den Wörtern bliebe er eine quälende Nonsensaufgabe.
Aber vermutlich haben Sie sich einen Menschen auf einem Schemel beim Verzehr einer Hühnerkeule vorgestellt, dem diese dann von einem Hund gestohlen wird, woraufhin der Mensch den Hund mit dem Schemel schlägt.
Diese Art, »sich etwas zu merken«, nennt Vera Birkenbihl »gehirn-gerechtes« Lernen: Eine Information wird gleichzeitig mit der linken Gehirnhälfte (Sprache) und der rechten Gehirnhälfte (Vorstellung) aufgenommen. So gelangt sie ohne viele Wiederholungen

gleich ins Langzeitgedächtnis. Es geht nicht nur schneller, man behält eine solche Information auch wesentlich länger. Sie werden den eben auswendig gelernten Absatz sicher noch nächste Woche aufsagen können.
Um optimal zu lernen, müssen wir also unsere Vorstellungskraft einbeziehen. Dazu sagt Vera Birkenbihl:

»Apropos Vorstellung: Nehmen Sie das Wort bitte wörtlich: man stellt etwas vor das geistige Auge hin, um es zu betrachten.«[92]

Das wörtliche Vorstellen, das zu einer Aktivierung der rechten Hemisphäre führt, spielt meiner Meinung nach eine Schlüsselrolle für eine gehirn-gerechte Schreib- und Lese-Didaktik.
Für Rudolf Steiner jedenfalls war das bildhafte Vorstellen als Voraussetzung für gelingendes Lernen vollkommen selbstverständlich, gewissermaßen naturgegeben, da er selbst wahrscheinlich nur so gelernt hat. Dies wird aus folgendem Dialog mit einem Waldorflehrer deutlich:

X: »Die Kinder in meiner 6. Klasse haben ein schlechtes Gedächtnis. Es muss ein Fehler im Unterricht sein.«
Dr. Steiner: »Man kann nicht sagen, das Gedächtnis aller Kinder sei schwach.«
X: »Die Kinder haben die Dinge nicht behalten. Sie haben keine klaren Bilder, zum Beispiel von Ägypten.«
Dr. Steiner: »Auf welche Weise versuchen Sie, die bildliche Vorstellung beizubringen?« (Jetzt wird vom Geographieunterricht berichtet.)
Dr. Steiner: »An die Pyramiden und Obelisken erinnern die Kinder sich. Sie müssen sich dabei fragen, ob Sie wirklich alles im Einzelnen gemacht haben, um allen Kindern ein Bild beizubringen von der wirklichen Lage Ägyptens, so dass das Kind nicht Lücken hat im Vorstellen, wenn es auf Ägypten kommen soll.
Wenn man Ägypten bloß heraushebt, und es keine Vorstellungen hat, wie es von hier aus nach Ägypten käme, wenn es kein plastisches Bild hat, dann ist es sehr leicht möglich, dass das Gedächtnis aussetzt. Vielleicht muss man darauf achten, dass alle Einzelheiten getan sind, damit die Kinder eine völlig plastische Vorstellung und eine lückenlose Vorstellung haben von der Lage Ägyptens in Bezug auf den eigenen Ort.
Das Kind wird etwas wissen von Pyramiden und Obelisken, aber nicht weiß

es, dass sie in Ägypten sind. Es ist sehr zu überlegen, ob wirklich alle diese Dinge, die zu geschlossenen Vorstellungen führen, gemacht werden. Lassen Sie die Kinder nur Afrika zeichnen? Vielleicht sollte man immer zur Spezialkarte noch etwa eine europäische oder sonst eine zeichnen lassen, die einen Überblick und den Zusammenhang verschafft.«[93]

Wie wichtig »geschlossene Vorstellungen« sein können, zeigt auch eine der »Lernstrategien« von Barbara Meister-Vitale, die sie für Kinder entwickelt hat, die sie als »rechtshemisphärisch« bezeichnet. Darunter fallen u.a. legasthenische Kinder, Kinder mit Rechenproblemen und solche mit Aufmerksamkeitsproblemen.
Sie berichtet von einem Kind, das mit der Diagnose einer ausgeprägten Auge-Hand-Koordinationsproblematik abgestempelt war: Das Kind konnte partout keine Puzzles zusammenfügen.
Frau Vitale setzte das Puzzle für das Kind Stück für Stück zusammen und ließ es dann zunächst einzelne Teile herausnehmen und gleich an dieselbe Stelle wieder einfügen. Als sie dann alle Teile durcheinander kippte, war das Kind plötzlich in der Lage, das Puzzle problemlos zusammenzusetzen. Warum?
Nicht nur, weil sie ihm zuvor gezeigt hat, wie das vollständige Bild aussieht – das auch –, sondern vor allem: weil sie ihm Schritt für Schritt vorgemacht hat, wie sich ein Puzzle aus seinen Einzelteilen zusammensetzen bzw. in seine Einzelteile zerlegen lässt. Sie hat die Tätigkeit des Puzzelns für das Kind haptisch erfahrbar gemacht. Sie hat ihm nicht nur das Ziel, sondern auch den Weg dorthin vorgestellt.
Auch bei der Symbolbeherrschungsmethode von Ronald Davis lernt man so aus eigener Erfahrung: Das bildlose »Auslösewort« bekommt eine bildhafte Erklärung, und zwar nicht als abstrakte Definition, sondern als selbstgeschaffenes Objekt. Der Legastheniker bekommt eine »geschlossene Vorstellung« zu dem Wortbild, die er dann in seinen Denkprozess einbaut. Durch die unterbewusste geistige Vorstellung wird das Wort beherrschbar und löst keine Verwirrung bzw. Desorientierung mehr aus.[94]
Das Kind mit der gestörten Auge-Hand-Koordination hatte vermutlich immer wieder seine Desorientierungsfunktion aktiviert. Als es dann eine klare Vorstellung von der Tätigkeit des Puzzelns entwickeln konnte, brauchte es das nicht mehr.
Aus diesem und anderen Beispielen ist mir klar geworden, wie meine

damals 6-jährige Tochter auf so eigentümliche Weise das Schwimmen gelernt hat: Obwohl sie trotz Schwimmkurs kaum zwei Züge schwimmen konnte, erklärte sie eines Tages, dass sie beschlossen habe, »übermorgen« das Seepferdchen zu machen. Als ich sie fragte, ob sie denn genug geübt hätte, um das zu schaffen, meinte sie, dass sie nun lange genug am Rand gesessen und die anderen beim Schwimmenlernen beobachtet habe. Und sie machte – als hätte sie nie etwas anderes getan als schwimmen – tatsächlich »übermorgen« problemlos ihr Seepferdchen. Sie hatte sich aus der Beobachtung eine geschlossene Vorstellung geschaffen und konnte so ihre Bewegungsabläufe jetzt exakt koordinieren.

Im Folgenden möchte ich nun konkrete didaktische Äußerungen Rudolf Steiners unter dem Aspekt der Erkenntnisse der Gehirnforschung betrachten und sie den entsprechenden Hemisphären-Bereichen (L-Modus / R-Modus*) zuordnen.
Einen ähnlichen Versuch hat schon Gerhard Huhn unternommen, indem er die Unterrichts-Richtlinien und Lehrpläne aus dem Fach »Textilgestaltung« in das hemisphärische Links-Rechts-Schema einordnete und dabei die Diskrepanz aufdeckte, dass dieser Unterricht – obwohl es sich doch um ein vorrangig handwerkliches Fach handelt, für das eher die rechtshemisphärischen Fähigkeiten notwendig sind – überwiegend linksdominant vermittelt wird.
Ich betrachte meinerseits natürlich weiterhin nur den Lese- und Schreibprozess sowie ganz allgemein den Umgang mit Sprache – also einen auf den ersten Blick nicht vorrangig handwerklichen Lernbereich, der sich deshalb fast von selbst in die Zuständigkeit der linken Hemisphäre einstuft. Aber es ist ein Lernbereich, und wir haben bei Vera Birkenbihl gesehen, dass Lernen am besten (nämlich gehirngerecht) funktioniert, wenn beide Gehirnhälften, besser gesagt: alle Fähigkeiten des Gehirns gleichzeitig dafür in Anspruch genommen werden. »Besser gesagt« deshalb, weil es im Grunde unerheblich ist, an welcher Stelle im Gehirn die »Zuständigkeiten« tatsächlich zu lokalisieren sind.
Das kann von Mensch zu Mensch individuell verschieden sein. Die schematische Aufteilung in L-Modus und R-Modus soll nur als

* Vergl. die Einteilung nach Meister-Vitale und Edwards, S. 69 und 71/72

vereinfachendes Denkmodell für die Existenz grundsätzlich unterschiedlich gearteter Gehirnfähigkeiten und Wahrnehmungsweisen dienen, mit dem Ziel, alle gleichermaßen zu berücksichtigen und optimalerweise miteinander zu vernetzen.
Denn eins ist mir inzwischen unzweifelhaft klar geworden: Gehirn-gerechtes Lernen ist nicht nur dazu angetan, starken Rechtshemisphärikern, sondern allen Kindern die Integration aller ihrer Potenziale zu ermöglichen und ihnen somit die Chance zu geben, die Summe aller in ihnen veranlagten Fähigkeiten erfolgreich zu entwickeln und zu nutzen.
Erst damit erfüllen wir sowohl die Forderung nach einer freien Entfaltung der Kinder, wie Huhn und Birkenbihl es nennen, als auch die Forderung nach der Entwicklung der menschlichen Anlagen (»Vollmenschen«, vgl. S. 47/48), wie Steiner es formuliert hat.
Die Vermittlung »gehirn-gerechten« Lernens ist keine Therapie!
»Gehirn-gerecht« lernen ist eine Chance für alle Lernenden.
Und »gehirn-gerecht« lehren eine Herausforderung für alle Lehrenden.

Teil III

… um dann auf irgendeine Weise die Brücke zu finden

Der Schriftspracherwerb

Jetzt soll an einigen Beispielen erörtert werden, welche konkreten methodisch-didaktischen Anweisungen zu bestimmten wichtigen Themenbereichen bei Rudolf Steiner zu finden sind.

Die erste Schulstunde

Es gibt in Steiners Werk zahllose Hinweise darauf, dass er große Probleme für die freie Entwicklung eines Kindes darin sah, wenn ihm die Kulturtechniken des Lesens und Schreibens »zu früh« nahegebracht werden. Ich habe schon vielfach darauf verwiesen, wie positiv er spätes Lesen- und Schreibenlernen einschätzt. Für ihn ist die erzieherische Basis eben nicht das »Verstandesleben«, sondern das »Phantasieleben« des Kindes.[95]
Hier lässt sich meiner Meinung nach eine direkte Parallele zur Einteilung in »L-Modus« (Verstandesleben) und »R-Modus« (Phantasieleben) ziehen – wie ja auch seine vielfach geäußerte Forderung, stets »vom Ganzen« auszugehen, exakt dem »R-Modus« entsprechen würde. Steiners Ansicht über den Zusammenhang der Vermittlung dieser Kulturtechniken mit der Entwicklung des Kindes hat übrigens gerade eine hochaktuelle (wenn auch vielleicht unbeabsichtigte) Unterstützung gefunden. So liest man im Begleitheft des bei Ravensburg erschienenen Erwachsenen-Spiels »MEGA MIND«:

»Doch Fantasie und bildliches Vorstellungsvermögen tragen entscheidend dazu bei, unsere Gedächtnisleistung und Konzentrationsfähigkeit zu erhöhen. Das vorliegende Gedächtnistraining beruht auf der Erkenntnis, dass unser fotografisches Gedächtnis in der Kindheit am besten entwickelt ist. Kinder denken nicht abstrakt, sondern hauptsächlich in Bildern.
Wann ist nun diese Fähigkeit, in Bildern zu denken, verloren gegangen? Mit dem Erlernen des Alphabets und der Schriftsprache! Je mehr unser Denken auf die Bedeutung von Buchstaben, Wörtern und Sätzen gelenkt wird, desto mehr tritt das bildliche Vorstellungsvermögen in den Hintergrund.«[96]

Aber genau wie wir sah sich auch Rudolf Steiner 1919 staatlicherseits gezwungen, die Kinder seiner Waldorfschule von der ersten Klasse an zu alphabetisieren. Da die Buchstabenschrift in ihrer heutigen Form (Symbolzeichen / L-Modus) an Sprachlaute und nicht an Bilder gekoppelt ist, suchte er nach Wegen, sie für das Phantasieleben der Kinder (R-Modus) verständlich zu machen.
Betrachten wir einmal seine Ausführungen für die erste Schulstunde. Am 25. August 1919 widmet Rudolf Steiner der ersten Schulstunde eine ausführliche Betrachtung: »Von dieser ersten Schulstunde wird etwas viel Wichtigeres ausgehen in einer gewissen Beziehung als von allen anderen Stunden.«[97]
Das Wichtigste ist ihm zunächst, den Kindern zu erklären (= sprachliche Vermittlung / L-Modus), warum sie eigentlich jetzt hier in der Schule sind:

»Und damit ihr auch einmal das können werdet, was die Großen können, dazu seid ihr hier.« (= Vorstellung erzeugend, das Ganze vor Augen führend / R-Modus)

Auffallend ist, wie ernsthaft, umfassend und vielleicht sogar den momentanen Verständnishorizont der Kinder übersteigend er das zukünftig zu Erlernende vorher in allen Einzelheiten umreißt:

»Sieh einmal, die Erwachsenen haben Bücher und können lesen. Du kannst noch nicht lesen, aber du wirst lesen lernen, und du wirst, wenn du dann lesen gelernt hast, auch einmal die Bücher zur Hand nehmen können und aus ihnen dasjenige wissen können, was die Großen aus diesen Büchern wissen können.«

Ebenso erklärt er dann das Schreiben, damit man z.B. Briefe schreiben und sich etwas notieren kann wie die Großen, und das Rechnen, damit man z.B. beim Einkaufen alles richtig macht (= geschlossene Vorstellungen liefernd, vom Ganzen ausgehend / R-Modus).
Es ist für ihn von größter Wichtigkeit, dass die Lernziele ganz klar ins Bewusstsein der Kinder gebracht und von ihnen mit Respekt aufgenommen werden. Ein solches Vorgehen verschafft den Kindern Klarheit und eine optimale Orientierung. Das Kind wird ernstgenommen; es erfährt nicht nur, was es lernen soll, sondern auch, warum es das lernen soll: die Gründe und Ziele. So wird es motiviert und bekommt einen ganzheitlichen Überblick.

Vergleichen Sie die Anweisung von Ronald Davis für die Beratung von Legasthenikern:

»Ich zeichne dir jetzt ein genaues Bild von dem, was wir tun werden, damit du weißt, was kommt.«

Ein solches Vorgehen zeugt von einer tiefen Achtung vor dem Gegenüber, was übrigens leider in Diagnose- und Therapiesitzungen oft vernachlässigt wird. Da lässt man die Kinder manchmal geradezu in »Fallen« tappen, indem man sie z.B. dazu anhält, Unsinnwörter nachzusprechen, irgendwelche Bewegungsabläufe vorzuführen oder bestimmte Motive zu zeichnen, ohne ihnen zu sagen, warum sie das tun sollen.
Wissbegierige Kinder, die die Desorientierungsbegabung besitzen, werden diese Gehirnfunktion jetzt automatisch einsetzen, um nach dem Sinn der gestellten Aufgabe zu forschen. Sie geraten zwangsläufig in Verwirrung, die Diagnose- oder Therapie-Ergebnisse werden verzerrt, und das Schlimmste, was dabei herauskommt: das Vertrauensverhältnis und der Respekt vor dem Erwachsenen können nachhaltig beschädigt werden – wenn die Kinder dies auch nicht rational, sondern zunächst nur emotional wahrnehmen. Sie fühlen sich sprichwörtlich »verschaukelt« – ein Wortbild übrigens, das den Zustand der Desorientierung ziemlich gut veranschaulicht.
Für Rudolf Steiner jedenfalls gehört die »hinreichende« Ziel- und Zweckbestimmung des Lerngegenstandes unverzichtbar zu den Voraussetzungen für gelingendes Lernen.

»Wenn man in hinreichender Weise das durchgesprochen hat, was ich jetzt auseinandergesetzt habe, was auf der einen Seite dazu bestimmt ist, dass das Kind ein Bewusstsein dafür entwickelt, wozu es in der Schule ist, und was auf der anderen Seite bestimmt ist, dass das Kind eine gewisse Achtung, einen gewissen Respekt vor den Erwachsenen bekommt, dann ist es wichtig, dass man zu etwas anderem übergeht.
Es ist dann gut, wenn man ihm zum Beispiel sagt: ›Sieh dich einmal selber an. Du hast zwei Hände, eine linke Hand und eine rechte Hand. Diese Hände hast du zum Arbeiten; mit diesen Händen kannst du allerlei machen.‹
Also auch das, was am Menschen ist, versuche man ins Bewusstsein heraufzuheben. Das Kind soll nicht nur wissen, dass es Hände hat, sondern es soll sich auch bewusst werden, dass es Hände hat. –

Natürlich werden Sie nun vielleicht sagen: Es hat doch ein Bewusstsein davon, dass es Hände hat. Aber es ist ein Unterschied, ob es weiß, dass es Hände zur Arbeit hat, oder ob ihm dieser Gedanke nie durch die Seele durchgegangen ist. –

Hat man mit dem Kinde über die Hände und über das Arbeiten mit den Händen eine Zeitlang gesprochen, so gehe man dazu über, das Kind irgend etwas in Handgeschicklichkeit machen zu lassen. Das kann unter Umständen schon in der ersten Stunde geschehen. Man kann ihm sagen: ›Jetzt mache ich dies (er zeichnet einen geraden Strich an die Tafel). Also nimm deine Hand und mache es auch.‹

Man kann die Kinder nun dasselbe machen lassen, möglichst langsam, denn es wird sich schon langsam vollziehen, wenn man die Kinder einzeln herausruft, sie an der Tafel dieses machen lässt und sie dann wieder an ihren Platz gehen lässt. Das richtige Verdauen des Unterrichts ist dabei von größter Bedeutung.

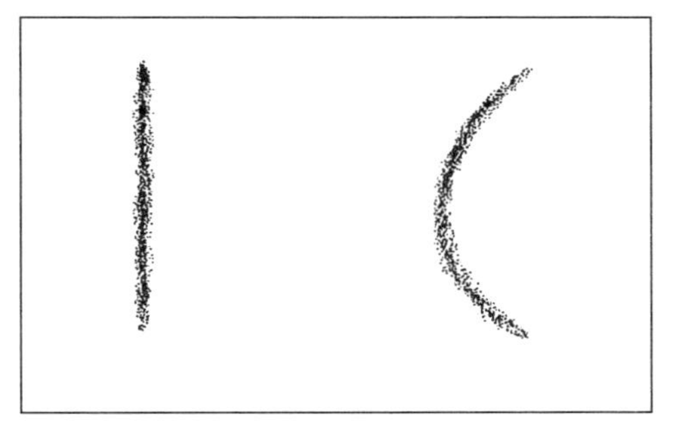

Danach kann man dem Kinde sagen: ›Jetzt mache ich dies (er zeichnet einen gebogenen Strich an die Tafel); jetzt macht ihr mit eurer Hand dies auch.‹ Nun macht jedes Kind dies auch.

Nachdem dies absolviert ist, sagt man ihnen: ›Dies eine ist eine gerade Linie, und das andere ist eine krumme Linie; ihr habt also jetzt mit euren Händen eine gerade und eine krumme Linie gemacht.‹ Den Kindern, die ungeschickt sind, hilft man, aber man sehe darauf, dass jedes Kind es gleich von Anfang an in einer gewissen Vollkommenheit macht. So also sehe man darauf, dass man die Kinder gleich von Anfang an etwas tun lässt, und man sehe weiter darauf, dass dann eine solche Handlung in den nächsten Stunden wiederholentlich durchgenommen wird. Man lässt in der nächsten Stunde also eine gerade Linie machen, dann eine krumme Linie.

Nun kommt da eine feine Nuance in Betracht. Es ist nicht zuerst der große Wert darauf zu legen, dass Sie die Kinder aus dem Gedächtnisse eine gerade und eine krumme Linie machen lassen; sondern Sie machen auch das nächste Mal die gerade Linie an der Tafel vor und lassen die Kinder sie nachmachen und die krumme Linie ebenso. Nur fragen Sie dann: ›Du, was ist das?‹ ›Eine gerade Linie!‹ – ›Du, was ist das?‹ ›Eine krumme Linie!‹

Sie sollten also das Prinzip der Wiederholung ausnützen, indem Sie das Kind die Zeichnung nachmachen lassen und, indem Sie es nicht selbst angeben, das Kind selber die Angabe machen lassen, was es vor sich hat. Diese feine Nuance zu benutzen, ist von großer Bedeutung.
Sie müssen überhaupt Wert darauf legen, gewohnheitsmäßig den Kindern gegenüber das Richtige zu tun, in Ihre Gewohnheiten hinein die Unterrichtsmaximen zu bekommen.«[98]

Wir sehen, dass Rudolf Steiner, auch wenn es an die erste konkrete »Arbeit« in der Schule geht, den Kindern vorher ausführlich erklärt (= Sprache / L-Modus), was nötig ist, um diese Arbeit durchzuführen: Zunächst ein Bewusstsein über den Zweck der Hände und das Arbeiten mit den Händen erzeugen und dies dann durch Nachmachen von jedem einzelnen in die Tat umsetzen lassen (= von der Ganzheit ausgehend, Hinführung zum haptischen Erlebnis / R-Modus).
Für Steiner ist Lernen keine Quizveranstaltung, die Kinder, die »schon was können«, aufwertet und die es noch nicht können, bloßstellt. Er stellt das erwartete Ergebnis vorher dar, er gibt ein klares Vorbild, das dann nachgemacht werden kann: Er zeichnet den geraden Strich und den gebogenen Strich an die Tafel, und erst nach(!) dem geglückten eigenen Nachzeichnen, der eigenen haptischen Erfahrung, gibt er den Strichen ihre Namen: eine gerade Linie und eine krumme Linie.
So ist es möglich, die abstrakten Formen einer Linie zu erlernen: Erst wenn die Linie für jeden erfahrbar gemacht wurde, wird sie benannt.
Mit dem eigenen Erlebenlassen fügt Steiner der Vermittlung abstrakter Symbole (= L-Modus) das hier fehlende rechtshemisphärische Element (= R-Modus) hinzu. Er macht das Abstrakte »begreifbar« – wie überhaupt das konkrete »Begreifenlassen« im wörtlichen (= bildlichen) Sinne eine uralte Weisheit des Lehrens in sich birgt.
Dieser Vorgang soll in den nächsten Stunden dann wiederholt werden. Das Kind soll dabei wiederum erst nach (!) getaner Arbeit (= R-Modus) die Bezeichnung für die entstandene Form selbst nennen: eine gerade Linie, eine krumme Linie (= L-Modus). Langsam wird ein ganzheitliches Verständnis erzeugt: wie etwas aussieht (= Bild) und wie es benannt ist (= Sprache).

Vergleichen Sie eine Anweisung, die Ronald Davis für die Beratungsarbeit mit Legasthenikern vorschlägt:

»Zeigen Sie dem Klienten, wie er die Knetmasse rollt, schneidet und formt.« (zu Beginn der Herstellung des Alphabets) Oftmals muss man dem Klienten erst bewusst machen, dass man, um Buchstaben aus Knetmasse zu formen, gerade und gebogene Knetrollen benötigt. Wenn ein klares Vorbild gegeben ist, fällt es einem Legastheniker leicht, Auge und Hand entsprechend zu koordinieren. Darum ging es ja auch bei dem Lernen der geraden und der krummen Linie bei Steiner.
Solche Linien bewusst ausführen zu können, ist für die Durchführung (Handgeschicklichkeit) vieler Tätigkeiten in der Schule wichtig: für Schreibsymbole, Rechensymbole, Geometrie usw. Bei legasthenisch veranlagten Kindern kann Unklarheit beim Erlernen von Linien und Formen zu Verwirrung führen und Desorientierung auslösen. Dies zeigt sich dann an z.T. massiven Handschriftproblemen (vgl. »Legasthenie als Talentsignal«, S. 62 ff).
Wie wichtig ein eindeutiges Vorbild ist, habe ich kürzlich in meiner eigenen Beratungstätigkeit mit einer 10-jährigen Legasthenikerin erlebt. Ich hatte ihr gezeigt, wie sie die Knetmasse für das Alphabet bearbeiten muss. Das war für sie kein Problem. Als wir aber dann dazu übergehen wollten, Symbolbeherrschung mit Wörtern zu üben, geschah etwas von mir völlig Unerwartetes: Sie weigerte sich und erklärte, dass sie keine »Figuren« oder sonstige plastische Dinge formen könne. Sie habe noch nie im Leben geknetet (was natürlich so nicht stimmte; sie hatte wohl nur nie wirklich erfahren, wie man dreidimensional etwas formt).
In der nächsten Stunde ließ ich sie einen Ball und einen Würfel nachformen, die körperlich auf dem Tisch lagen. Ich zeigte ihr außerdem, wie man Figuren aus Knetrollen und einer Kugel zusammensetzt, und ließ sie es nachmachen. Als es dann in der übernächsten Stunde wieder darum ging, ein Symbolmodell zu plastizieren, entstanden mühelos (und zwar geradezu unglaublich, wie mühelos!) ein Meerschweinchen im Käfig, eine Katze, ein Mann, ein Brief, ein Hauseingang usw.

Auch für Barbara Meister-Vitale sind Anschauungsmodelle, geschlossene Vorstellungen und klare Zielvorgaben von größter Wichtigkeit:

»Da rechtshirnorientierte Kinder visuelle Lerner sind, müssen sie manchmal erst das Bild der gelösten Aufgabe sehen, bevor sie sich überhaupt vorstellen können, was von ihnen erwartet wird.
So können Eltern und Lehrer ihre Kinder unterstützen:

- 1. Bereiten Sie ein fertiges Modell vor, wenn das Kind eine handwerkliche Tätigkeit ausführen soll.
- 2. Zeigen Sie dem Kind ein Beispiel, bevor Sie es auffordern, eine neue Aufgabe zu lösen.
- 3. Geben Sie bei einem Test die Lösung der ersten Aufgabe vor.«[99]

Eine interessante Verbindung zur »ersten Schulstunde« von Rudolf Steiner, der die Kinder einzeln an die Tafel holte und sie dort die Linien machen ließ, findet sich auch in ihrer Wahl der Unterrichts-Methode:

»Einige Kinder lernen hervorragend, wenn sie stehen. ... Rechtshemisphärische Kinder haben einen ausgeprägten Bewegungsdrang. ...
Ich bitte Sie nachdrücklich darum, dieses Vorgehen in Ihrer nächsten Rechenstunde auszuprobieren.
Stellen Sie Ihre sogenannten Rechtshirner an die Tafel, während die Linkshirner die gleichen Aufgaben auf ihren Stühlen lösen.«[100]

Zusammenfassend erkenne ich in Steiners Anmerkungen zur ersten Schulstunde den Weg für eine optimale »gehirn-gerechte« Vermittlung abstrakter Symbole (gerade und krumme Linien). Abstraktes wird beherrschbar gemacht, und gleichzeitig lernen die Kinder ein zukünftig benötigtes »Werkzeug« kennen: die bewusst ausgeführte Handgeschicklichkeit.
Dieses Bewusstmachen ist tatsächlich von großer Bedeutung, denn:

»... das rechtshemisphärische Kind hat Probleme bei feinmotorischen Arbeiten wie Schneiden, Schreiben oder Kleben, wenn die Aufgabe eine einheitliche oder strukturierte Ausführung verlangt; diese feinmotorischen Schwierigkeiten treten kaum auf, wenn es sich um selbstgestellte Aufgaben handelt.«[101]

Die Tatsache, dass sich viele ehemalige Waldorfschüler noch als Erwachsene an »Die Gerade« und »Die Krumme« erinnern, ist ein Beweis, dass sie diese Symbole als Begriffe »gemeistert« haben.
Allerdings fällt hier ein meiner Meinung nach gravierender Unter-

schied zwischen der Intention Steiners und der daraus entstandenen Lehr-Praxis an Waldorfschulen auf: Rudolf Steiner wollte gar nicht Symbole für »Die Gerade« und »Die Krumme« erzeugen.
Er hat diese Begriffe ja auch tatsächlich nie gebraucht. Ihm ging es keinesfalls darum, die spezielle Senkrechte und den speziellen nach rechts geöffneten Halbkreis zu vermitteln, wie sie auf der Tafelzeichnung zu sehen sind. Er hat zwar diese »Urformen« (bewusst oder intuitiv) gewählt, aber sein Ziel war, das Verständnis von unterschiedlichen abstrakten Linien (= L-Modus) ganz allgemein zu wecken und ihre Ausführung zu ermöglichen.
Man muss seinen Worten einmal genau nachspüren:
»Eine gerade Linie« ist doch etwas ganz anderes als »Die Gerade«, und »Eine krumme Linie« ist durchaus nicht »Die Krumme«. Der unbestimmte Artikel »Ein« ist eben unbestimmt; der bestimmte Artikel »Die« bezeichnet etwas Konkretes. Bei »*der* Geraden« wird die Eigenschaft zum Substantiv, zur bestehenden Substanz. »Eine Linie« hat ebenfalls Substanz, aber ihre Eigenschaften können sich ändern, sie kann gerade oder krumm sein. (vergl. das Zitat Steiners zu den Wortarten, S. 174/175)
Eine Linie ist übertragbar auf andere Linien und eröffnet die Möglichkeit der weiteren analogen Verarbeitung (= R-Modus); der Begriff »Die Gerade« ist bestimmt und lässt sich ohne einen weiteren Abstraktionsprozess nur auf die speziell gelernte Gerade anwenden.
Spüren Sie den Unterschied?

Mir ist diese Bedeutungsdifferenzierung erst aufgefallen, als ich mit Schülern die Symbolbeherrschung der so genannten »Auslösewörter« erarbeitet habe. So erklärte mir eine 13-jährige Legasthenikerin den unbestimmten Artikel »Ein« als etwas, was immer noch eine Frage, eine Unklarheit enthält. Ihr fiel dazu eine Szene ein, mit der sie mir das deutlich machen konnte:
Der kleine Prinz von Antoine de Saint-Exupéry fordert den Autor auf: »Zeichne mir ein Schaf!«. Aber dessen Versuche scheitern. Für die Verständigung sind mehr Informationen nötig: ein Vorbild (hier wissen beide schon, wie »Schaf« aussieht) und gegebenenfalls die Vorgabe bestimmter Eigenschaften (= gerade oder krumm in Bezug auf die Linie, beim kleinen Prinzen die Einwände, welche Eigenschaften ein Schaf nicht haben darf). »Zeichne mir das Schaf!« wäre

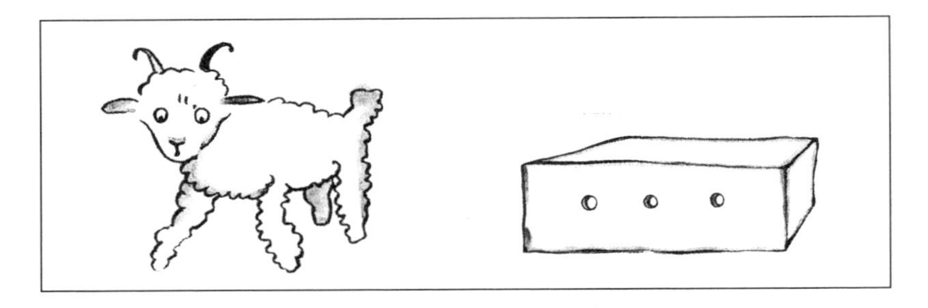

dagegen völlig festgelegt und definiert gewesen; das hätte der kleine Prinz auch nicht gewollt. Ein verstecktes Schaf in einer Kiste entsprach also genau der Bedeutung des »Ein«.

Ich bin immer noch dabei zu lernen, nuancen-genau zuzuhören bzw. mich klar differenziert auszudrücken. Das Ziel ist noch weit entfernt, aber nicht zuletzt Rudolf Steiner schickt mich und uns alle auf diesen Weg, wenn er sagt:

»Die Menschen sind ja heute innerlich furchtbar verschlampt, so dass sie zunächst beim Zuhören innerlich eine furchtbar schlechte Eurythmie machen... Sie drücken das manchmal naiv aus, indem sie sagen: Dr. Steiner sagt so manches Schöne, aber er sagt nichts Neues! – Die Leute sind so starr geworden von ihrem Zuhören, dass sie alles Übrige verwuseln, außer demjenigen, was sich ihnen seit Jahrzehnten eingestarrt hat. Die Menschen können nicht und werden immer weniger zuhören können in unserem Zeitalter, wenn nicht dieses Zuhören durch Eurythmie wieder erweckt wird.«[102]

Indem Steiner verlangt, die Sprache wieder sichtbar zu machen (in der Eurythmie), erhofft er ein besseres Verständnis. Ich habe oft erlebt, wie sich Bilddenker (Legastheniker) über meine »verwuselte« Sprache beklagt haben, weil ich wieder einmal die feinen Nuancen nicht bemerkt hatte.[103]

Vom Bild zum Buchstaben

Immer wieder habe ich mich gefragt, was an der Art und Weise, wie Rudolf Steiner die Buchstaben einführt, so anders ist als bei den üblichen Methoden der Alphabetisierung. Und immer wieder habe ich

versucht dahinter zu kommen, warum auch seine Art der Schriftvermittlung für Legastheniker nicht verständlich ist. Die Geschichten und Bilder zu den Buchstaben müssten doch eigentlich gerade der besonderen Denkweise dieser Bilddenker entgegenkommen!
Ich selbst fand zwar zum Beispiel ein Dach, das dann auf die Seite kippte und zum Buchstaben D wurde, verwirrend und war der Meinung, gerade dies würde zum Verdrehen der Buchstaben führen, aber meine ganze »Logik« führte nur in eine Sackgasse.

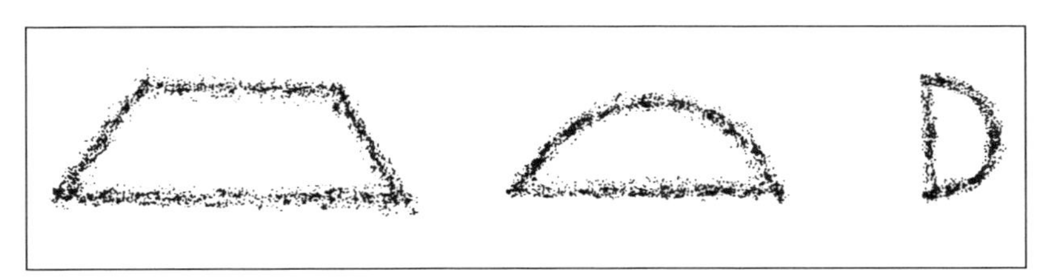

Vor einiger Zeit, als ich mich schon intensiv mit der Davis-Methode auseinandergesetzt und dabei erfahren hatte, dass die Legastheniker über ihre spezifische Denkweise selbst am besten Bescheid wissen, habe ich zwei Legastheniker (11 und 15 Jahre, Waldorfschüler) gefragt, an welche Bilder oder Geschichten zur Einführung der Buchstaben sie sich noch erinnern können.
Zu meiner Überraschung wurde u.a. spontan das gekippte D genannt: »Da war so ein Dach, das ein D wurde.« Aus einer Tischform wurde ein T. Aus einem runden Loch im Berg kam Wasser, das war das Q von Quelle. Das M war erst so rund wie »das M von McDonald's«. Im Epochenheft fand ich dafür eine Oberlippe vom Mund.[104]
Weiter wurde mir erklärt, dass das I ein Baumstamm war, aber dieses Bild wurde gleich wieder zurückgezogen, weil das I mit einem Baumstamm ja nur die Form verbindet.
An die Geschichten und Märchen hatten die Schüler gleichwohl keine Erinnerung, nur an diejenigen Buchstaben, mit denen sie gleichzeitig die Formen der Dinge erinnerten.
Als ich mir daraufhin die alten Epochenhefte ansah, wunderte ich mich darüber, dass sie gerade solche Buchstaben erwähnten, die sie dort eher »spartanisch« behandelt hatten: Nur die karge Form des Gegenstandes war da abgebildet, nur das kippende Dach (ohne Haus), nur die einzelne Oberlippe (ohne Gesicht) usw.

Ronja, 1. Klasse

Ich nahm das damals einfach zur Kenntnis und schrieb es mir auf, weil ich es nicht verstehen konnte. Bis ich auf eine Übung im Begleitheft zum Spiel »Gehirn-Potenzial« von Vera Birkenbihl stieß! Jetzt fielen mir die Antworten wieder ein, und ich begann zu begreifen, warum die Schüler diese Buchstaben so gut behalten hatten.
Damit Sie meine daraus gewonnene Erkenntnis nachvollziehen können, lade ich Sie ein, die Birkenbihl-Übung jetzt selbst einmal mitzumachen. Vera Birkenbihl schreibt:

»Eine wunderbare Technik, die rechte Gehirnhälfte zu trainieren, ist das Entwerfen von Geheimschriften jeder Art – vorausgesetzt, Sie schreiben dabei mit der Hand. Wollen Sie es gleich einmal versuchen?
Nehmen Sie ein Blatt Papier und einen Stift und »übersetzen« Sie Ihren Namen und Ihre Adresse in die nebenstehende Geheimschrift! Gut so! Nun übertragen Sie den folgenden Satz in die Geheimschrift:

Sehen heißt mit den Augen abtasten.[105]

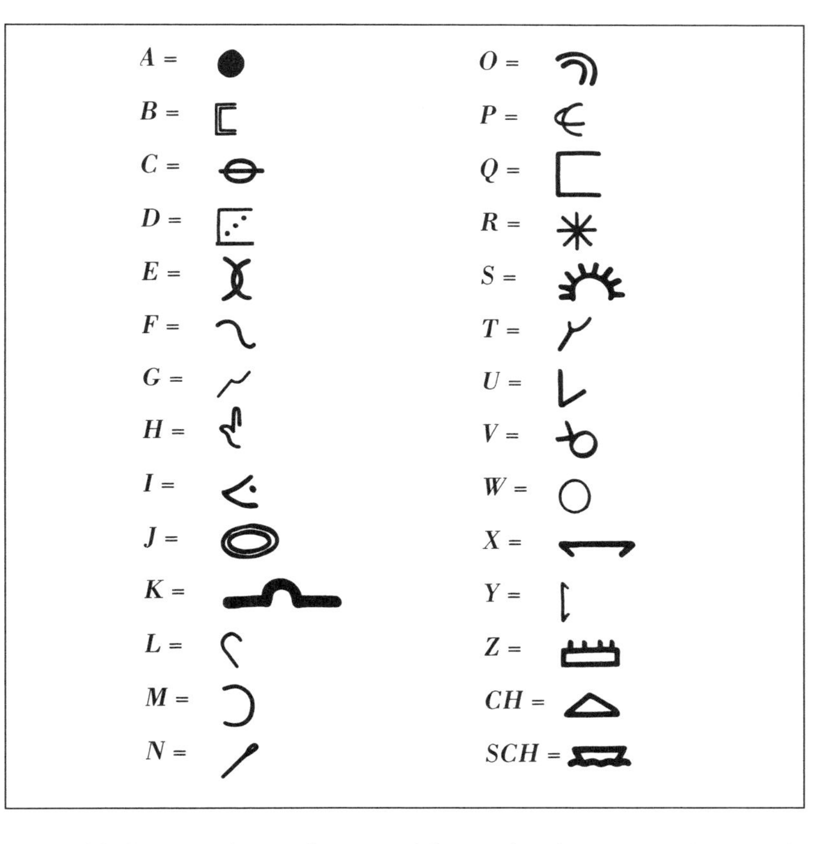

Nun schließen Sie das Buch: An welche Buchstabenpaare erinnern Sie sich noch? Notieren Sie diese, bevor Sie weiterlesen.
Wie viele Buchstabenpaare waren es ? Keine, sechs oder gar über zwölf? Hatten Sie Spaß an dieser Übung? Hat sie Ihnen Probleme bereitet? Halten Sie diese Selbstbeobachtung bitte fest.
Schlagen Sie jetzt die nächste Seite auf. Dort sehen Sie, welche Symbole welchen Buchstaben zugeordnet wurden.
Bevor Sie weiterlesen, schließen Sie bitte das Buch, nehmen ein neues Blatt Papier und notieren Sie alle Buchstabenpaare, an die Sie sich jetzt erinnern!
Sehen Sie – so effektiv ist gehirn-gerechtes Vorgehen! Scheinbar völlig abstrakte Zeichen prägen sich hervorragend ein, sobald wir eine bildhafte Vorstellung damit verbinden.

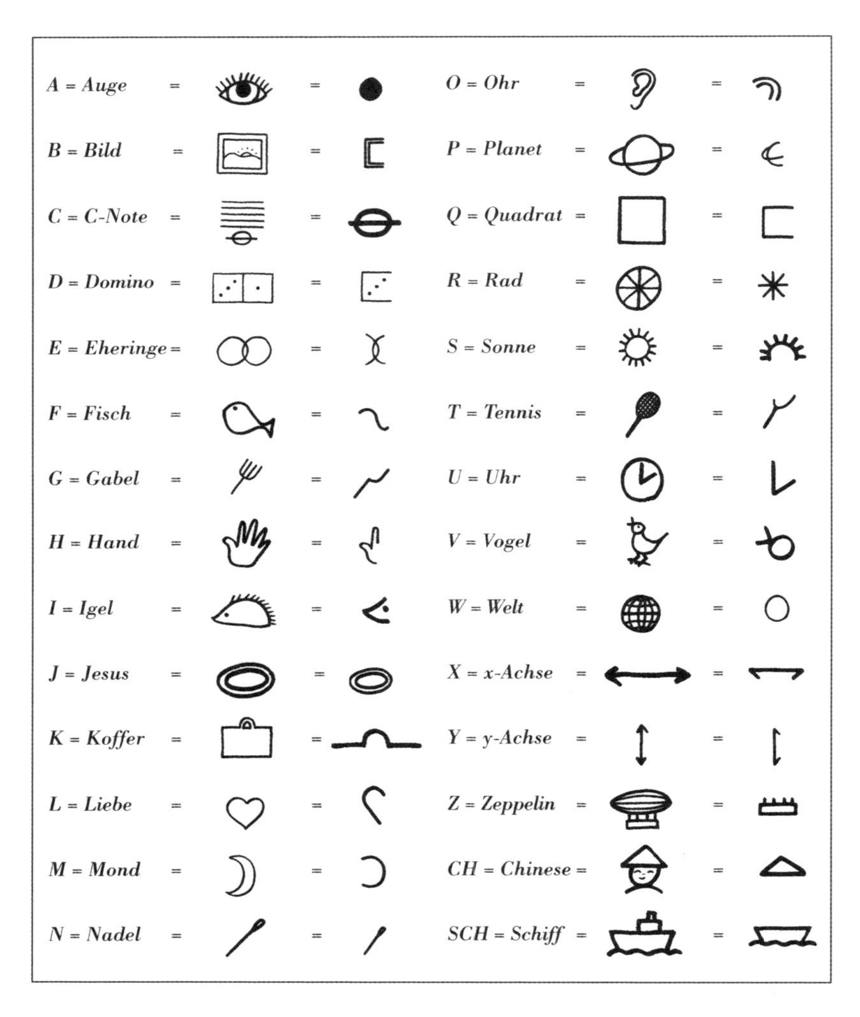

Wenn Sie Ihr erstes mit dem zweiten Testergebnis vergleichen – wie fühlen Sie sich jetzt? Hat es Sie motiviert, begeistert, erstaunt oder gar belustigt herauszufinden, nach welchem Prinzip unsere Geheimschrift aufgebaut ist?

Ob die bildlichen Zusammenhänge bereits in der »Sache« selbst liegen (wie bei unserer Geheimschrift) oder ob Sie den bildlichen Zusammenhang erst selbst schaffen müssen (Bilderketten, PEG-Technik, Eselsbrücken usw.) – durch Bilder wird es immer leicht!«

Wie bei Steiner ist hier aus der Form eines Gegenstandes der Anfangsbuchstabe des Wortes, das diesen Gegenstand beschreibt, entwickelt worden. Aber wie nüchtern stellt sich das »Birkenbihl-Alphabet« dar! Keine Geschichten, keine Märchen ranken sich um das einzelne Bild – so wie sie an Waldorfschulen meist zur Heranführung an die Buchstaben benutzt werden.[106]
Auch fehlen die vollständigen Wörter im AnschluSS an den Anfangsbuchstaben und weitere Wörter mit demselben Anlaut, so wie sie in den Epochenheften oft zu finden sind (nach Mund folgen dann Mann, Milch, Mond usw.). Warum?
Wo und warum hat Rudolf Steiner die Buchstabeneinführung in so viel Beiwerk gepackt? Obwohl ich alles zu diesem Thema schon einmal gelesen hatte, suchte ich alle seine Äußerungen zur Alphabetisierung noch einmal heraus und kam zu einer überraschenden Feststellung: Er hat es gar nicht getan!
Er hat genau wie Vera Birkenbihl lediglich Formen von Dingen des täglichen Lebens gesucht, die sich eignen, die Form eines Buchstabens darzustellen. (Steiner beschränkt sich hier auf die Konsonanten; Vokale entwickelt er anders.) Weder erwähnt er phantasievolle Geschichten um die Dinge oder Tiere herum, noch lässt er das ganze Wort im Anschluss erscheinen (z.B. »Dach« oder »Mund«). Er koppelt nur die Form mit dem Laut. Oftmals zeichnet er sogar mehrere Schrittfolgen, wie sich z.B. aus der Form eines Fisches Schritt für Schritt das F entwickelt.[107]
An anderer Stelle entwickelt er das F sogar aus dem gespiegelten Fisch.[108]
Sicher gibt es Gründe, dass in der heutigen Waldorfpraxis so viel scheinbar kindgerechtes und »bildhaftes« Drumherum zur Buchstabeneinführung eingesetzt wird. Aber es muss erlaubt sein, einmal darüber nachzudenken, warum Steiner selbst wohl darauf verzichtet hat.

Schon seine Grundposition unterscheidet ihn ja bis heute von allen anderen Schriftspracherwerbsdidaktikern, wenn er feststellt, dass das Lesen und Schreiben um das 7. Lebensjahr herum »etwas der Menschennatur ganz Fremdes« sei.[109]
Er begründet seine Einstellung damit, dass unsere Schrift auf Konventionen beruht, die durch die Menschen auf dem »physischen Plan«, wie er es nennt, entstanden sind:

»Wir unterrichten im Gebiete des Allerphysischesten, indem wir den Kindern Lesen und Schreiben unterrichten; wir unterrichten schon weniger physisch, wenn wir Rechnen unterrichten, und wir unterrichten eigentlich den Seelen-Geist oder die Geist-Seele, indem wir Musikalisches, Zeichnerisches und dergleichen dem Kinde beibringen.«[110]

In diesem Zusammen fällt mir eine interessante Parallele zu den dargestellten Erkenntnissen der Gehirnforschung auf: In der linken Gehirnhälfte sind Schrift, Lesen und Laute angesiedelt; das Rechnen findet sich in beiden Hemisphären, unterteilt in »einfaches Zahlenverständnis« (L-Modus) und »mathematisches Zahlenverständnis« (R-Modus); alles Künstlerische dagegen fällt in die Fähigkeiten der rechten Gehirnhälfte.
Und noch etwas: Während mir (wie erwähnt) die offensichtliche Beidseitigkeit der alten Ägypter auffiel, vermisst Steiner an unserer Schrift gerade das »ägyptische Element«. Er sagt:

»Denken Sie doch nur einmal, die alten Ägypter haben noch eine Bilderschrift gehabt. Da haben sie in dem, was sie bildhaft fixiert haben, eine Ähnlichkeit gehabt mit dem, was das bedeutet hat.
Diese Bilderschrift hatte noch eine bestimmte Bedeutung – auch die Keilschrift hatte noch eine bestimmte Bedeutung, nur drückte diese mehr das willkürliche Element aus, während das gemüthafte Element mehr in der Bilderschrift ausgedrückt wurde – ja, bei diesen älteren Schriftformen, namentlich, wenn man sie lesen sollte, kam einem das zum Bewusstsein: die hatten noch etwas zu tun mit dem, was dem Menschen in der Außenwelt gegeben ist.
Aber diese Schnörkel da an der Tafel, die haben nichts zu tun mit dem »Vater«, und just damit soll nun das Kind anfangen sich zu beschäftigen. Es ist gar kein Wunder, dass es das ablehnt.«[111]

Um jedoch der offiziellen Forderung nach Vermittlung der Buchstabenschrift nachzukommen, versucht Steiner eine Verbindung von der Bilderschrift der Ägypter zur heutigen Lautschrift herzustellen:

»Denn man erzieht die Kinder ja nicht für sich, sondern für das Leben; sie müssen schreiben und lesen lernen. Es handelt sich bloß darum, wie man sie lehren soll, damit das der Menschennatur nicht widerspricht.«[112]

In der Hieroglyphe erscheint das ganze Wort als Bildsymbol. Das Fischzeichen ist identisch mit der Bedeutung »Fisch«. Daran ändert sich auch nichts, wenn man das Zeichen spiegelverkehrt darstellt. Deshalb führt auch eine Dachform, die sich dreht, nicht zur Verwirrung, sondern entspricht dem Denken der »Menschennatur«.[113]
Aus den reinen Bildzeichen wurden zwar auch bei den Ägyptern später Zeichen für Laute, aber diese ließen sich immer noch auf das ursprüngliche Bildzeichen zurückführen. Übrigens sind auch die hebräischen Buchstaben aus einem Zeichen für ein Bild abgeleitet. Um solche Verbindungen zu ziehen, suchte Rudolf Steiner also nach bekannten Dingen, von denen sich die Form ihrer Anfangsbuchstaben ableiten lässt.

»Daraus ersehen Sie, wie man aus dem Bild heraus den Buchstaben holen kann und das Bild wiederum holen kann aus dem unmittelbaren Leben.... Für die Konsonanten werden Sie überall etwas finden, wo Sie von Dingen ausgehen können.«[114]

»Freude werden Sie immer haben, wenn es auch eine recht stille Freude ist, wenn Sie von irgendeinem Tier oder Pflanze die Form, die Sie selbst gefunden haben, übertragen haben auf den Buchstaben.«[115]

»... dass der Anfangsbuchstabe eine Zeichnung ist für eine Tier- oder Pflanzenform oder auch für einen äußeren Gegenstand...«[116]

»So holt man aus dem unmittelbaren Leben heraus dasjenige, was zunächst zeichnerisch vorhanden sein kann, und leitet es über zu den Buchstabenformen.«[117]

»Das, um was es sich handelt, ist , ... das heute noch entstehen zu lassen, was vom Gegenstand, vom unmittelbaren Leben in die Buchstabenform hineinführt. Sie werden da jede mögliche Gelegenheit haben, dem Kinde Buchstabenformen aus dem Leben heraus abzuleiten.«[118]

Steiner legt Wert darauf, dass die verwendeten Bilder aus der Realität der Kinder genommen werden, und – ganz im Gegensatz zu Geschichten oder Märchen über Dritte – spricht er jedes Kind in seinem individuellen Erfahrungshorizont persönlich an, d.h. das Kind ist mit »im Bild«. Unsere Redewendung »Im Bilde sein« oder »Jemanden über etwas ins Bild setzen« drückt ziemlich gut aus, wie man auf solche Weise etwas beherrschbar machen kann.
Interessant ist, welch bedeutende Rolle dieser Selbstbezug, dieses Selbst-im-Bilde-sein, auch in der Arbeit mit der Symbolbeherrschung nach Davis spielt. Für Kinder mit Aufmerksamkeitssteuerungsdefinziten (ADD) wird empfohlen, in die Erarbeitung von abstrakten Konzeptbegriffen, z.B. des Wortes »Konsequenz«, immer das Ich-selbst des Kindes einzubeziehen:

»Immer, wenn ein grundlegender Begriff gemeistert wird, muss das Knetmodell die eigene Person in Beziehung zu diesem Grundbegriff mit einschließen. Das ist es, was den Unterschied zwischen etwas Gelerntem macht und einem Begriff, der nun Teil der Identität dieser Person ist.«[119]

Hierdurch wird jetzt auch eine andere Verhaltensanweisung bei der Davis-Methode verständlich: Nachdem der Klient das Alphabet geknetet hat, stellt man ihm die Frage:

»Wessen Alphabet ist das? Wiederholen Sie die Frage im zwanglosen Gespräch, bis der Klient sagt: ›Es ist meins.‹ Fragen Sie dann: ›Warum?‹ oder ›Wieso?‹, bis er antwortet: ›Weil ich es gemacht habe.‹«[120]

Man lernt und behält etwas also besser, wenn man sich selbst in den Prozess einbezieht. Rudolf Steiner hat dies einmal sehr plastisch beschrieben:

»Nehmen wir an, wir legen eine Sicherheitsnadel an eine Tischkante, wo eine Ecke ist; wir legen sie mit dem Gedanken hin: Ich lege diese Nadel an diese Kante hin, und ich präge mir den rechten Winkel ein, der sich darum herumzieht, als ein Bild, dass die Nadel an zwei Seiten von Kanten umgeben ist und so weiter, und ich gehe beruhigt von der Sache weg.
Und ich werde sehen, dass, wenn mir die Sache zunächst auch nicht in allen Fällen gelingen mag, doch, wenn ich es mir zur Regel mache, meine Vergesslichkeit immer mehr und mehr von mir schwindet. – Die Sache beruht nämlich darauf, dass ein ganz bestimmter Gedanke gefasst worden ist, der Gedanke: Ich lege die Nadel dorthin.

Mein Ich habe ich in Verbindung gebracht mit dem Faktum, das ich ausführte, und außerdem noch etwas von einem Bild hinzugefügt, Bildlichkeit in dem Denken dessen, was ich selber tue, Bildlichkeit, bildhaftes Vorstellen und außerdem, dass ich das Faktum in Verbindung mit meinem Wesenskern bringe, dieses Zusammenbringen des geistig-seelischen Wesenskerns, wie er angesprochen wird mit dem Wörtchen Ich, mit der Bildlichkeit, das ist das, was uns sozusagen das Gedächtnis ganz wesentlich schärfen kann, so dass wir auf diese Weise schon den einen Nutzen für das Leben haben, dass wir weniger vergesslich werden.
Aber man braucht vielleicht gar nicht einmal besonders viel Wesens davon zu machen, wenn nur das erreicht werden könnte. Es kann aber dadurch viel mehr erreicht werden. ... so würde einfach dieser Gebrauch eine Stärkung des menschlichen Ätherleibes hervorrufen.«[121]

Aus dieser Erkenntnis heraus benutzt er also die konsequente Einbeziehung der Ich-Komponente auch für die Einführung der Buchstaben.
Er sagt nicht: »Es war einmal ein Fisch«, sondern:

»Du hast schon einen Fisch gesehen. Mache dir einmal klar, wie das ausgesehen hat, was du als Fisch gesehen hast (= Vorstellung!). Wenn ich dir dieses hier vormache, so sieht das einem Fisch sehr ähnlich. Was du als Fisch gesehen hast, sieht etwa so aus, wie das, was du da an der Tafel siehst. Nun denke dir, du sprichst das Wort ›Fisch‹ aus (= Vorstellung!).
Was du sagst, wenn du ›Fisch‹ sagst, das liegt in diesem Zeichen (siehe Zeichnung links). Jetzt bemühe dich einmal, nicht ›Fisch‹ zu sagen, sondern nur anzufangen, ›Fisch‹ zu sagen. – Man bemüht sich nun, dem Kinde beizubringen, dass es nur anfangen soll, ›Fisch‹ zu sagen (= Sprache!): F – f – f – f.«
»Sieh einmal, jetzt hast du angefangen, ›Fisch‹ zu sagen; und nun bedenke, dass die Menschen nach und nach dazu gekommen sind, das, was du da siehst, einfacher zu machen (siehe Zeichnung rechts). Indem du anfängst, ›Fisch‹ zu sagen (= Sprache!), F – f – f – f, drückst du das so aus, indem du es niederschreibst, dass du nun dieses Zeichen machst. Und dieses Zeichen nennen die Menschen f.
Du hast also kennengelernt, dass das, was du in dem Fisch aussprichst, beginnt mit dem f – und jetzt schreibst du auf das als f. Du hauchst immer F – f – f – f mit deinem Atem, indem du anfängst, ›Fisch‹ zu schreiben. Du lernst also kennen das Zeichen für das Fischsprechen im Anfang.«[122]

Wie bei der Symbolbeherrschung nach Davis findet hier die Gleichzeitigkeit von Bild, Zweck und Sprache statt: Der Buchstabe F sieht so aus, er stellt ein Zeichen für einen bestimmten Anlaut dar, und er lautet F – f – f.[123]

Steiner gebraucht eine Menge Wörter, um vom Fisch zum F zu kommen, aber mit keinem Wort, keinem Gedanken, begibt er sich aus der Realität hinaus. Das Kind selbst soll sich schlicht einen Fisch vorstellen, wie es ihn kennt, nicht etwa den aus der Geschichte vom Fischer und seiner Frau oder aus einem anderen Kontext. Auch nicht aus einer Geschichte über eine dritte Person. Denn würde man zusätzlich ein Märchen oder dergleichen als Hinführung zu einer Buchstabenform in Anspruch nehmen, bestünde die Gefahr, dass die Kinder – zumindest die rechtshemisphärischen – sich schnell in die »Welt der Einhörner« verflüchtigen.

Versunken im fantastischen Reich ihrer rechten Hemisphäre würden sie die Realität nur verzerrt wahrnehmen; der Buchstabe wird möglicherweise »falsch« (= desorientiert) oder gar nicht aufgenommen. Deshalb kommt das H auch nicht von Hexe, das G nicht von Gnom, das D nicht Drache und das R nicht von Riese.

Wer jetzt (quasi als »Gegenbeweis«) an den aufgerichteten Bären als Steiners Bild für das B denkt und hiermit »Schneeweißchen und Rosenrot« oder ein anderes Märchen assoziiert, mag berücksichtigen, dass aufgerichtete Bären zu Anfang des Jahrhunderts durchaus noch zum direkten Erleben der Kinder gehörten; damals gab es noch vielfach die Tanzbären auf den Jahrmärkten. Steiner selbst erwähnt so einen tanzenden Bären.[124]

Ich werde bei der Betrachtung der didaktischen Hinweise von Rudolf Steiner zum Umgang mit Texten noch einmal darauf eingehen, denn ich denke, dass er sich der Gefahr der Desorientierung bei Geschichten tatsächlich sehr bewusst war.

Warum aber taucht in all den von ihm überlieferten Tafelzeichnungen zur Buchstabeneinführung als dritter Schritt nicht ein ganzes Wort auf? Warum bleibt es beim F ohne das Wortbild »Fisch«?

Es gibt für mich nur die Erklärung, dass er es wohl für verwirrend gehalten hat, denn wo sieht man den Fisch in den anderen Buchstaben? Hat nun das F etwas mit dem Fisch zu tun oder das i, das s, das c oder das h? Verwirrung aber führt zur Desorientierung, und die ist im Umgang mit Buchstaben nicht erwünscht.

Als weitere Möglichkeit, die Konsonanten einzuführen, erwähnt Steiner, das L aus der Bewegung des Laufens oder das S aus dem Geräusch des Sausens (Wind) zu entwickeln und zu zeichnen.[125]
Auch dies entspricht der gehirn-gerechten Vorgehensweise: Er koppelt das räumliche Empfinden (= R-Modus) an den Laut für L(!)aufen und S(!)ausen (= L-Modus).
Ebenso verfährt er bei der Einführung der Vokale: Aus der Gefühlswelt der Kinder kommend (= R-Modus) drückt er Empfindungen in Gesten aus, stellt diese zeichnerisch als Skizze dar und führt so in die Form des Buchstabens hinüber.
Und wieder geht er vom ganz individuellen Erfahrungshorizont des einzelnen Kindes aus und bezieht jedes Kind persönlich ins Bild ein:

»›Nun stelle dir einmal vor die Sonne, die du morgens aufgehen siehst. Kann sich keines von euch erinnern, was es da getan hat, wenn die Sonne morgens aufgegangen ist?‹
Nun wird sich vielleicht das eine oder andere Kind an das erinnern, was es getan hat. Wenn es nicht dazu kommt, wenn sich keines erinnert, so muss man dem Kinde in der Erinnerung etwas nachhelfen, was es getan hat, wie es sich hingestellt haben wird, gesagt haben wird, wenn der Sonnenaufgang sehr schön war: ›Ah!‹
Man muss diese Wiedergabe eines Gefühls anschlagen lassen, man muss versuchen, aus dem Gefühl herauszuholen die Resonanz, die im Selbstlaut ertönt.
Und dann muss man versuchen, zunächst zu sagen: ›Wenn du dich so hingestellt hast und ›Ah!‹ gesagt hast, da ist das so, wie wenn von deinem Innern hinausgegangen wäre wie in einem Winkel von deinem Mund der Sonnenstrahl.
Was in deinem Innern lebt, wenn du den Sonnenaufgang siehst, das lässt du so (siehe Abb. linkes Beispiel) ausströmen aus dir und bringst es hervor, indem du ›A‹ sagst. Du lässt es aber nicht ganz ausströmen, du hältst etwas davon noch zurück, und da wird das dann zu diesem Zeichen. (siehe Abb. rechtes Beispiel)

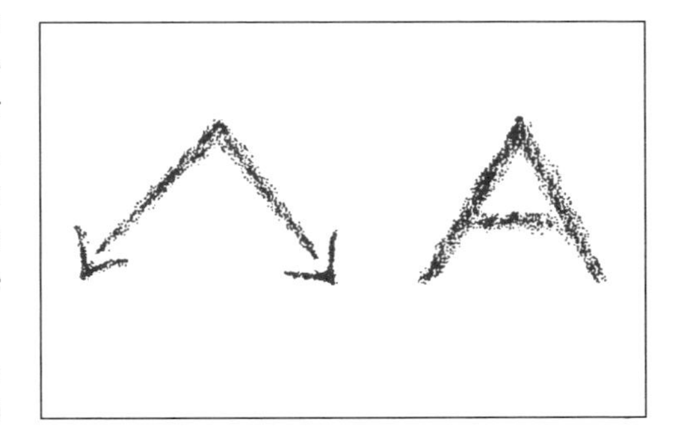

Sie können einmal den Versuch machen, das, was beim Selbstlaut im Hauch liegt, in zeichnerische Formen zu kleiden. Dadurch bekommen Sie Zeichnungen, die Ihnen im Bilde darstellen können, wie die Zeichen für die Selbstlaute entstanden sind.«[126]

Auf einen Satz aus der Erklärung des F möchte ich an dieser Stelle noch einmal ausdrücklich eingehen: »Und dieses Zeichen nennen die Menschen F.«
Etwas für die Kinder Abstraktes – durch das Fischbild jedoch dem Verständnis bereits Aufgeschlossenes – hat jetzt also einen Namen bekommen. Auch wenn es uns »logischer« erscheinen mag, die Kinder zunächst nur mit dem Lautwert der Buchstaben bekannt zu machen (= schrittweises Vorgehen / L-Modus), so nennt Steiner den Buchstaben von Anfang an auch bei seinem richtigen Namen und arbeitet nicht etwa nur mit dem Laut weiter (F – f – f – f).
Ich weiß, dass es der landläufigen Praxis besonders an Staatsschulen widerspricht, wo die Eltern oft ausdrücklich aufgefordert werden, die Buchstaben konsequent nur nach ihren Lauten zu benennen, aber betrachten wir dieses Verfahren einmal aus dem R-Modus heraus: Ein Laut F – f – f – f hat in der Realität keine Entsprechung; es gibt in der Sprache keine »richtigen« Wörter, die nur aus einem Konsonanten bestehen.
Um aber etwas zu beherrschen, zu besitzen, braucht dieses »Etwas« einen konkreten Namen.
Was oder wer einen Namen hat, ist präsent, ist erinnerbar. Diese Erkenntnis ist offenbar tief im Menschenwesen verwurzelt – ob Sie in die Bibel schauen (»Ich habe dich bei deinem Namen gerufen, du bist mein!«) oder ins Märchenbuch (»Ach, wie gut, dass niemand weiß, dass ich Rumpelstilzchen heiß!«). Und nur beim Buchstabenlernen soll das nicht gelten?
Vielleicht gerade, weil es unlogisch (= R-Modus) erscheint: Es ist für ein ganzheitliches Verständnis, als Voraussetzung für gelingendes Lernen wichtig, dass den Kindern von Anfang an auch der Name der Buchstaben bekannt ist.[127]
Rudolf Steiner geht bei der Einführung der Buchstaben also von der Erlebniswelt der Kinder aus: Er sucht in den Dingen, in den Bewegungen oder in der Gefühlswelt eine Verbindung zu den abstrakten Zeichen. Aber er tut noch ein Weiteres: Ausdrücklich erwähnt er die Greifbarmachung einzelner Buchstaben durch Plastizieren. Hieraus

möchte ich schließen, dass er auch gegen das Plastizieren des ganzen Alphabets, wie Ronald Davis es in seinem Buch beschreibt (S. 220 ff), nichts einzuwenden hätte. Dieses ließe sich meiner Meinung nach sehr gut in den Unterricht aufnehmen: Es könnte am Ende der Epoche/n zur Einführung der Buchstaben stehen und dann später auch zur Einführung des kleinen Alphabets benutzt werden.
Das Alphabet als Gesamtheit, die Benennung seiner Teile und der Stellenwert der einzelnen Buchstaben im Alphabet vermitteln Orientierung. Die Buchstaben werden begreifbar, sie bekommen eine Bedeutung als Teil eines Ganzen. Eine solche Symbolbeherrschung des Alphabets findet jedenfalls nach meiner Überzeugung hervorragende Unterstützung in Steiners Vortrag: »Das Alphabet, ein Ausdruck des Menschengeheimnisses«.[128]
Will man nun einzelne Buchstaben oder das ganze Alphabet plastizieren lassen, stellt sich die Frage nach dem geeignetsten Material. Man wird über Ton, Wachs, Plastilin oder ähnliches nachdenken – vielleicht sogar über Matsch, »Straßenkot«, wie Rudolf Steiner es selbst einmal in Erwägung gezogen hat.[129]
Aus meiner Erfahrung möchte ich einen Rat geben: Das farblose, wiederverwendbare, leicht zu bearbeitende und zudem kostengünstige Plastilin hat sich in der Praxis bestens bewährt.
Um die Ganzheit und Klarheit des Alphabets von Anfang an zu wahren, wird es zusätzlich wichtig sein, dass die Kinder schon zu Beginn der Beschäftigung mit den Buchstaben im Klassenraum eine gesamte Darstellung des großen und kleinen Alphabets sehen können. Dieses »Vorbild« ist heutzutage besonders wichtig, da wir an jeder Straßenecke auf Schritt und Tritt mit so vielen unterschiedlichen Schrifttypen und Buchstabenformen (z.B. Markenlogos und Piktogrammen) konfrontiert werden, dass die Gefahr groß ist, ganze Wörter oder Begriffe als feste Bildsymbole zu verstehen und nicht als aus Einzelteilen zusammengesetzt.[130]

Vom Satz zum Wort zum Buchstaben zum Laut

Neben der eben beschriebenen Vorgehensweise empfiehlt Rudolf Steiner eine weitere Möglichkeit, die Bestandteile der Schriftsprache zu erlernen. Vermutlich ist es wegen dieser Angaben auch zu einer Vermischung mit der Methode zur Einführung der Buchstaben aus

der Form der Dinge gekommen. So kam es dabei zu den Wörtern als Endprodukt, denn linear gedacht, erscheint es uns doch logisch (= L-Modus), nach dem Erlernen des Buchstabens F gleich weitere Wörter mit F aufzuschreiben: Frau, Floh, Farbe...
Aber Rudolf Steiner geht eben nicht linear, sondern ganzheitlich vor:

»Dann geht man dazu über, das Kind darauf aufmerksam zu machen, dass das, was es so für den Anfang eines Wortes angeschaut hat, auch in der Mitte der Worte vorkommt. Also gehe man dazu über, zu dem Kinde zu sagen: Sieh einmal, du kennst das, was da draußen auf den Feldern oder Bergen wächst [= Vorstellung / R-Modus + direkte Anrede = Selbst-im-Bild-sein], was im Herbst eingeerntet wird und aus dem Wein bereitet wird: die Rebe [= Sprache / L-Modus]. Die ›Rebe‹ schreiben die Großen so [= es ist nur Konvention, es hat mit dem Bild der Rebe nichts zu tun / L-Modus]: REBE.
Jetzt überlege dir einmal, wenn du ganz langsam sprichst [= man muss sich »sprechen« vorstellen, wenn man nicht innerlich beim Denken automatisch mitspricht / R- und L-Modus]: ›Rebe‹, da ist in der Mitte dasselbe drinnen, was bei Bär am Anfang war. – Man schreibt es immer zunächst groß auf, damit das Kind die Ähnlichkeit des Bildes hat [= kein verwirrendes, abweichendes Schriftbild benutzen / Analogie / R- und L-Modus].«[131]

Obwohl ich dieses Zitat schon lange als »hervorragend« angekreuzt hatte, ist mir erst gerade jetzt beim Schreiben die Genialität bewusst geworden, die in einer solchen Anweisung steckt. Auf diese Weise kann dann also auch vom ganzen Wort der Weg zum Buchstaben gegangen werden!
Weitere Beispiele finden Sie ebenda und in Rudolf Steiner: Die Erneuerung der pädagogisch-didaktischen Kunst durch Geisteswissenschaft, Zehnter Vortrag, Basel 5. Mai 1920 (GA 301). Sogar der Weg vom Satz zum Wort und zum Buchstaben ist gangbar. (Siehe beide eben erwähnten Vorträge)
Die Parallele ist unübersehbar: Hermann Ehmann hat sich in dem von mir schon mehrfach erwähnten Buch »Ist mein Kind Legastheniker?« u.a. kritisch mit den herkömmlichen Therapieansätzen auseinandergesetzt. Auch er stellt die Frage nach den verschiedenen Lerntechniken und kommt dabei zu folgender Aussage:

Filine, 13 Jahre

Ricarda, 11 Jahre

»Ich kann an dieser Stelle keinen Abriss der besten Lern- oder Memotechniken geben. Dennoch möchte ich eine der wirksamsten und am häufigsten angewandten Lernhilfen kurz vorstellen: die Visualisierungstechnik. Es handelt sich dabei um eine sehr alte, ursprünglich aus dem mystisch-religiösen Bereich stammende Methode, sich Dinge bildlich vorzustellen. Sie eignet sich sehr gut zur Unterstützung beim Erlernen des richtigen Lesens und Schreibens. ...
Die Visualisationsübung sieht folgendermaßen aus: Das Kind schließt die Augen und stellt sich einfach eine Katze vor (= Vorstellung) – eine Katze, die es vielleicht sogar selbst kennt (= aus dem unmittelbaren Leben), ihre Farbtupfer, ihr samtenes Fell, wie sie sich auf dem Boden räkelt, wie sie sich putzt, wie sie eine Maus jagt oder was immer ihm dazu einfällt (= geschlossene Vorstellung). Hält das Kind diese Vorstellung jetzt fest, wird es das Wort Katze – sofern es das Wort einmal richtig geschrieben hat (= Gleichzeitigkeit mit dem Wortbild) nie mehr vergessen.«[132]

Auch bei der Symbolbeherrschung nach Davis soll sich der Legastheniker zum Schluss eine geschlossene Vorstellung von seinem Modell und dem dazugehörenden Schriftbild machen. Besonders bewährt hat sich, wenn man die Buchstaben rückwärts aufsagt, sie sozusagen von einer imaginären Wand »abliest«. Man findet solche Lern- und Erinnerungstechniken wie die Visualisationstechnik oder das rückwärtige Betrachten auch vielfach als Denkübung für Erwachsene bei Rudolf Steiner, besonders in seinem Vortrag vom 18.1.1909: »Praktische Ausbildung des Denkens«.[133]
Der Weg vom Wort zum Buchstaben, ja sogar vom Satz zum Wort zum Buchstaben, den Steiner vertritt, entspricht der analytischen Methode (Ganzwortmethode) zum Erlernen der Schriftsprache:

»Daher unterrichten wir in der Waldorfschule auch durchaus so, dass wir nicht von den Buchstaben ausgehen und synthetisieren, sondern dass wir vom fertigen Satz zunächst ausgehen, aus dem Satz die Worte heraus analysieren, die Worte dann wiederum nehmen, aus den Worten die Buchstaben analysieren, für die Buchstaben dann die Laute haben. Auf diesem Wege kommen wir eigentlich zu einer richtigen Verinnerlichung.«[134]

Man kann vieles aus der Diskussion der letzten Jahrzehnte zum Thema »Ganzwortmethode oder/und Synthetische Methode« her-

anziehen. Die Schriftsprachdidaktiker haben sich dazu schon vielfach geäußert.
A. Kaulins berichtet in seinem Artikel »Waren die Pharaonen Legastheniker?«[135] von einer Lehrerin in Amerika, die über 40 Jahre lang den Kindern Lesen und Schreiben zunächst über die Ganzwortmethode beigebracht hatte und erst später die phonetische Lehre anging, nachdem die Schüler wussten, wie man liest und schreibt. Sie hat keinen Legastheniker im Unterricht erlebt.
Demgegenüber steht die heutige Auffassung, die beide Methoden gleichzeitig befürwortet, und die sich auch in der gegenwärtigen Waldorfpädagogik niederschlägt:

»Neben der bildhaften Einführung einzelner Buchstaben, von denen aus man synthetisch zu Worten fortschreiten kann, soll ebenso intensiv der umgekehrte, der analytische Weg geübt werden …
Der synthetische Weg vom Buchstaben zum Wort mildert die Gefahr der Legasthenie …«[136]

Dieser Weg erscheint mir ganz eindeutig ein Irrweg, entstanden aus unserem vorherrschenden verbal-linearen Denken.

Die Ganzwortmethode im Englischunterricht
Eine aus meiner Sicht hervorragende Art, die Ganzwortmethode im Fremdsprachenunterricht einzusetzen, bietet das »Ladybird Key Word Reading Scheme« für das Erlernen der englischen Schriftsprache. Gekoppelt mit der Orientierung und der Symbolbeherrschung (nach Davis) habe ich hier einen guten Weg gefunden, selbst starken Legasthenikern die englische Schriftsprache einen großen Schritt näher zu bringen.
Es handelt sich dabei um ein Programm zur Alphabetisierung englischsprachiger Kinder aus den 70er Jahren. In 12 Einheiten mit je drei kleinen Büchern wird mit einfachen Texten aus der (inzwischen allerdings etwas veralteten) Erlebniswelt der Kinder ein Vokabular aufgebaut, das gehirn-gerecht mit Bildern ergänzt ist.
In den ersten 8 Einheiten werden die 300 am häufigsten gebrauchten Wörter der englischen Sprache erlernt, die »Key Words«. Fast alle dieser Wörter finden sich auch in der Liste der englischen Auslösewörter.[137] Die Begründung für die Erarbeitung dieser Key Words ist, dass sie drei Viertel der normalen Texte für Kinder und Jugendliche ausmachen.

Den Einsatz dieses Konzepts im Fremdsprachenunterricht hat H.-J. Modlmayr erarbeitet. Er unterrichtet an einem Gymnasium in der 5. und 6. Klasse mit diesen Büchern, und im Anschluss daran behandelt er schon in der 7. Klasse Werke wie »The Hobbit« von J.R.R. Tolkien.[138]

Die Ganzwortmethode muss meiner Meinung nach allerdings unbedingt die Bildhaftigkeit des Wortes mitvermitteln, um von einem Bilddenker verstanden zu werden.[139]
Für eine synthetische Vorgehensweise zum Erlernen der Schriftsprache fand ich bei Rudolf Steiner keinen Beleg! Die Synthese findet erst wesentlich später nach vollzogener Analyse statt (siehe oben).

Opposition gegen Lesen und Schreiben – ein Fallbericht[140]

Die Ausgangslage

»Und wenn das Kind dann in die Schule hineinkommt, dann tritt einem eben das entgegen, dass das Kind am meisten Opposition hat gegen Lesen und Schreiben ... Denn nicht wahr, da ist ein Mann: Er hat schwarze oder blonde Haare, er hat eine Stirne, Nase, Augen, hat Beine; er geht, greift, sagt etwas, er hat diese oder jene Gedankenkreise – das ist der Vater. Nun soll das Kind aber das Zeichen da – VATER – für den Vater halten. Es ist gar keine Veranlassung, dass das Kind das für den Vater hält. Nicht die geringste Veranlassung ist dazu da.«[141] – Eigentlich merkwürdig, was Rudolf Steiner den Schulanfängern unterstellt! Wenn wir Erstklässler beobachten, scheinen die meisten ABC-Schützen hoch motiviert zu sein, das Lesen und Schreiben zu lernen. Einige können es ja sogar schon ein bisschen. Und wer sich lieber Zeit lässt mit dem Lesen- und Schreiben-Lernen, steht zumindest in der ersten Klasse auch nicht gleich im Verdacht, gegen die Buchstaben zu opponieren.
Gleichwohl gibt es solche Kinder, die nicht die geringste Veranlassung verspüren, sich für die sinnlosen kleinen Zeichen zu interessieren, die von den Erwachsenen Buchstaben genannt werden. Es gab

solche Kinder zu Rudolf Steiners Zeiten, und es gibt sie erst recht heute. In meiner Beratungstätigkeit mit legasthenischen Kindern und Jugendlichen erlebe ich das bei jedem Erstgespräch!
Trotzdem war Jacob, von dem ich hier berichten will, auch für mich ein besonderer »Fall«. Ich traf ihn im November 2001. Er war damals fast sieben Jahre alt und ging in die erste Klasse einer konfessionellen Grundschule. Schon nach einem Vierteljahr war den Eltern und der Lehrerin klar geworden, dass Jacob offensichtlich keinen Bezug zu den Buchstaben herstellen konnte. Der gut durchdachte Leselerngang mit der Fu-Fibel,[142] gestützt mit Lautgebärden, liebevoller Unterstützung durch die Lehrerin, häuslichem Üben und die Ergotherapie – nichts hatte geholfen; es war keinerlei Land in Sicht. Jacob konnte noch keinen der bislang durchgenommenen neun Buchstaben (A,a; F,f; U,u; R,r; T,t; M,m; L,l; I,i; H,h) wiedererkennen und benennen – auch nicht die in der Schule benutzten Lautbezeichnungen der Buchstaben.
Natürlich hatten mich die Eltern darüber in Kenntnis gesetzt, dass bei Jacob schon zur Kindergartenzeit verschiedenartige Probleme aufgetaucht waren, dass man »Defizite« und »Wahrnehmungsstörungen« bei ihm diagnostiziert und therapiert hatte. Ich aber will nicht in erster Linie wissen, was einem Kind fehlt, sondern finden, was es besitzt.
Beim Kennenlerngespräch saß mir ein kleiner, sehr munterer Strahlemann gegenüber – ein cleverer Schachspieler übrigens, wie sich später herausstellte –, von dem mir schnell klar wurde, dass er ein hervorragender »Bilddenker« sein musste (vgl. S. 67 ff bzw. 83). Es galt, mit ihm einen Weg zu finden, auf dem er mit seiner Art der Wahrnehmung die Buchstaben, diese seltsamen Zeichen, verstehen lernen kann.
Dabei war ich mir eines zwangsläufigen Konflikts bewusst: Jacob war zur Zeit nicht im Geringsten motiviert, Lesen und Schreiben zu lernen, und ich hatte nicht vor, ihn zu etwas zu zwingen, aber der gesellschaftliche (und nicht zuletzt familiäre) Druck, dass »jetzt endlich was passieren« müsste, wurde täglich stärker. Wie kann man die Kulturtechniken erlernen, ohne im Wesen »verbogen« zu werden? Oder auf mich bezogen: Wie kann ich jemandem die Buchstaben beibringen, der eine *»Opposition hat gegen das Lesen und Schreiben«?*

In meiner Beratungstätigkeit habe ich es gewöhnlich, wie bereits erwähnt, mit »fertigen« Legasthenikern zu tun, d.h. meine jüngsten Schüler sind mindestens acht Jahre alt; sie haben schon ein Bewusstsein davon, dass sie ein Problem mit dem Lesen und Schreiben haben, und wünschen eine Verbesserung. Bei Jacob ging es jetzt erstmals darum, einen »Legastheniker« – und alles sprach dafür, dass er dieses Etikett in spätestens zwei Jahren tragen würde – zu »alphabetisieren«, und dies hoffentlich so, dass in Zukunft die Schublade »Lernbehinderung« geschlossen bleiben würde.
Ich vertrete die Ansicht, dass eine konkrete, d.h. geradezu wortwörtliche Anwendung der Angaben von Rudolf Steiner zum Anfangsunterricht im Schreiben und Lesen zu einer erfolgreichen Alphabetisierung von Bilddenkern führen müsste und dass dies mit der Symbolbeherrschungsmethode von Ronald Davis hervorragend unterstützt werden kann.

Erstes Vorgespräch

Ich entschloss mich, Jacob nicht die frustrierenden »Mal-sehn-was-du-alles-kannst-bzw.-nicht-kannst-Tests« machen zu lassen, sondern ihm von Anfang an einen anderen Weg zu den Buchstaben zu zeigen, als ihn die Schule ihm bis jetzt angeboten hatte. Ich wollte den Weg über die bildhafte Einführung versuchen, dem Hinweis Steiners folgend: »Denken Sie doch nur einmal, die alten Ägypter haben noch eine Bilderschrift gehabt. Da haben sie in dem, was sie bildhaft fixiert haben, eine Ähnlichkeit gehabt mit dem, was das bedeutet hat. … Aber diese Schnörkel da an der Tafel, die haben nichts zu tun mit dem ›Vater‹, und just damit soll nun das Kind anfangen sich zu beschäftigen. Es ist gar kein Wunder, dass es das ablehnt.«[143]

Kurz entschlossen nahm ich ein Blatt Papier und einen herumliegenden Kugelschreiber: *»Jacob, schau mal den schönen roten Mund von deiner Mama an. Ich zeig dir mal, wie die Buchstaben entstanden sind. Zum Beispiel von einem Mund ist ein Buchstabe gekommen. So wie hier der Mund.«* (Ich zeichne einen Mund aufs Papier.)
»Und dann wurde daraus dies, und dann so und so.« (Ich zeichne die Schritte vom Mund zur Oberlippe zur Oberlippenlinie zum M.)
»Und jetzt ist es ein M.« (Gesprochen: »Emm«.)

»Ja, den kenn ich aus der Schule.«
»Genau, das M kommt vom Mund; und wenn du Mund sagst und nur den Anfang sprichst, dann klingt das ...?«
»Mu ...«
»Lass noch mehr weg, nur ganz den Anfang.«
»Mmmmh ...«
»Genau, wenn du den Anfang von Mund sprichst, klingt es so: mmh. Der Buchstabe heißt M (gesprochen: ›Emm‹) *und er klingt mmmmh. Und Mama fängt auch mit M an, hör mal: mmh. Und so schreibt man Mama: MAMA. Das da ist ein A.«*
»Hatten wir auch schon in der Schule.« (Er nahm mir den Stift ab und schrieb seinerseits:) *»Und was heißt das: AMAM?«*
»Das heißt amam, aber das gibt keinen Sinn, wenn man die Buchstaben in diese Reihenfolge setzt. Aber komm mal mit, wir können es verzaubern.«

Ich ging mit ihm zu einem Spiegel; da erkannte er das Wort MAMA wieder.
Nach dem M nahm ich mir das F vor, und zwar fast wörtlich so, wie Rudolf Steiner es vorgeschlagen hatte:[144]

»Jacob, du hast schon mal einen Fisch gesehen. Stell dir vor, wie er ausgesehen hat. Ein Fisch sieht ungefähr so aus. Sag einmal Fisch und sag dann nur den Anfang vom Wort. Wie klingt es, wenn du nur anfängst, Fisch zu sagen, nur den Anfang?«
»Ffff ...«
»Und aus dem Fisch haben die Menschen dieses Zeichen gemacht, so wurde aus dem Fisch diese Form; und sie klingt Fffff wie der Anfang vom Fisch und sie heißt F (gesprochen: ›Eff‹). *Der Buchstabe heißt F und er klingt Ffff wie der Anfang vom Fisch.«*

Dann erzählte ich noch etwas über Bilderschriften, malte ihm drei japanische Bilderschriftzeichen für Sonne, Mensch und Feld aufs Papier und »übersetzte« es so, dass die Sonne scheint und der Mensch aufs Feld geht.
Das Ergebnis dieses Vorgesprächs war, dass Jacob meinem Eindruck nach doch irgendwie Lesen und Schreiben lernen wollte, aber in der Schule, bei seiner Lehrerin! Wir beschlossen, dass er in der darauf folgenden Woche mit seinen Eltern und der Lehrerin wiederkommen sollte, um die weitere Vorgehensweise mit ihr zu besprechen.

Zweites Vorgespräch

Eine Woche später saßen wir wieder am Tisch. Jacob erzählte, dass das M vom Mund kommt und das F vom Fisch. Er nahm einen Zettel und malte die Buchstabenentwicklung für die Lehrerin auf.
»Und guck mal: Da scheint die Sonne auf das Feld, und dann geht der Mann da hin.«
Fast völlig korrekt zeichnete er die japanischen Schriftzeichen aus dem Gedächtnis aufs Papier.
Die Lehrerin berichtete, dass Jacob seit ein paar Tagen anscheinend einen Zugang zu den neun in der Schule bislang durchgenommenen Buchstaben gefunden habe, denn er konnte sie jetzt teilweise als Laute, wie es in der Schule gehandhabt wurde, benennen. So war also tatsächlich etwas Bewegung in die »Opposition gegen das Lesen und Schreiben« gekommen.
Weil aber die Lehrerin meine Herangehensweise in ihren Unterricht nicht einbauen konnte, beschlossen wir »einstimmig« (also mit ausdrücklicher Zustimmung Jacobs), dass er Mitte Dezember eine Woche lang jeden Morgen für drei Stunden zu mir ins Lernstudio kommen sollte, um in den Buchstaben sicher zu werden.

Fazit der Vorgespräche

Ich freute mich zwar, dass ich offenbar einen Zugang zum Lernweg dieses Kindes gefunden hatte und ihm ein erstes Verständnis unserer Alphabetschrift vermitteln konnte. Gleichzeitig verspürte ich aber einen gewissen Grad an Traurigkeit, wenn nicht sogar Wut: Ist es denn wirklich so lächerlich einfach, Kindern die Buchstaben zu vermitteln? Ich hatte mich doch lediglich konsequent an die Angaben von Rudolf Steiner gehalten,[145] ihn geradezu »naiv« nachgemacht: das M und das F, der Mund und der Fisch. Und fertig.
Wie viele Qualen durchleben die »fertigen« Legastheniker, mit denen ich es sonst zu tun habe! Die oft noch im dritten Schuljahr Mühe haben, die Buchstaben zu erkennen und zu benennen! Allen Verantwortlichen wollte ich am liebsten entgegenhalten: »Lest mal, was Steiner da genau gesagt hat, und macht es genau so! Es ist genial!«

In der Vorbereitung auf die verabredete Beratungswoche mit Jacob musste ich mir nun überlegen, was ich überhaupt wie lehren wollte. Auf jeden Fall wollte ich dabei die Lernmittel und Methoden seiner Schule, seiner Lehrerin, berücksichtigen. Einem Erstklässler gegenüber kann ich doch nicht alles in Bausch und Bogen ablehnen, was in seiner Schule gemacht wird! Außerdem liebt Jacob seine Lehrerin.

Ich studierte also das an der Schule verwendete Lernmaterial.[146] Jeder Buchstabe wird für sich langsam eingeführt, und Schritt für Schritt werden die Textpassagen erweitert. Der Inhalt ist nicht sehr einfallsreich; besonders verwirrend sind die manchmal tanzenden Schriften, farbig hervorgehobenen Buchstaben und Buchstabenauslassungen bei einigen Wörtern.

Aber alles ist natürlich genau durchdacht – unter wissenschaftlicher Beratung von Prof. Dr. Renate Valtin, die sich speziell auf dem Gebiet der Legasthenie einen Namen gemacht hat. Mitte der 70er Jahre habe ich bei ihr hier in Hamburg Seminare über Legasthenie besucht und darüber meine Examensarbeit in Erziehungswissenschaft geschrieben. Ich wäre damals völlig begeistert gewesen von dieser Fibel. Aber heute?

Sollte ich wirklich damit arbeiten? Sollte ich vielleicht einfach die neun bereits durchgenommenen Buchstaben für Jacob nach der Steiner-Methode noch einmal einführen und mit ihm dann die Wörter aus dem Schulunterricht behandeln? Oder wäre es vielleicht sinnvoller, das Alphabet als Ganzes zu erarbeiten, wie es die Davis-Pilotschulen[147] machen?

Ich tat das, was ich schon oft getan habe, wenn ich unsicher war, wie Legastheniker am besten lernen: Ich fragte die Betroffenen. Die Umfrage bei meinen jugendlichen Legasthenikern war eindeutig: Wir brauchen das Ganze! Wir brauchen einen kompletten Überblick, sonst weiß man nicht, wie viel da noch kommt. Und all die verschiedenen Schriftarten, sind das alles andere Zeichen?

Ich entschloss mich also, doch »radikaler« vorzugehen und Jacobs schulische Lernmittel zunächst unberücksichtigt zu lassen. Ich wollte eine »Methoden-Mischung« aus den von Davis beschriebenen Methoden und den Angaben von Steiner anwenden.

Zunächst führte ich mit Jacob ein Orientierungsverfahren für jüngere Kinder durch, die so genannte »Ausrichtung«,[148] zusammen mit einer Entspannungsübung. Dann erklärte ich ihm (gemäß dem Vortrag von Rudolf Steiner über die erste Schulstunde[149]), warum der Mensch überhaupt zur Schule geht, wozu er seine Hände benutzen kann, und formte mit ihm Knetrollen. In sein Heft ließ ich ihn gerade und gebogene Linien malen.
Die nächste Aufgabe bestand darin, anhand einer Vorlage die 26 Buchstaben des großen Alphabets in Knetmasse nachzuformen; jeder Buchstabe sollte mindestens fünf Zentimeter groß sein. Jacob ratterte zwar sofort das Alphabet herunter, konnte aber die Buchstaben einzeln nicht benennen.
Wir besprachen, welche Linien jeder Buchstabe hat – gebogene Linien, gerade Linien. Ich erklärte, wie das A vom Ausatmen bei der Entspannungsübung kommt, wie die Luft aus ihm herausströmte.
Ich entwickelte die Schritte von einer Brezel zum B, vom Lachen eines Clowns zum C. Er war sehr schnell in seinem Auffassungsvermögen; manches wollte er in sein Heft übertragen, anderes wieder nicht. Wir machten Pausen, spielten Schach …

B-Entwicklung.

G-Entwicklung.

Nach erfolgreichem A, B und C fühlte ich mich sicher mit meiner Strategie und machte prompt einen Fehler: Das D – das wusste ich – ist besonders einfach, weil sich alle Waldorfschüler, die ich befragt hatte, immer sofort an das D als »Dach« erinnerten.
Ich zeichnete also das bewusste Dach-Trapez auf ein Stück Papier:

»Kennst du das?« – »Ein Bauklotz!« – »Tja, ich meine, wenn das noch dabei ist …« Ich zeichnete den Rest des Hauses unter das Dach. – *»Das ist ein Haus.« – »Ja, und dies hier oben?« – »Das Dach.« – »Genau!«*
Jetzt war es ein Leichtes, die Schritte vom Dach zum D zu vermitteln. Und es war doch ein Fehler, denn beim späteren Benennen des großen D und beim Wiederholen der Buchstaben sagte er oft: *»Das ist der vom Haus, das H!«* Zwar hatten wir das H aus der Form eines Hauses entwickelt, aber ohne meine Zusatzkonstruktion beim Dach hätte es keine Verwechslungsprobleme gegeben. Richtig wäre gewesen, aus dem Trapez keine Was-ist-das-Quizfrage zu machen, sondern einfach zu sagen: *»Jacob, du kennst doch die Dächer von Häusern. Ein Dach, das sieht ungefähr so aus, nicht?«*
Mit der Zeit wurde Jacob – natürlich – auch selbst kreativ und wollte eigene Bilder entdecken, aus denen Buchstaben herkommen. Was beginnt zum Beispiel mit E? Wo klingt ein E am Anfang? Bei »Elefant« hatte er eine Idee. Er malte in sein Heft einen Elefanten. Und dann noch einen, diesmal einen mit drei Beinen, dann nur noch die drei Beine und den Bauch. Auf der nächsten Skizze wurden die Beine zur Seite gedreht und waren nun das E. Alles etwas durcheinander auf einem Blatt, aber das E kommt vom Elefanten, das war von nun an klar.[150]
Jacob war übrigens nicht der Einzige, der in dieser Dezemberwoche etwas gelernt hat. Vor allem ich lernte. Ich verstand, wie wichtig es ist, dass die Entwicklungen vom Gegenstand oder Tier zum Buchstaben Schritt für Schritt einzeln gezeichnet werden müssen. Ich begriff, dass nichts Überflüssiges ins Bild gehört (siehe Dach). Ich erkannte, warum Jacob das J in seinem Vornamen oft als L schrieb, denn das L hatten sie schon in der Schule gehabt, also musste das doch sein Buchstabe sein! Die Drehung ist bei Bildzeichen egal (vgl. ägyptische Schriftzeichen); es fiel ihm schwer zu glauben, dass L und J zwei verschiedene Buchstaben sind.
Es war harte Arbeit an mir selbst. Es war schwierig, Jacobs Aufmerksamkeit zu halten. Er hakte sofort nach, wenn ich mal vergaß, ihm vorher zu erklären, wieso er etwas machen sollte. Manchmal fürchtete ich, dass ich zu »erwachsen« mit ihm spreche, aber er wollte auf diese Weise ernst genommen und mit einbezogen werden. Er testete meine Grenzen … unsere Absprachen über den Verlauf unserer Woche … über die Pausen … die Regeln beim Schachspielen usw. Aber

er machte Fortschritte. Bald kannte er alle großen Buchstaben. Es fiel ihm noch schwer, sie in den richtigen Größenverhältnissen zu kneten, aber langsam nahm er auch das wahr und korrigierte sich. In seinem Heft fanden sich bald viele von uns beiden ausgedachte Buchstabenentwicklungen: das K aus Kabeln, das G aus einer Gans, das J aus einem Jojo, das W aus der Welle, das R aus einer Rutsche, ein V aus der Vase und ein zweites V aus dem fliegenden Vogel, P und O entdeckte er gleichzeitig im Po.
Jacob konnte jetzt seine Geburtstagseinladungen in Großbuchstaben abschreiben. Auch wenn er die einzelnen Wörter nicht lesen konnte, so benannte er doch jeden Buchstaben richtig und kannte seine Form. Ich konnte ihm buchstabenweise diktieren. Seine Schrift war sehr schön geworden, und die Buchstaben waren alle gleich groß! Er dachte sich auch eine kleine Geschichte aus von Mimi, seiner Katze. Ich schrieb sie auf, und er schrieb sie sorgfältig ins Heft ab.
Wenn wir doch so weitermachen könnten! Aber er wollte nicht ausgesondert bleiben, er wollte zurück in seine Klasse. Um den Anschluss vorzubereiten, ließ ich ihn am letzten Tag wieder in seiner Fibel lesen. Dazu brauchten wir aber die dort schon benutzten kleinen Buchstaben – wenigstens der neun bekannten Buchstaben. Ich ließ sie ihn kneten und merkte: Die Ganzheit fehlt! Die Größenverhältnisse sind schwer zu erarbeiten, aber er wollte jetzt an seinen »Schulkram«.
»Wann darf ich wieder in meine Schule?« – Er durfte. Die 15 Stunden waren um.
Jacob war zunächst noch einige Zeit jede Woche für etwa eine Stunde zu mir gekommen, und wir haben die kleinen Buchstaben doch noch erarbeitet, d.h. Jacob hat sie geknetet, wir haben sie besprochen. Schließlich kannte er alle Bezeichnungen, und außer manchmal b und d verwirrte ihn nun nichts mehr.
Inzwischen war es April geworden. Ich hatte Jacob acht Wochen nicht gesehen und war gespannt. Er hatte hin und wieder zu Hause mit seiner Mutter Wörter und kleine Sätze gelesen. Jetzt erklärte er selbstbewusst, dass er meine Unterstützung nicht mehr brauche. Und er hatte Recht: Er erlas sich unbekannte Texte, langsam, aber mit einem sicheren Gefühl, und versuchte auch sonst, überall Wörter zu entziffern. Er begann, Eigenes aufzuschreiben, kann dem Leselerngang nun folgen und befindet sich leistungsmäßig im Mittelfeld.

Dass wir trotzdem beschlossen haben, noch weiter zusammen zu arbeiten, hat einen anderen Grund: Jacob möchte gerne den Umgang mit der Uhr lernen. Mit Knete wird sicher auch das gehen.
Wenn ich meine begleitenden Aufzeichnungen lese, so kann ich es kaum glauben, wie sicher Jacob heute (April 2002) mit den Buchstaben umgeht. Ich habe die Beratungsstunden zusammengezählt: Es waren insgesamt 24 Stunden – einschließlich derer, in denen wir Schach gespielt haben!
Nun gut, jetzt kann man einwenden, dass Jacob dies vielleicht auch im normalen Unterricht geschafft hätte. Vielleicht ist er ja auch gar kein »Legastheniker«. Und in einer Waldorfschule wäre sowieso alles ganz anders gelaufen. Da hätte er gar nicht so früh Lesen lernen sollen und wäre außerdem so an das Schreiben und Lesen herangeführt worden, wie Steiner es angegeben hat.
Hier habe ich allerdings meine Fragen. Steiner hat in seinen pädagogischen Vorträgen zwar viel zum Anfangsunterricht im Schreiben und Lesen gesagt; wenn man methodische Themen auswählen und seine Angaben dazu nach der Menge auflisten würde, so wäre wahrscheinlich dies der Themenbereich, den er am meisten erwähnt hat, aber beim genauen Nachlesen wird man vieles *nicht* finden, was heutzutage Praxis an den meisten Waldorfschulen ist. Vieles liest sich beim genauen Hinschauen sogar anders.
An Waldorfschulen wird z.B. bei der Einführung von Buchstaben gern mit Märchen oder anderen Geschichten gearbeitet. Ich frage mich: Ist ein solcher Weg nicht ein Umweg? Zumindest ein wesentlich zeitaufwändigerer Weg als der direkte, der unmittelbar aus dem »realen« Leben der Kinder kommt – wie Rudolf Steiner ihn fordert? Führt er nicht in eine »andere« Welt, in der abstrakte Buchstaben eigentlich keinen Sinn ergeben? Haben Märchen und Geschichten im Schulunterricht nicht andere Funktionen?
Und welchen Sinn hat das oft jahrelang praktizierte Von-der-Tafel-Abschreiben? Können sich Kinder dabei überhaupt mit dem Text, dem Wort, dem Buchstaben »verbinden« oder malen sie (zumindest die heimlichen »Nichtleser« unter ihnen) einfach nur Zeichen ohne Sinn von der Tafel in ihre Hefte ab? Kann Rudolf Steiner das gemeint haben, wenn er das Lernziel betont, dass ein Kind »aus sich heraus«

etwas aufs Papier bringen soll – und zwar (möglichst) schon am Ende der ersten Klasse, wie er es als Unterrichtsziel fordert? »Es handelt sich vielmehr darum, das Kind in diesem ersten Jahr so weit zu bringen, dass es gegenüber dem Gedruckten nicht gewissermaßen wie vor etwas ihm ganz Unbekannten steht und dass es die Möglichkeit aus sich herausbringt, irgendetwas in einfacher Weise niederzuschreiben.«[151]

Nachbemerkung: Inzwischen hat Jacob das zweite Schuljahr erfolgreich beendet. Hier Auszüge aus seinem Zeugnis: »Schriftliche Aufgaben konnte Jacob überwiegend selbstständig und richtig und bei einer konzentrierten Arbeitshaltung auch in der vorgegebenen Zeit anfertigen. Ohne größere Mühe konnte er sich auf neue Lerninhalte einlassen und diese anwenden.
Jacobs Lesefähigkeit reifte weiter aus. Er war in der Lage, geübte und fremde Texte sinnentsprechend zu lesen und meist inhaltlich wiederzugeben. Seine Rechtschreibung war beständig, und ihm unterliefen beim Schreiben von Diktaten kaum Fehler. Er konnte Bildergeschichten erzählen, hatte aber noch Mühe, sie aufzuschreiben. Die schriftliche Darstellung eigener Texte beschränkte sich oft noch auf sehr kurze Geschichten.«

Vom Umgang mit Märchen und Geschichten

Rudolf Steiner legt großen Wert darauf, dass mit den Kindern von Anfang an auch Märchen, Legenden, Geschichten usw. behandelt werden, allerdings nicht im Zusammenhang mit der Einführung der Schrift.
Überhaupt fällt bei näherer Betrachtung seiner didaktischen Anweisungen auf, wie differenziert er den Einsatz musisch-künstlerischer Elemente im Unterricht empfiehlt. Gerade er, der den elementaren Stellenwert des Musisch-Künstlerischen (= R-Modus) für die Entwicklung des Kindes erkannt hat und dessen Wichtigkeit immer wieder betont, warnt vehement davor, hier die verschiedenen Unterrichtsziele willkürlich zu vermengen.
Alles Künstlerische, also Malen, Werken, Musizieren und eben auch Märchenerzählen, hat seinen eigenen erzieherischen Auftrag

und soll nicht als Mittel zum Zweck eingesetzt werden, darf nicht einfach »Stimmung« machen, aus der letzlich ganz etwas anderes herauskommen soll.
Wenn Steiner z.B. zur Hinführung zum Buchstaben M einen Mund mit roter Farbe malen lässt[152] und immer wieder auf die malende und zeichnende Art verweist, mit der die Kinder das entsprechende Bild zu dem Buchstaben und die Buchstabenform selbst ausführen sollten, so bleibt er konsequent in der realen Erfahrungswelt der Kinder und erzeugt einen direkten Zusammenhang zwischen Inhalt und künstlerischem Ausdruck.
Auf die Idee, das Rotkäppchen mit dem berühmten Satz: »Großmutter, was hast für einen großen Mund!« zu bemühen, wäre er in diesem Zusammenhang gewiss nicht gekommen. Weil es keinen Zusammenhang zwischen dem Wesen des Märchens und dem Unterrichtsziel des Schreibenlernens gibt.

In den »Konferenzen« wird er ungewohnt deutlich:

»Dieses, was Sie jetzt auseinandersetzen, das ist ein Unfug. Denn nicht wahr, wir dürfen nicht die Sitte einführen, welche sowohl den Unterricht nach einer Seite durch eine künstlich erzeugte Stimmung beeinträchtigt; auf der anderen Seite dürfen wir nicht eine Kunst zu einem solchen Mittel verwenden. Der Kunst muss schon gewahrt bleiben, dass sie Selbstzweck ist, dass sie nicht dazu dient, Stimmung vorzubereiten. Es erscheint mir eine bedenkliche Annäherung an spiritistische Sitzungen. Ich glaube nicht, dass das weiter verfolgt werden darf. …
Es gibt keinen Zusammenhang zwischen den Punischen Kriegen und einer musikalischen Sache. Was gibt es für einen Zusammenhang? Worauf soll das hinaus? Auch Eurythmie nicht! Sicherlich, Sie können nicht eine Eurythmieaufführung machen, um eine Stimmung zu machen für eine Schattenkonstruktion.
Wollen Sie Eurythmieaufführungen machen, um nachher Frachtbriefe zu schreiben? Das wäre eine Ausweitung nach der anderen Seite. Wir haben die Aufgabe, den Unterricht so musisch zu gestalten, innerlich so musisch wie möglich, nicht durch rein äußerliche Mittel. Das ist schädlich für den Inhalt dessen, was vorgebracht wird, wie für die Kunst selber.
Man kann nicht ein Märchen erzählen, um hinterher Farbenlehre zu behandeln. Es würde der Unterricht auf eine ganz falsche Bahn gebracht werden. Der Unterricht muss in sich so gestaltet sein, dass er Stimmung erzeugt.

Wenn man nötig hat, durch irgendeine dekorative Sache die Stimmung erst zu erzeugen – wobei die Kunst leidet –, so würde man aussprechen, dass man durch den Inhalt des Unterrichts nicht diese Stimmung hervorbringen wollte oder könnte.
Mir war es bedenklich, wenn man manchmal anthroposophischen Erläuterungen irgendein Musikstück vorausgeschickt hat, was ja noch immerhin etwas anderes ist, weil es erwachsene Leute sind. Im Schulunterricht geht es nicht. Da werden wir es abschaffen können.«[153]

Wenn Rudolf Steiner dennoch den Einsatz von Märchen und Geschichten im Unterricht empfiehlt, dann auf jeden Fall mit einem eigenen Lernziel:

»Da kommt ja zunächst für uns in Betracht, dass wir, wenn wir die Kinder ins erste Schuljahr hereinbekommen, geeignete Stoffe finden zum Vorerzählen und Nacherzählenlassen.
An diesem Vorerzählen von Märchen, von Sagen, aber auch von äußerlichrealistischen Wirklichkeiten, und in dem Nacherzählenlassen bilden wir heran das eigentliche Sprechen. Wir bilden heran den Übergang von der Mundart zur gebildeten Umgangssprache. Indem wir darauf sehen, dass das Kind richtig spricht, werden wir den Grund legen für richtiges Schreiben.«[154]

Die Zielsetzung des Märchenerzählens ist also zunächst das richtige Sprechen der Kinder, das Steiner für die unverzichtbare Grundlage des richtigen Schreibens hält. Geordnete Gedanken, differenzierte Wortwahl, korrekte Aussprache, klarer Satzbau, guter Stil, richtige Grammatik – all dies wächst aus aufmerksamem Zuhören, reift dabei zu klaren Gedankenbildern und erblüht beim Nacherzählen in richtigem Sprechen, um dann endlich Früchte zu tragen in richtigem, dann auch orthographisch richtigem Schreiben.
Bedenken wir bloß, wie er sich in seiner Biographie darüber beklagt, dass er sich so abmühen musste, Wörter, die er bisher nur umgangssprachlich (im Dialekt) gehört hatte, jetzt plötzlich »richtig« zu Papier zu bringen.
Zum richtigen Sprechen durch Zuhören und zum richtigen Schreiben durch Nacherzählen: das können und sollen Märchen und Geschichten leisten. Ein hochwichtiges Einsatzfeld! Eine Methode zur Einführung der Buchstaben stellen sie aber nicht dar, auch wenn Steiner fortfährt:

»Wir werden parallel gehen lassen diesem Vor- und Nacherzählen die Einführung des Kindes in eine gewisse bildnerische Formensprache«,

und anschließend den Weg zur Schrift erwähnt.
Aber er sagt eben nicht: »Damit führen wir die Kinder in eine ›gewisse bildnerische Formensprache‹ ein und auf diese Weise weiter zu den Buchstaben«, sondern er empfiehlt lediglich, dies parallel dazu gehen zu lassen – und Parallelen, wenn ich sie denn wörtlich-bildhaft betrachte, schneiden sich erst im Unendlichen. Eine direkte Verknüpfung beider Lernbereiche kann zu diesem Zeitpunkt nicht gemeint sein.
Dies ist von mir nun ganz bestimmt kein Plädoyer gegen das Erzählen und Nacherzählen von Geschichten in der Schule. Im Gegenteil.
Gerade die gegenwärtige Entwicklung: die ganz allgemein zu beobachtende Tendenz zur Verarmung und Austrocknung der Sprechsprache (was Wortschatz und Ausdruck, aber auch Syntax und Grammatik betrifft) erfordert eine ausgeprägte Gewandheit in der mündlichen Ausdrucksweise, die durch gebanntes Zuhören und ausführliches Nacherzählen wirksam gefördert werden kann. Und ganz gleich, wie man persönlich zu den Errungenschaften der Technik und den modernen Medien der Gegenwart und Zukunft steht: Das Zeitalter des Sprachcomputers erfordert nun mal keine perfekten Orthographiekenntnisse mehr, wohl aber zunehmend die Fähigkeit, »druckreif« zu sprechen.[155]
Für das zweite Schuljahr erst sieht Rudolf Steiner in seinen Lehrplanüberlegungen vor, die Kinder den Weg vom mündlichen zum schriftlichen Nacherzählen gehen zu lassen, zum kreativen Schreiben – also zum Gebrauch der Schriftsprache, nicht zu deren Erwerb.
Ein weiterer wesentlicher Grund für das stete Einüben von Nacherzählungen liegt für Rudolf Steiner aber neben dem richtigen, bewussten Sprechen auch in dem richtigen, bewussten Erleben der Realität. Er sagt:

»Die Erzählung über Geschehenes, Erlebtes, soll man ja viel mehr als den so genannten freien Aufsatz in der Volksschule pflegen.«[156]

Er begründet dies mit einem Versuch aus der Kriminalpsychologie: Einem Auditorium von Studenten war eine fingierte Streitszene vorgespielt worden, die Rauferei eines Professors mit einem Studenten.

Anschließend hatten die beteiligten »Zeugen« die Szene wiedergeben sollen. Von 30 Personen waren nur 4 bis 5 in der Lage, den Vorgang einigermaßen realitätsnah zu beschreiben.

»Die meisten schreiben ganz tolle Sachen auf, wenn ein solcher Vorgang sie überrascht.«[157]

Warum aber ist das so? Warum erinnern sich die Menschen in solchen Situationen nicht oder nur bruchstückhaft an die tatsächliche Realität? Ihre Wahrnehmung hat sich verändert: Sie sind desorientiert.
Dazu ein Absatz aus dem Buch »Legasthenie als Talentsignal« von Ronald-Davis:

»Der Psychologe Dr. Stephen Kosslyn von der Harvard-Universität geht davon aus, dass das Sehzentrum des Gehirns einen ›Sehpuffer‹ enthält, der Bilder empfängt und zu den oberen Begriffszentren des Gehirns schickt, wo sie verarbeitet werden.
Das Umgekehrte geschieht, wenn Gedanken und gespeicherte Bilder zum Sehpuffer zurückgesandt werden, wo sie als Bilder wahrgenommen werden, die das so genannte ›geistige Auge‹ erkennt. Die äußeren und die inneren Bilder können seiner Meinung nach verbunden und verwechselt werden.
Ein Beispiel ist die Tatsache, dass Augenzeugen von Unfällen oder Verbrechen oft schildern, was sie zu sehen erwarteten, und nicht, was wirklich vorging.« (S. 92)

Um sich im täglichen Leben zurecht zu finden, oder wie Steiner es in dem Zusammenhang ausdrückt: »in richtiger Weise an der Menschenkultur teilnehmen zu können«, ist es notwendig, orientiert zu sein. Das wiederholte Nacherzählen übt deshalb nicht nur die Anwendung der Sprache, sondern ist auch ein ideales Orientierungstraining. Außerdem bietet es rechtshemisphärisch starken Kindern ein Konzept für lineare Abfolgen (= L-Modus). Zwar haben sie den gesamten Überblick, aber die Nacherzählung zwingt sie, alles in eine Reihenfolge zu bringen.
Wenn man an nicht-realen Geschichten das Nacherzählen heranbilden will, eignen sich speziell Märchen besonders gut, da sie sich als Literaturgattung gerade durch die mündliche Überlieferung defininieren. Einer hat sie dem anderen aus der Erinnerung weiter erzählt, von Generation zu Generation. In Schriftform erstarrt sind

sie streng genommen gar keine Märchen mehr. Ihrem Ursprung nach erforderten sie keine Schreib- und Lesefähigkeiten, aber ein gutes Gedächtnis.
Die Menschen früher »wussten« auch ohne nähere Erkenntnisse über gehirn-gerechtes Lernen, wie man sich etwas gut merken kann. Durch die ausgeprägte Bildhaftigkeit der Märchensprache (= R-Modus) und den linearen Aufbau der Handlung (= L-Modus) mit immer wiederkehrenden Erzählmustern in einer bestimmten Reihenfolge (Der älteste Sohn zieht in die weite Welt, dann der mittlere Sohn, dann der jüngste Sohn …) sind Märchen quasi »per se« gehirn-gerecht.
Sie lassen sich gehirn-gerecht aufnehmen, abspeichern und wiedergeben, solange man ihnen gestattet, Märchen zu bleiben, die die Phantasieebene (= R-Modus) der Kinder aktivieren und sie beim Zuhören in die für Kinder durchaus »reale« Welt der Einhörner eintauchen lassen, und sie nicht zu Werkzeugen eines Lernens umfunktioniert, das gerade nicht das Eintauchen, sondern das Auftauchen aus dem R-Modus und die Aktivierung des L-Modus verlangt. Zum Buchstabenlernen muss sich das Kind in die Realität begeben, man muss es in seiner Realität, nicht in seiner Fantasie abholen, um damit den abstrakten Buchstaben zu verbinden.
Rudolf Steiner jedenfalls hat den Realitätsbezug bei der Hinführung zur Schriftsprache in äußerster Konsequenz gefordert; im Märchen- und Geschichtenhören sieht er hingegen eher ein »Hinweg-Heben« aus der Realität (und das nicht nur für Kinder!), sozusagen »dieselbe Tätigkeit, die der Mensch im Schlaf entwickelt«, und sagt an anderer Stelle:

»Daher kann das Märchen für jedes Lebensalter ein wunderbares geistiges Nahrungsmittel sein. Wenn wir die geeigneten Märchen dem Kinde erzählen, regen wir die kindliche Seele so an, dass sie nicht allein in der Weise der Wirklichkeit zugeführt wird, dass sie immer nur in der Stimmung verharrt bei irgendeinem Begriff, der mit der äußeren Realität stimmt.
Denn ein solches Verhältnis zur Wirklichkeit vertrocknet und verödet die Seele, dagegen wird die Seele lebendig und frisch gehalten, so dass sie die Gesamtorganisation des Menschen durchdringt, wenn sie das, was real im höheren Sinne ist, in den gesetzmäßigen Gestalten der Märchenbilder fühlt, die aber doch die Seele ganz über die äußere Welt hinwegheben.«[158]

Nicht nur ihrer formalen Eigenschaften wegen führen Märchen dazu, dass sich Kinder aus der äußeren Welt hinwegheben; auch die rein inhaltlichen Erzählabläufe stellen oft einen Weg vom L- zum R-Modus dar. Steiner beschreibt das exemplarisch an dem Märchen von einem jungen Burschen und einer Katze, einer Geschichte, die dem Märchentyp vom »Gestiefelten Kater« entspricht. Er sieht darin folgende Symbolik:

»Ja, wir sind im Grunde genommen in unserer Gegenwart, im Verhältnis zu den anderen Zeiten, wirklich der arme Bursche und haben nichts als eine kluge Katze.
Aber die kluge Katze haben wir zweifellos. Denn die kluge Katze ist gerade unser Verstand, unser Intellekt ... und nur unseren Verstand haben wir, der sich ein wenig hermachen kann, um einen gewissen imaginären Besitz uns zuzusprechen. ...
Aber wir sind nicht bloß der arme Bursche. Wir sind es für unser Bewusstsein. Unser Ich aber wurzelt in verborgenen Tiefen des Seelenlebens. Diese verborgenen Tiefen des Seelenlebens hängen zusammen mit unzähligen Welten und unzähligen kosmischen Geschehnissen. Die alle spielen herein in das Menschenleben.
Nur ist der Mensch der Gegenwart ein armer Bursche geworden und weiß von dem allem nichts mehr, kann sich höchstens durch eine kluge Katze, durch die Philosophie, allerlei erklären lassen über den Sinn und die Bedeutung dessen, was er mit den Augen sieht oder mit den sonstigen Sinnen wahrnimmt.
Und wenn dann der Mensch in der Gegenwart doch von irgend etwas sprechen will, was über die Sinneswelt hinausgeht, wenn er sich irgend etwas verschaffen will, was über die Sinneswelt hinausgeht, dann tut er es – und er tut es schon seit vielen Jahrhunderten – in der Kunst und in der Dichtung.«[159]

Tatsächlich kann man sich bei der Betrachtung von Märchen in die Tiefen von »unzähligen Welten« begeben. Gerade Märchen haben ja das seltsame Phänomen, dass vergleichbare Handlungsstränge unabhängig voneinander überall auf der Welt auftauchen.
Diese Erkenntnis führte in den 50er- und 60er-Jahren dazu, dass man begann, Märchen nach Motiven und Typen zu kategorisieren. Seitdem sind die einzelnen Märchen mit sogenannten »AT-Nummern« versehen.[160]

Es gibt also Motive, die unabhängig von Zeit und Kulturkreis auftauchen und die gleiche Symbolik enthalten. Ein solches Motiv ist mir bei der Behandlung des gegenwärtigen Themas mehrmals vorgekommen, ein auch irgendwie »märchenhaftes« Motiv, das ich nur als staunend erlebte Beobachtung erwähnen möchte – ohne hieraus Rückschlüsse oder Zusammenhänge ableiten zu wollen:
Um den Erkenntnisprozess durch Desorientierung zu verdeutlichen, erzählt Ronald Davis das Beispiel vom »Wollknäuel«, das sich als Kätzchen entpuppt.[161] Und als Beispiel für die völlig abstrakte Welt der Buchstaben wählt er (im Originaltext) das dreibuchstabige Wort »Cat« (in der deutschen Ausgabe wird die Desorientiertungsfunktion an dem dreibuchstabigen Wort »Rot« demonstriert).

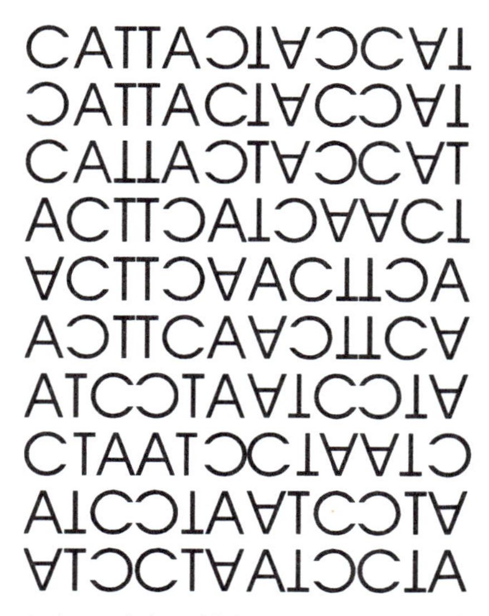

© The Berkely Publishing Group, New York

Auch Hermann Ehmann benutzt zur Verdeutlichung seiner Visualisationstechnik das Bild einer Katze, und Rudolf Steiner sieht gerade in der klugen Katze das Symbol für Verstand und Intellekt, der uns hilft, die geistige Welt zu verstehen. Zufall? Vielleicht erforscht jemand mal das »Motiv Katze« in Bezug auf seinen weltübergreifenden Symbolgehalt genauer. Immerhin war die Katze schon bei den Ägyptern ein heiliges Tier.

Zum Abschluss meiner Gedanken zum Thema »Märchen« möchte ich das eben begonnene Zitat von Rudolf Steiner vervollständigen, das mir wie eine gute Zusammenfassung erscheint. Bedenken Sie dabei bitte, dass seine »Gegenwart« das Jahr 1911 war:

»Aber gerade unsere Zeit – diese in vieler Beziehung so merkwürdige Übergangszeit – zeigt uns so recht, wie der Mensch doch sich nicht viel hinausfühlt über die Stimmung des armen Burschen, auch wenn er Dichtung und Kunst in die gegenwärtige Welt der Sinne hereinstellen kann, wie sie ihm gegeben ist.
Denn in unserer Zeit streben die Menschen aus einem gewissen Unglauben an die höhere Kunst und an die höhere Dichtung hin zum Naturalismus, zu einer rein äußerlich gehaltenen Wiedergabe der äußeren Wirklichkeit. –
Und wer möchte leugnen, dass unsere Zeit etwas von jener Stimmung hat, die, wenn im Glanze der Kunst und der Dichtung die Wirklichkeit dargestellt wird, doch immer wieder seufzt: Ach, das alles sind doch Scheingebilde, das alles ist doch keine Wahrheit.
Wieviel hat nicht unsere Zeit von einer solchen Stimmung? So dass in der Tat der König im Menschen, der urständet aus der geistigen, aus der spirituellen Welt heraus, gar sehr der Überredung bedarf durch die kluge Katze, durch den Verstand, der dem heutigen Menschen gegeben ist, um einzusehen, wie dasjenige, was der Fantasie erwächst und erwacht in der Kunst, doch in einer gewissen Weise wahrer Menschenbesitz ist.
Überredet wird der Mensch, der König im Menschen, zunächst. Aber das taugt doch eigentlich nicht viel, taugt nur für eine gewisse Weile. Es kommt dann an den Menschen in einer Zeit – wir leben jetzt gerade am Ausgangspunkte dieser Zeit – die Notwendigkeit heran, wieder den Zugang zu finden zu der höheren, geistigen, zu der eigentlichen spirituellen Welt.
Es kommt an den Menschen heran, und überall ist heute zu fühlen, wie an den Menschen dieser Drang herankommt, wieder aufzusteigen in die Sphären der geistigen Welt. Da muss ein gewisser Übergang eintreten. Und es ist kaum durch irgend etwas anderes dieser Übergang in leichterer Weise zu machen als durch eine sinngemäße Wiederbelebung der Märchenstimmung.«[162]

Erwerb und Gebrauch der Schriftsprache in der ersten Klasse baut Rudolf Steiner auf zwei Säulen auf:
Einerseits entwickelt er aus dem malenden Zeichnen das Schreiben, aus den Bildern die Buchstaben, so dass bei den Kindern ein Bewusstsein über deren jeweilige Form entsteht. Damit einhergehend macht er über Betrachtungen von Sätzen und Wörtern den Sinn von Satz, Wort, Buchstabe zum Lautwert deutlich und für die Kindern in eigener Handtätigkeit, im Nachmalen, Nachformen und Nachschreiben, erlebbar. So schärft sich gleichzeitig das Bewusstsein über die benötigte Feinmotorik, das er mit den Übungen von geraden und krummen Linien schon ganz am Anfang begonnen hatte zu erzeugen.
Diese Vorgehensweise spiegelt die Entstehung der Schriftsprache in der Menschheitsentwicklung wider: von den anfänglichen Bildsymbolen der Ägypter zu den Lautsymbolen unseres lateinischen Alphabets. Selbst die Drehung von Buchstabenformen lässt Rudolf Steiner am Beispiel der Daches nachvollziehen – für mich abermals eine Parallele zur Seitigkeitsentwicklung in unserer Kultur.

D

Früh-Nord-Semitisch	Phönizisch	Früh-hebräisch	Früh-griechisch	klassisch Griechisch	früh etruskisch	früh lateinisch	klassisch lateinisch
◁	◁	ᑯ	Δ	Δ	ᑯ	O	D

kursive Majuskel (römisch)	kursive Minuskel (römisch)	anglo-irische Majuskel	karolingische Minuskel	venezianische Minuskel (italienisch)	norditalienische Minuskel (römisch)
d	d	∂	d	d	d

Andererseits fördert er den Gebrauch der Sprache – auch ohne das Medium der Schrift – durch Nacherzählungen und Übungen zur korrekten Aussprache, wozu auch spezielle Sprechübungen dienen sollen.[163]
Der Übergang von der Oralität zur Literalität beschreibt den Weg vom mündlichen Dichten und Berichten (also Märchen, Legenden und Fabeln sowie Erzählungen tatsächlicher Ereignisse) bis zum einfachen Registrieren von Fakten. Nach der so genannten Merkantil-Theorie wurden ja die ersten alphabetischen Schriftzeichen

wahrscheinlich zunächst zum Führen von Listen entwickelt und eingesetzt.[164] Später erst folgten dann weitere Einsätze der Buchstabenschrift als Kommunikations- und Dichtkunst-Medium.
Gegen Ende der ersten Klasse baut Rudolf Steiner auf diesen beiden Säulen langsam den Einsatz der Schriftsprache auf, um die Kinder so vom Schreiben ans Lesen heranzuführen. Sein Ziel ist,

»... dass das Kind immerhin in einfacher Weise das oder jenes aufs Papier zu bringen vermag, was man ihm vorspricht, oder was es sich selbst vornimmt, aufs Papier zu bringen. Man bleibt beim Einfachen, und man wird es dahin bringen, dass das Kind auch Einfaches lesen kann. Man braucht ja durchaus nicht darauf bedacht zu sein, dass das Kind in diesem ersten Jahr irgend etwas Abgeschlossenes erreicht. Das wäre sogar ganz falsch.
Es handelt sich vielmehr darum, das Kind in diesem ersten Jahr so weit zu bringen, dass es gegenüber dem Gedruckten nicht gewissermaßen wie vor etwas ihm ganz Unbekannten steht, und dass es die Möglichkeit aus sich herausbringt, irgend etwas in einfacher Weise niederzuschreiben. – Das wäre, wenn ich so sagen darf, das Ideal für den Unterricht im Sprachlichen und im Schreiben.«[165]

Auch hier erkenne ich wieder die Parallele zur Entwicklung unserer Alphabetschrift: Der eigene sinnhafte Schriftgebrauch beginnt beim einfachen Aufschreiben von irgendetwas.
Wenn man es aber nun mit legasthenischen Kindern zu tun hat, klingt selbst eine so weit reduzierte Mindestanforderung wie die reinste Utopie – wenn man erleben und mitansehen muss, wie diese Kinder noch weit jenseits der ersten Klasse vor dem verschlossenen Geheimnis der Buchstaben sitzen, wie sie tatsächlich noch Jahre lang gegenüber dem Gedruckten gewissermaßen wie vor etwas ihnen ganz Unbekanntem stehen.
Andererseits weiß ich aber mit ziemlicher Sicherheit, dass das Ziel erreichbar ist, wenn man den Kindern in den vorher beschriebenen Schritten die Welt der Buchstaben entsprechend der Kulturentwicklung und zudem »gehirn-gerecht« auftut.

Neben meinen Erfahrungen, die ich mittlerweile mit Jacob (siehe Seite 130 ff.) und anderen gemacht habe, möchte ich an dieser Stelle auf Erfahrungen verweisen, die von zusätzlichem Nutzen sein können, wenn es darum geht, sich mit der Welt der Schriftsprache zunächst in einfacher Weise auseinanderzusetzen und dabei die Bildhaftigkeit des Denkens nicht zu verlieren, sondern sogar weiter auszubauen:

Im »Dyslexia Reader Summer 96« wird von einer Mrs. Steel berichtet, die eine 1. Klasse als Pilotklasse in der Davis-Symbolbeherrschungsmethode unterrichtet. Nach der Erarbeitung des Alphabets gibt es an zwei Tagen pro Woche »Knet-Tage«.
Die Kinder behandeln dann die so genannten Auslösewörter. Sie lernen, dass es ihnen hilft, die Bedeutung von Wörtern zu verstehen und sich an sie zu erinnern.
Sie formulieren und schreiben dazu auch einfache Sätze in ihre Hefte:

Lori: »My favorite word is ›the‹ – my word is: the bird is in the cage.« (Mein Lieblingswort ist »der« – mein Wort ist: Der Vogel ist im Käfig.)

Chloe: »I like the word ›and‹. Mrs. Steel puts up a word. We make a sentence. I made Mom and Dad.« (Ich mag das Wort »und«. Mrs. Steel baut ein Wort auf. Wir bilden einen Satz. Ich habe »Mama und Papa« gemacht.)

Kaylee: »My favorite word is ›a‹. I did a puppy can run.« (Mein Lieblingswort ist »ein«. Ich habe »Ein junger Hund kann rennen« geknetet.)

So einfach die Formulierungen der Kinder auch sind, so viel drücken sie doch über die Welt der Kinder, die Bedeutung der Begriffe und die Bildhaftigkeit der Sprache aus. Außerdem sind die meisten ihrer Texte mit Bildern illustriert. Bemerkenswert ist auch die besondere Motivation, die diese Lernmethode auslöst – die Arbeit mit allen Sinnen und der plastisch-künstlerische Aspekt.

Sonya: »Clay makes me feel creative. It keeps my hands cool. Clay keeps your hands busy. When I do clay it makes me feel good.« (Knete lässt mich mich kreativ fühlen. Sie hält meine Hände kühl. Knete hält die Hände beschäftigt. Wenn ich knete, fühle ich mich gut.)

Megan: »Clay makes me feel like an artist.« (Knete macht, dass ich mich wie ein Künstler fühle.)

Leila: »When I grow up I want to be a clay teacher.« (Wenn ich erwachsen bin, möchte ich Knet-Lehrerin werden.)

All diese Sätze hatten die Kinder selbstständig aufgeschrieben. Nicht alles war orthographisch richtig, aber die bearbeiteten Auslösewörer waren durchweg korrekt geschrieben. Am Ende der ersten Klasse zeigten die Schüler in einem Lesetext (Worterkennungstext mit ca. 50 Wörtern) signifikant hohe Werte. Der Klassendurchschnitt lag in den beiden Symbolbeherrschungsklassen bei 98,5 und 98,9 %.
Dies ist umso auffälliger unter dem Gesichtspunkt, dass nach offizieller Dokumentation (durch das National Institut of Child Health and Human Development) in den Vereinigten Staaten eins von fünf Grundschulkindern unter Leseschwierigkeiten leidet. Außerdem muss man berücksichtigen, dass die englische Schriftsprache wesentlich stärker vom Lautklang abweicht als die deutsche.

Meine Erfahrungen mit legasthenischen Kindern zeigen, dass der Weg von der Symbolbeherrschung zum eigenen Textteil und dann weiter zum Lesen des Geschriebenen für die oft schon frustrierten Legastheniker ein neu motivierender Weg sein kann, insbesondere für die jüngeren Kinder. Ältere, vielfach übertherapierte Kinder, die im Netz ihrer »alten Lösungen«[166] verfangen sind, haben es erheblich schwerer.
Den jüngeren entspricht die künstlerische Art und Weise, sich in »clay«, in Knete, auszudrücken, und sie schreiben gerne im Anschluss an das Knetmodell etwas »in einfacher Weise« nieder, denn auch dies entspricht ihrer kreativen Art. Sie stehen nicht mehr vor etwas »ganz Unbekanntem«.
So sind bei mir schon viele kleine »Geschichten« entstanden, die immer wieder von ihren stolzen Autorinnen und Autoren voller Begeisterung vorgelesen werden – z.B. über das Wörtchen »dort«:

Peter ruft: »Mami, dort ist ein Hund!« Marianne sagt: »Nein, Peter, das ist ein Schaf.« »Weil das Gras frisst?« Marianne lacht.
(siehe Abbildung nächste Seite)

Oder über das Wörtchen »von«:

»Hallo, Franzi!« »Hallo, Lola!« »Oh, woher hast du denn die schöne Muschel?« »Die habe ich von Opa.« »Und woher hat dein Opa die Muschel?« »Die hat er, als er ein Kind war, an der Ostsee gefunden.«

Ricarda, 9 Jahre

Am Inhalt dieser selbst ausgedachten Geschichten kann man auch wunderbar ablesen, wie wichtig den Kindern »geschlossene Vorstellungen« sind. Einen besonders tiefen Einblick in ihre spezielle Denkweise brachte z.B. die allererste Geschichte einer 13-jährigen Legasthenikerin, die sie im Anschluss an die Symbolbeherrschung des Wortes »in« aufschrieb:

»Ich träume gut, ich träume viel. Ich träume manchmal fast den ganzen Tag. Tagträume nennt man das. Meine Träume beantworten mir oft Fragen. Gerade heute in der Schule wusste ich nicht, ob »IN der Truhe« mit h oder ohne h geschrieben wurde.
So träumte ich mir eine Geschichte zusammen über das Wort IN und wusste am Ende, wie IN geschrieben wird. Währenddessen waren alle außer mir fertig, aber dafür habe ich IN richtig geschrieben, ohne nachzufragen. Aber was ich geträumt habe, das bleibt mein Geheimnis und erfährt keiner.«

Immer wieder erlebe ich, wie legasthenische Kinder und Jugendliche, bei denen man ja oft ausgeprägte »Lern- und Entwicklungsstörungen« diagnostiziert, plötzlich Fähigkeiten entwickeln, die man ihnen – gerade im sprachlichen Bereich – nicht zugetraut hätte. Die Schwierigkeiten im Umgang mit der Schriftsprache lassen sich allzu häufig eben nicht auf Defizite im Sprachverständnis oder im Sprachgebrauch zurückführen.
Eher das Gegenteil erfuhr ich z.B., nachdem ein 13-Jähriger, der es für gewöhnlich schwer hat sich auszudrücken und oft um Worte ringt, mich gebeten hatte, ob er anstelle eines Textes zu dem behandelten Auslösewort auch ein Gedicht machen dürfe.

Daraus sind inzwischen viele Gedichte geworden; hier ein Beispiel:

Immer

Immer, immer muss ich's tun,
zu Hause kann ich nicht mal ruhn.
Jeden Morgen genau um 8
kommt der Lehrer ganz bedacht
Der Lehrer sagt: »Gebt fein Acht,
dass ihr keine Streiche macht!

Ich bring euch jetzt was Feines bei,ü
ob es Lesen, Rechnen, Schreiben sei.«
Dann ackern wir die ganze Zeit,
bis der Füller ist ganz breit.
Und wenn ich dann zu Hause bin,
gibt es für mich keinen Sinn:
Dort auch noch was zu machen,
so viel üble Sachen.
Die Hausaufgaben sind dran Schuld,
dass ich verliere die Geduld.
Und werf sie in die Ecke!
Immer, immer muss ich's tun,
zu Hause kann ich nicht mal ruhn.

Durch die kreativen Schreibbeiträge der Kinder angeregt, habe ich in jüngster Zeit verstärkt versucht, diese Fähigkeiten zu fördern. Dazu habe ich in dem Buch von Gabriele L. Rico »Garantiert Schreiben lernen – sprachliche Kreativität methodisch entwickeln – ein Intensivkurs« wertvolle Anregungen gefunden. Jugendliche Legastheniker, die eigentlich kaum noch zum Schreiben zu motivieren waren, entdeckten so ein bei sich selbst nie für möglich gehaltenes Schreibtalent.
Mich verwunderten diese Entdeckungen zunächst eher weniger, da es bei dem erwähnten Intensivkurs zum kreativen Schreiben darum geht, bildhafte Vorstellungen zu aktivieren. Die dort angeregten Methoden basieren auf den Erkenntnissen der Gehirnforschung über unsere rechtshemisphärischen kreativen Fähigkeiten und machen sich diese zu Nutze. Aber was diese neu entdeckten Schreibtalente in der Folge dann an Werken erzeugt haben, hat alle meine Erwartungen weit übertroffen. Weitere Beispiele habe ich im Anhang I: »Schreibproben von Legasthenikern – einmal anders« beigefügt. Hier nur noch ein Beitrag eines 17-Jährigen, der bis zu seinem 15. Lebensjahr quasi Analphabet gewesen war. Er schrieb im April 1999 seine Gedanken zum Kosovo-Krieg so nieder:

Krieg

So viele Menschen, die weinen
und doch wiederum schweigen.
Schweigen von Erlebtem
führt im Leben zum Krieg.
So viele Menschen, die leiden.

Die Methoden von Gabriele L. Rico zum kreativen Schreiben – besonders das dort erwähnte »Clustering-Verfahren« – hat ein Deutschlehrer in der 10. Klasse einer Waldorfschule in seiner Poetik-Epoche kürzlich eingesetzt. Hier sein kurzer Bericht:
... Eine schöne Erfahrung in der Poetik-Metrik-Epoche der 10. Klasse ist das Schreiben eigener Gedichte. Nicht selten fühlen sich die Schüler anfangs überrascht und gehemmt, sich spontan lyrisch auszudrücken.
Die Clustering-Methode hilft, diese Schwierigkeiten zu überwinden. Mit Interesse und Arbeitsfreude folgen die Schüler ihren Assoziationen, ihren Einfällen, und mit Begeisterung entwickeln sie ihre Gedichte. Dabei werden ihre Werke mit der fortschreitenden Erarbeitung lyrischer Mittel immer anspruchsvoller, nicht aber gekünstelt.
Zudem liefert die Clustering-Methode den Schülerinnen und Schülern einen motivierenden Zugang zur Deutung von Gedichten. Bei Nietzsches Gedicht »Ecce Homo« lassen sich recht leicht die Assoziationen der Cluster erkennen, mit denen der Mensch verglichen wird. ...

Neben dem eigenen, kreativen Schreiben, mit dem das Kind »etwas aus sich herausbringt«, steht natürlich das einfache Zu-Papier-Bringen von etwas, »was man ihm vorspricht«, also das Diktat.
Nun ist ein Diktat auf deutsch wohl tatsächlich einfacher zu schreiben als ein Diktat auf Englisch, weil wir in unserer Sprache über viele lautgetreu geschriebene Wörter verfügen, aber für einen Legastheniker, der ja nicht auf eine innere Sprache zurückgreifen kann, ist lautgetreues Aufschreiben gleichwohl sehr schwierig. Ist er jedoch orientiert und weiß über die Wesenheit der Schriftsprache, der Buchstaben und ihrer Laute Bescheid, so kann auch ein Legastheniker aufschreiben, was man ihm vorspricht – besonders, wenn er zudem gelernt hat, Wörter als Ganzheit visuell zu erinnern (Ganzwortmethode).

Man sollte hier nur darauf achten, dass nicht zu lange Textabschnitte im Stück diktiert werden, denn es ist wichtig, dass er die Wörter so zeitnah wie möglich beim Schreiben hört. Auch beim Schreiben eigener Texte sprechen Legastheniker meistens leise flüsternd mit. Sicherlich ginge das Schreiben leichter, wenn unsere Schriftsprache sich durchgehend lautgetreu schriebe, aber eine solche »Rechtschreibreform« wäre wohl zu radikal gewesen. Uns bleibt da leider nichts, als es Rudolf Steiner gleichzutun und immer wieder auf die Konvention zu verweisen, Wörter in dieser oder jener Weise zu schreiben: »So pflegen die Großen zu schreiben.«[167]
Aber so verwirrend es für Analog-Denker im Prinzip auch ist, z.B. den Laut a in Tal, Mahl und Saal jeweils anders zu schreiben, so sehr helfen ihnen gerade die Visualisierungstechnik und die Symbolbeherrschungsmethode, sich die einzelnen Wortbilder als unabhängig voneinander bestehende Einheiten einzuprägen.

Hier einige Tipps zur Rechtschreibung und zur Diktatübung für rechtshemisphärische Kinder:

Visualisationsübungen zur Rechtschreibung
(auch geeignet zum Vokabellernen):

- Ein schwieriges Wort wird an die Tafel geschrieben. Die Schüler sollen es sich anschauen und vorstellen.
- Die Tafel wird zugeklappt.
- Verschiedene Fragen zum Aussehen des Wortes werden gestellt, z.B. »Wie viele Buchstaben ragen in die untere Linie, wie viele in die obere Linie? Wie viele Vokale enthält das Wort? Wie viele ›n‹s? Wie viele Bögen?« usw.
- Das Wort wird vorwärts und rückwärts buchstabiert (ACHTUNG: nicht lautiert!).

Weitere Tipps finden sich in: Jeffrey Freed / Laurie Parsons: »Zappelphilipp und Störenfrieda lernen anders«, Beltz Verlag, Weinheim 2001.

Vokabellernen mit Karteikarten:

Auf die eine Seite der Karteikarte wird das deutsche Wort geschrieben, auf die andere Seite das Wort in der Fremdsprache. Zu diesem skizziert der Schüler ein kleines Bild, mit dem er selbst die Bedeutung des Wortes verbindet.

Wichtig: Die Skizze sollte die eigene Idee darstellen!

Diktatübungen

Material: kurzer ansprechender Text, Papier, Bleistift/Radiergummi oder Füller/Tintenkiller

1. **Selbstdiktat** (bei sehr rechtschreibschwachen Schülern; aber auch geeignet für eine Klasse im Fremdsprachenunterricht)

A) Der Text wird gelesen oder vorgelesen.
B) Gegebenenfalls Unklarheiten im Verständnis klären.
C) Das erste Wort ansehen. WICHTIG: Der Schüler muss das Wort lesen und verstehen können.
D) Hochschauen (nach links oder rechts oben), manche schauen auch schräg nach unten. Am besten probiert das jeder selbst aus.
E) Man stellt sich die Buchstaben des Wortes *dort* vor.
F) Bei Unsicherheit wieder mit der Vorlage vergleichen.
G) Das *vorgestellte* Wort wird aufgeschrieben.
H) Das Wort wird mit der Vorlage verglichen.
I) So verfährt man mit jedem Wort.

Der Text sollte am Anfang kurz sein (1–2 Sätze) und dann langsam auf 4 Sätze gesteigert werden. Auch können mit der Zeit mehrere Wörter »zwischen-vorgestellt« werden. Das Zwischenvorstellen ist wichtig, da sich die Buchstabenfolge so im Langzeitgedächtnis verankern lässt.

2. Smiley ☺-Diktate (Fremddiktate)

Verständnisphase:

A) Ein kurzer Text wird vorgelesen. Gegebenenfalls Verständnisfragen klären.

Diktatphase:

B) Der Text wird diktiert, möglichst Wort für Wort.

C) Der Schüler stellt sich jedes Wort vor und schreibt es dann auf. Zwischen den Schreibzeilen wird immer eine Zeile freigelassen.

Reflexionsphase:

D) Nach dem Diktat unterstreicht der Schüler mit einer Farbe (z.B. Grün) die Wörter, bei denen er *unsicher* ist, ob er sie richtig geschrieben hat.

Korrektur- und Lernphase:

E) Der Schüler bekommt den Text vorgelegt.

F) Er vergleicht sein Diktat mit der Vorlage und unterstreicht jetzt mit Gelb die falsch geschriebenen Wörter.

G) Sind grün unterstrichene (»unsichere«) Wörter richtig, malt der Schüler einen ☺ über das Wort.

H) Für die zu korrigierenden Wörter werden zwei Spalten unter den Text gemacht:
HIG (= hätte ich gewusst) und HING (= hätte ich nicht gewusst).

I) Der Schüler entscheidet – je nachdem, ob er die Rechtschreibung eines Wortes eigentlich gewusst hätte oder nicht –, in welche Spalte er die Wörter einordnet, und

J) schreibt sie in korrekter Rechtschreibung hinein.

K) Alle Wörter werden dann mit Hilfe des Zwischenvorstellens vorwärts und rückwärts buchstabiert und gegebenenfalls nochmals aufgeschrieben.

Die Reflexionsphase (»Wo bin ich unsicher?«) dient dazu, sich noch mal mit dem Geschriebenen auseinander zu setzen, und motiviert, die eigene Überprüfung durchzuführen. Diese Korrekturphase ist die wichtigste des Diktatschreibens, da hier etwas wirklich Neues gelernt wird.

Es ist schon außergewöhnlich, dass Rudolf Steiner die Kinder so frühzeitig anhält, etwas Diktiertes aufzuschreiben, denn üblicherweise lässt man Diktate doch eher zur Überprüfung der Rechtschreibleistung schreiben und nicht, um den Vorgang des Schreibens verständlich zu machen bzw. zu erlernen.
Soweit mir bekannt ist, wird an Waldorfschulen zwar viel diktiert, aber meistens erst Jahre später, wenn der Schreib- und Leselernprozess als weitgehend abgeschlossen angesehen wird. Und wenn das Diktieren hier – im Gegensatz zu den Staatsschulen – auch nicht unbedingt der Überprüfung der Rechtschreibleistung dient, so hat es doch eine deutlich andere Funktion als die von Rudolf Steiner initiierte.
Es löst einfach eine andere Form des Umgangs mit der Schriftsprache ab: das »Von-der-Tafel-Abschreiben«, das an vielen Waldorfschulen in den ersten Schuljahren einen breiten Raum einnimmt – lange bevor den Kindern Diktate »zugemutet« werden.
Auch viele legasthenische Kinder können – so sieht es jedenfalls aus – wunderbar abschreiben, sowohl in kalligraphischer wie in orthographischer Hinsicht. Dadurch bleiben ihre Probleme mit der Schriftsprache oft lange verborgen.
Aber was für eine Tätigkeit führen sie dabei eigentlich aus? Man hätte ihnen auch germanische Runen oder arabische Schriftzeichen an die Tafel schreiben können – sie hätte sie genau so wunderschön und »fehlerfrei« abgemalt. Eine innere Beteiligung bezüglich des Verständnisses dessen, was sie gerade abmalen, findet nicht statt.
Viele bringen es zwar zu einer erstaunlich braven Pflichterfüllung, aber den Weg vom Abschreiben zum Lesen und wiederum vom Lesen zum richtigen Schreiben gehen sie nicht mit, denn ein verständiges Abschreiben setzt ja gerade die Fähigkeit des Lesens voraus. Und je älter sie werden, desto mehr wird ihnen das sinnlose Abmalen langweilig. Außerdem können sie dem wachsenden Schreibtempo der anderen immer weniger folgen, und ihre eigentlich schöne Mal-Handschrift gerät zum unleserlichen Gekritzel.
Wer sich wie ich längere Zeit bewusst mit legasthenischen Waldorfschülern beschäftigt, erkennt das Problem bald. Ich habe mich also gefragt, warum nur (denn davon musste ich ja zunächst ausgehen) Rudolf Steiner das »Von-der-Tafel-Abschreiben« für eine methodisch so wichtige Sache gehalten haben mag, dass sie einen solchen Raum

im Schulalltag einnimmt. Auf meiner Spurensuche fand ich dann auch schließlich eine Erwähnung des Von-der-Tafel-Abschreibens (Steiner nennt es hier »Nachschreiben«).
Bevor ich jedoch darauf eingehe, möchte ich den Blick einmal auf die durchaus unterschiedlichen Tätigkeiten des Schreibens und des Abschreibens lenken.
Das DUDEN-Bedeutungswörterbuch (DER GROSSE DUDEN: BAND 10) definiert sie folgendermaßen:

	schreiben, schrieb, hat geschrieben:		**abschreiben, schrieb ab, hat abgeschrieben:**
1.	*Buchstaben, Zahlen, Noten in bestimmter Reihenfolge auf ein Papier o.ä. bringen:* schreiben lernen, schön, sauber schreiben; mit Tinte schreiben; etwas auf einen Zettel schreiben	1.	*a) (etwas, was bereits schriftlich vorliegt) noch einmal schreiben:* eine Stelle aus einem Buch abschreiben; *b) unerlaubt übernehmen:* er hat dies von ihm abgeschrieben
2.	*sich schriftlich an jmdn. wenden; (etwas) in schriftlicher Form senden, schicken:* seinem Vater/an seinen Vater (eine Karte, einen Gruß) schreiben	2.	*brieflich absagen:* sie wurde von ihm eingeladen, aber sie musste ihm abschreiben (schreiben, dass sie nicht kommt)
3.	*verfassen, niederschreiben; abfassen:* er schreibt einen Roman / an einem Roman; er schreibt schon zwei Stunden an dieser Beschwerde	3.	*abziehen:* 500 Mark für die Abnutzung der Maschine abschreiben
4.	*berichten, mitteilen:* die Zeitung schrieb ausführlich über das Unglück	4.	*für verloren halten, mit jmdm./etwas nicht mehr rechnen:* sie hatten ihn, das Geld schon abgeschrieben

5. *zum Thema einer (wissenschaftlichen) Abhandlung machen:*
er schreibt über den Marxismus, über die Kirche, über den Staat

6. *einen bestimmten Stil haben:*
er schreibt lebendig, interessant; in einer Sprache, die jeder versteht

7. *korrespondieren:*
wir schreiben uns regelmäßig

8. *schriftlich erklären für:*
der Arzt schrieb ihn gesund, krank

5. *durch Schreiben abnutzen:*
einen Bleistift abschreiben, der Bleistift schreibt sich schnell ab

Nun die Empfehlung Rudolf Steiners bezüglich des »Nachschreibens«:

»Wenn wir also eine Zeitlang in dieser Weise Einzelnes (gemeint sind die Buchstaben wie das F aus dem Bild des Fisches) herausgehoben haben aus dem ganzen Menschen, dann müssen wir dazu übergehen, dem Kinde begreiflich zu machen, dass nun die großen Menschen, wenn sie diese eigentümlichen Formen vor sich haben, darin einen Sinn entdecken, indem das weiter ausgebildet wird, was das Kind so an Einzelheiten gelernt hat; und dann gehen wir dazu über – ganz gleichgültig, ob das Kind das Einzelne versteht oder nicht versteht – Sätze aufzuschreiben.
In diesen Sätzen wird dann das Kind solche Formen bemerken, wie es sie hier als f am Fisch kennengelernt hat. Es wird dann andere Formen daneben bemerken, die wir aus Mangel an Zeit nicht herausholen können. Wir werden dann daran gehen, an die Tafel zu zeichnen, wie der einzelne Buchstabe im Druck aussieht, und wir werden eines Tages einen langen Satz an die Tafel schreiben und dem Kinde sagen: Dies haben nun die Großen vor sich, indem sie das alles ausgebildet haben, was wir besprochen haben als das f beim Fisch usw.
Dann werden wir das Kind Nachschreiben lehren. Wir werden darauf halten, dass das, was es sieht, ihm in die Hände übergeht, so dass es

nicht nur liest mit dem Auge, sondern mit den Händen nachformt, und dass es weiß, alles, was es auf der Tafel hat, kann es selbst auch so und so formen.
Also es wird nicht lesen lernen, ohne dass es mit der Hand nachformt, was es sieht, auch die Druckbuchstaben. So erreichen wir also das außerordentlich Wichtige, dass nie bloß mit dem Auge gelesen wird, sondern dass auf geheimnisvolle Weise die Augentätigkeit übergeht in die ganze Gliedertätigkeit des Menschen.
Die Kinder fühlen dann unbewusst bis in die Beine hinein dasjenige, was sie sonst nur mit dem Auge überschauen. Das Interesse des ganzen Menschen bei dieser Tätigkeit ist das, was von uns angestrebt werden muss. Dann gehen wir den umgekehrten Weg: den Satz, den wir hingeschrieben haben, zergliedern wir, und die anderen Buchstabenformen, die wir noch nicht aus ihren Elementen herausgeholt haben, zeigen wir durch das Atomisieren der Worte, gehen vom Ganzen zu dem Einzelnen.
Zum Beispiel: hier steht ›Kopf‹. Jetzt lernt das Kind zuerst ›Kopf‹ schreiben, malt es einfach nach. Und nun spalten wir das Wort ›Kopf‹ in k, o, p, f, holen die einzelnen Buchstaben aus dem Worte heraus, wir gehen also von dem Ganzen ins Einzelne ...«[168]

Diese Bemerkung über das »Nachschreiben« kann der Methodik des Abschreibens sicherlich zu Grunde gelegt werden, man muss dabei jedoch berücksichtigen, dass Rudolf Steiner ausdrücklich Bezug nimmt auf die Einführung der Druckschrift, die er, wie es zu seiner Zeit üblich war, erst im Anschluss an die Einführung der lateinischen Schreibschrift vorsah. Die Tätigkeit des Nachschreibens dient also der Alphabetisierung, der Einübung von Buchstabenformen, nicht dem eigentlichen verständigen Schreiben oder Lesen. Es geht um Buchstaben und ihr Auftreten in Wörtern und Sätzen.
Deshalb entspricht das steinersche »Nachschreiben« meiner Meinung nach auch eher der unter 1. aufgeführten DUDEN-Definition von »schreiben«, während die an Waldorfschulen übliche Abschreibmethode (so weit sie mir bekannt ist) unter die 1. Definition von »abschreiben« fällt. Jedenfalls verstehe ich Steiners Äußerungen über das Von-der-Tafel-Abschreiben nicht als Aufforderung, dies nun jahrelang fortzusetzen und sogar ganze Texte abschreiben zu lassen.
Das Nachschreiben, wie Steiner es empfiehlt, kann unbedingt als Tätigkeit des R-Modus angesehen werden: ein kalligraphisches, künstle-

risches Nachmalen; bei Wörtern und ganzen Sätzen kommt aber ein Bereich des L-Modus hinzu, der gerade in Bezug auf die angestrebte Lesetätigkeit ungeheuer wichtig ist: die lineare, von links nach rechts ausgeführte Bewegung. Also zum Erwerb der Schriftzeichen, nicht zum Gebrauch der Schriftsprache ist das Nachschreiben wichtig – ein Grundlagentraining, das auch mit dem Plastizieren der Buchstaben durchgeführt und unterstützt werden kann.
Wenn dem Kind dadurch die Schreibtätigkeit, vielleicht z.T. sogar eine einfache Lesetätigkeit (im Grunde aber wohl eher eine »Nachmaltätigkeit«) vertraut gemacht worden ist, darf dieses nicht zum mechanischen Abschreiben, zum Kopieren von Texten ausarten bzw. degenerieren!
Auch hierzu fand ich eine bezeichnende Bemerkung Rudolf Steiners – wenn auch nicht ausdrücklich in seinen didaktischen Ausführungen, sondern in seinem »Lebensgang«:

»Während die Buben, die in meiner Bankreihe saßen, die Geschichte von König Arpad abschreiben mussten, standen die ganz kleinen an einer Tafel, auf der ihnen das I und U mit Kreide aufgezeichnet wurden. Es war schlechterdings unmöglich, etwas anderes zu tun, als die Seele stumpf brüten zu lassen und das Abschreiben mit den Händen fast mechanisch zu besorgen.«[169]

Beim mechanischen Abschreiben, beim »Kopieren« von Texten, findet keine innerliche Beteiligung statt – es sei denn, man hat ein bestimmtes Interesse am Textinhalt. Einen Lerneffekt hat es, wenn überhaupt, nur für Schüler, die über die Fähigkeit des inneren Mitsprechens beim Abschreiben verfügen, d.h. sie müssen schon lesen können. Dann vertiefen sie gegebenenfalls ihre Leseleistung und ihre Orthographie (zum Vergleich: Diktatübung 1 (»Selbstdiktat«, S. 158): Hier findet beim Abschreiben eine eigene innere Beteiligung durch das Zwischen-Vorstellen statt).
Da die meisten von uns – insbesondere die meisten Lehrenden – dominante Verbaldenker sind, hat man wahrscheinlich Steiners Formulierung »Vom Schreiben zum Lesen« quasi automatisch auch als Anweisung »Vom Abschreiben zum Lesen« missverstanden und angewandt, zumal sich auf diese Weise schöne, wenn auch nicht besonders »individuelle« bzw. eigenschöpferische Epochenhefte gestalten lassen. Bei den meisten Kindern hat sich die Methode ja auch

offensichtlich bewährt; ich glaube allerdings, dass diese Kinder mit so ziemlich jeder Methode lesen und schreiben gelernt hätten ...
Um die Schriftsprache aber persönlich in Besitz und in Gebrauch nehmen zu können, sie zu beherrschen, muss eine innere Beteiligung hinzukommen; nur dann kann die eigene Vorstellungswelt, können die eigenen Gedanken – mögen es verbal-gedachte oder non-verbal-gesehene bzw. -gefühlte Gedanken sein – ihren Ausdruck finden, sich anderen mitteilen.
Die Tätigkeit des Schreibens (1. Säule), wird mit dem Sprachgebrauch (2. Säule) verbunden. Diese Verbindung kann dann mit der Zeit stärker ausgebaut werden, indem man behutsam zu Nacherzählungen und Beschreibungen übergeht:

»Und wenn dann das zweite Schuljahr angeht, da wird man versuchen, das Vorerzählen, das Nacherzählenlassen fortzusetzen und weiter auszubilden.
Das Kind kann allmählich im zweiten Schuljahr dazu übergeführt werden, dass es dasjenige aufschreibt, was man ihm erzählt.«

Meint Steiner hierbei nun das Aufschreiben einer Nacherzählung oder eines Diktats? Ich vermute, dass er beide Möglichkeiten in Betracht zieht, aber bestimmt nicht das mechanische Abschreiben. Vielmehr geht es ihm um die Verbindung zwischen dem Erwerb der grundlegenden Bestandteile der Schriftsprache und deren Gebrauch, der zunächst im schriftlichen Nacherzählen besteht. Das Kind muss zwar in der Wortwahl schöpferisch tätig sein, aber dies hat es im mündlichen Nacherzählen ja schon geübt – und vor allem: es hat eine geschlossene Vorstellung des Inhalts.

»Und dann kann man es, nachdem es herangebildet ist an dem Aufschreiben dessen, was man ihm erzählt, auch veranlassen, das, was man ihm beigebracht hat über Tiere, Pflanzen, Wiese und Wald der Umgebung, in ganz kleinen Beschreibungen wiederzugeben.«[170]

Wie wichtig für Rudolf Steiner dabei die Selbsttätigkeit des Kindes beim Schreiben war und seine »Wachheit«, die Seele eben nicht stumpf brüten zu lassen, wird aus folgender Bemerkung deutlich:

»...wenn wir dem Kinde Eurythmie beibringen, wenn wir es singen lassen, wenn wir es sich musikalisch betätigen lassen, wenn wir es turnen lassen, ja selbst wenn wir es schreiben lassen, insofern es dabei eine Selbsttätigkeit entwickelt, wenn wir es handarbeiten lassen, da ist eine Tätigkeit vorhanden, die wir in derselben Weise vergleichen müssen mit der Wachtätigkeit; es ist eine gesteigerte Wachtätigkeit vorhanden.«[171]

Dieses selbsttätige Schreiben mit innerer Beteiligung führt beim Schreibenden geradezu automatisch dazu, das Geschriebene auch lesen zu wollen und zu können. Ich selbst habe das oft erlebt: Legasthenische Kinder lesen mir immer wieder glücklich und voller Stolz ihre selbstformulierten Sätze und kleinen Geschichten vor.
Ich bin mir ziemlich sicher, dass Rudolf Steiner genau diesen Weg vom Schreiben zum Lesen gemeint hat:

»Nun ist das Kind bei einer bestimmten Entwickelung angelangt. Es spricht, und dasjenige, was es spricht, kann es schriftlich fixieren. Dann erst ist die Zeit gekommen, wo man zu Leseübungen übergeht, wo man anfängt, das Lesen zu lehren. Und es wird sich dieses Lesen leicht lehren lassen, wenn man zuerst das Schreiben bis zu einer wirklich in gewissem Sinne vollkommenen Stufe ausgebildet hat.
Dann, wenn das Kind dasjenige, was Inhalt des Geschriebenen und Gelesenen ist, erst in Übung gebracht hat bei sich selber, in seinem Menschenwesen, in dem motorischen System, in dem Bewegungssystem, wenn es innerlich beteiligt war an dem Entstehen dessen, was dann gelesen werden soll, dann ist es reif, vereinseitigt zu werden; dann kann der Kopf, ohne dass eine Gefahr eintritt für die menschliche Entwickelung, in Anspruch genommen werden, um nun dasjenige, was man erst selbst schreibend fixieren gelernt hat, umzusetzen in das Lesen.«[172]

Dieses Steiner-Wort klingt, als habe er die Erkenntnisse der modernen Gehirnforschung längst besessen. Erst wenn durch die Integration der Modi beider Hemisphären ein grundlegendes Verständnis für den Aufbau unserer Schrift geschaffen und ein aktiver Umgang mit der Schrift geübt wurde, wenn das Kind innerlich beteiligt war, an dem Entstehen dessen, was dann gelesen werden soll, und dabei nicht die Seele stumpf brüten lassen und mechanische Handtätigkeiten ausführen musste, wenn es den Inhalt des Geschriebenen in Übung gebracht hat in dem motorischen System, dann ist es reif, vereinseitigt zu werden: reif für den Vorgang des Lesens, der ja eine einseitige Betätigung der linken Hemisphäre darstellt – denn Lesen

ist zunächst ein lineares Betrachten einzelner verbal zu entschlüsselnder Laute.
Der Sinn, das ganzheitliche Erfassen des Gelesenen, ist – zumal im Deutschen – oft erst am Ende des Satzes möglich. Kinder, die so ans Lesen herangeführt worden sind, werden – auch wenn sie es vielleicht etwas langsamer lernen – sich nicht nur mit deutlich weniger Schriftsprach-Problemen herumschlagen müssen, sondern können dann sicherlich mit Texten und Textinhalten bemerkenswert differenzierter umgehen.

Die Beibehaltung und Integration der non-verbalen Denkstrukturen mit Hilfe der Symbolbeherrschung nach Davis lässt schon heute erstaunliche Ergebnisse erkennen. Kinder, die dadurch gewohnt sind, sich klare bildhafte oder auch gefühlsmäßige Vorstellungen von den Wörtern der Sprache zu machen, lassen sich nicht mehr so leicht mit leeren Worthülsen abspeisen; sie zeichnen sich nach ersten Erkenntnissen aus den Pilotklassen nämlich nachgewiesenermaßen auch dadurch aus, dass sie in Texten nach Bedeutungen forschen:
»Sie lernen, dass es beim Lesen mehr gibt, als nur die Wörter zu decodieren …
Ein Junge fand einmal das Wort ›würde‹ in seinem Lesebuch und sagte: ›Ich habe das Wort ›würde‹ gefunden, aber es hat nicht die richtige Bedeutung‹.
Lesen in der 2. Klasse wird zu mehr, als eine Reihe von Wörtern auswendig zu lernen. Sie bemerken, dass diese kleinen Wörter zum Verständnis der Geschichte beitragen.
Zweitklässler dabei zu beobchten, wie sie über die Anwendung von Sprache kritisch nachdenken, wie sie die Zeiten der Verben diskutieren und Kommentare zur Zeichensetzung geben, ist phänomenal und gleichzeitig herzerwärmend.«[173]

Ergänzend möchte ich noch einiges zur Handschrift der rechtshemisphärischen Kinder ausführen.
Immer wieder – so auch bei Jacob – habe ich die überraschende Beobachtung gemacht, dass diese Kinder schon früh danach streben, die Schreibschrift zu erlernen. Auch wenn ihnen augenscheinlich die Ausführung der Druckbuchstaben feinmotorisch schwer fällt, meis-

tern sie die Schreibschrift erstaunlich gut. Die Schreibschrift mit ihren geschwungenen Formen entspricht ihrem rechtshemisphärischen Denkstil. Ich glaube inzwischen, dass der Schreibunterricht tatsächlich besser mit dem Erlernen der Schreibschrift beginnen sollte.
Dieses Umdenken fiel mir nicht leicht. Ich hatte mich zwar schon bei der ersten Ausgabe dieses Buches mit dieser Problematik beschäftigt, fand aber keine rechte Erklärung dafür, warum Rudolf Steiner das Erlernen der lateinischen Schreibschrift dem Erlernen der Druckschrift vorzieht. Als schwache Erklärung kam mir höchstens das zusätzliche Problem der damals auch noch zu lehrenden Sütterlinschrift in den Sinn.
Heute befürworte ich Steiners Vorgehensweise eindeutig:

»Naturgemäß wäre es, wenn wir allmählich den Übergang suchten von gezeichneten Formen zu der lateinischen Schrift. Falls wir in der Lage sind, die lateinische Schrift vorausgehen zu lassen, so sollten wir das durchaus tun, denn wir werden erst dann die lateinische Schrift in die deutsche überführen können. Und wir gehen dann, nachdem das Kind gelernt hat, einfache Schriftformen, die es an Wörtern belebt, zu schreiben und zu lesen, über zu den gedruckten Buchstaben. Da nehmen wir wiederum zuerst natürlich die lateinischen und dann die deutschen.«[174]

Vom Umgang mit Lesetexten

Wenn man schreiben und lesen kann, kommt für gewöhnlich eine weitere Fassette des Umgangs mit der Schriftsprache ins Spiel: das Verstehen des Gelesenen – verfeinert im Analysieren und individualisiert im Interpretieren. Nur Rudolf Steiner geht wieder einmal andersherum vor:

»Ich möchte darauf aufmerksam machen, dass Sie niemals den Inhalt eines Lesestückes – ich werde es prosaisch so nennen – dadurch für das Gefühl und die Empfindung verderben sollten, dass Sie das Lesestück lesen oder mit den Zöglingen durchlesen und es dann pedantisch erklären ...
Daher versuche man immer, das eigentliche Lesen eines Lesestückes zu allerletzt vorzunehmen, und alles das, was man tun will um des Verständnisses willen, das schicke man voran.«[175]

Dieses ist in der Tat eine sehr ungewöhnliche Art, mit Texten umzugehen, zumal wenn man es so in allen Altersstufen, also bis in die Oberstufe hinein, durchhalten will. Den meisten von uns wird die andere Reihenfolge logischer erscheinen: erst lesen, dann analysieren und interpretieren. So ist es uns beigebracht worden.
Aber Steiner zeigt an einem Beispiel auf, wie ein anderer Umgang mit Texten möglich ist; es ist faszinierend, wie er den Kindern vor dem Einstieg in den Lesetext eine Charakterisierung der später auftauchenden Figuren gibt. Auch hierbei geht er immer von der Vorstellung der Ganzheit aus und bezieht das angesprochene Kind mit seinem persönlichen Erfahrungshorizont in seine Erläuterung ein: »Seht einmal, liebe Kinder, ihr habt ganz gewiss schon einmal Hunde gesehen …« (siehe oben)
In geschlossenen Vorstellungen beschreibt er vorab die einzelnen Charaktere, in diesem Fall das Aussehen und die Aufgabenbereiche der vorkommenden Hunderassen. Dann stellt er analoge Verbindungen zu menschlichen Verhaltensweisen her. Eigentlich ist vor Lesebeginn schon alles bekannt, die Kinder können die Hunde in ihrem Lebenszusammenhang schon »sehen« und sich mit ihnen vorstellungsmäßig verbinden (sie sind selbst »im Bild«); nur die Interaktion der Charaktere bleibt offen. Das Lesen schließlich vermittelt den Handlungsablauf.
Ein solches Vorgehen schenkt Sicherheit, wenn es auch bestimmt nicht unserer linear aufgebauten »Wissenschaftsnorm« entspricht, und es öffnet aus einer Ganzheit (= R-Modus) heraus den Blick auf die Details (= L-Modus) – eine Wechselwirkung, die ein integratives und analoges Verarbeiten ermöglicht. Die vorher erzeugten Vorstellungen können dann mit dem Text verbunden werden. Sprache in Beziehung mit Bildern und Gefühlen – eine wahrhaft gehirn-gerechte Methode!
Steiner selbst begründet seine Überzeugung so:

»Wenn man folgende kleine Erzählung erst ohne Erklärung den Kindern geben würde, dann würden sie nicht die volle Vorbereitung haben, weil ihre Empfindungen und Gefühle nicht auf alles hingelenkt sind. Wenn man erst hinterher Erklärungen geben würde, würde man es pedantisch zerzausen, und sie würden es auch nicht richtig lesen können.«[176]

Es geht ihm mit seiner Vorgehensempfehlung also nicht nur um das richtige Verstehen des Gelesenen, sondern sogar um das richtige Lesen an sich! In der Davis-Terminologie ausgedrückt, hieße das: Nach einer vorherigen Erklärung tauchen keine unbekannten Begriffe mehr im Text auf, die zumindest die überwiegend non-verbal denkenden Kinder verwirren und desorientieren können. Und mit wachsender Orientierung wächst die Lesefähigkeit.

Diese Art des Umgangs mit Lesetexten, wie Rudolf Steiner sie hier ausführt, scheint auf den ersten Blick im Widerspuch zu anderen seiner Äußerungen zu stehen – betont er doch mehrfach, wie wichtig es ist, mit den Kindern so zu sprechen, dass sie nicht gleich alles begreifen,[177] sondern dass sie zunächst eher eine »Ahnung der Geheimnisse des Daseins« fühlen sollen. Er warnt geradezu vor einer »Überfüllung mit verstandesmäßigen Begriffen«.

Sieht man sich seine Erklärungen zu der oben erwähnten Geschichte (mit den verschiedenen Hunderassen) aber genauer an, so sind es ja gar keine verstandesmäßigen Begriffsdefinitionen, sondern bildhafte Beschreibungen, aus denen heraus die Begriffe sichtbar und »fühlbar« gemacht werden. Darüber hinaus liegt ein bedeutender Unterschied darin, ob einem Kind etwas erzählt wird, das es noch nicht in allen Einzelheiten versteht, oder ob es nur unverständliche Wörter liest.

Im ersten Fall kann ein Legastheniker z.B. mit Hilfe seiner Desorientierungsfunktion eigene Bilder und Gefühle zu dem Gehörten entwickeln. Auch wenn er diese vielleicht nicht genau definieren kann, bekommt er doch oft eine Ahnung von dem Sachverhalt und erweitert dadurch sein intuitives Gedächtnis.

Äußerungen wie: »Ich weiß, was du meinst, aber ich kann das nicht richtig erklären« ist eine häufige Antwort, die ich als Mutter legasthenischer Kinder bekomme, wenn ich nachfrage, ob ein Begriff in einer Erzählung oder beim Vorlesen verstanden wurde. Beim selbsttätigen Lesen eines Textes mit unbekannten Begriffen führt dagegen gerade die Benutzung der Desorientierungsfunktion in die Falle.[178]

Unvollständig verstandene Sprache ist beim Sprechen für ein Kind unproblematisch, sogar wünschenswert, denn so hat es ja auch die Muttersprache erworben. Außerdem wird die Sprechsprache in der Regel durch Mimik, Intonation usw. (= R-Modus) begleitet, und man kann sich durch verbale und non-verbale Rückfragen sofort dem Verständnis des Unverstandenen nähern.

Bei der Schriftsprache ist man dagegen einseitig auf die Lautsymbole (= L-Modus) angewiesen und braucht zu deren Entschlüsselung ihre Bedeutung.

Für die Arbeit mit der Davis-Symbolbeherrschung bei Wörtern ist deshalb auch als erster Schritt eine Begriffsdefinition unumgänglich. Mit Hilfe eines Bedeutungswörterbuches versucht sich der Legastheniker durch Definitionen und Beispielsätze eine Vorstellung des Begriffs zu machen, die er dann als Knetmodell umsetzt.
So kann sich jeder seine Bedeutungsbilder mit dem dazugehörenden Schriftbild individuell und altergemäß schaffen. Durch die Fähigkeit des analogen Denkens können diese dann später auf weitere, komplexere Ebenen gehoben werden. Eine rein verstandesmäßige Begriffsdefinition würde dem Legastheniker keinen wirklichen Zugang ermöglichen.
Die Definitionen dienen lediglich als Grundlage für ein allgemeines Verständnis des Begriffs (die Konvention), die Anwendung in Beispielsätzen bringt Klarheit über die Bedeutung; die Umsetzung in das eigene Knet-Modell aber führt erst zum wirklichen Beherrschen, zum Meistern des zuvor bildlosen Begriffes.[179]

»Wenn wir den Begriff eines Wortes mit Knete modellieren, tun wir nichts anderes, als diesen Begriff in der realen Welt zu erschaffen.«[180]

Auch Rudolf Steiner hält isolierte Definitionen für zu einseitig:

»Nun ja, Definitionen sind ja sehr nützlich, aber auch fast immer sehr einseitig. Es kommt aber darauf an, dass man sich unmittelbar ins Leben hineinfindet.«[181]

Bei Barbara Meister-Vitale[182] lassen sich verschiedene Techniken zum ganzheitlichen Verstehen beim Umgang mit Lesetexten finden. Sie empfiehlt z.B., man solle in einem vorliegenden Text vorhandene Illustrationen vorweg besprechen und die Kinder außerdem mit dem Text optisch vertraut machen, indem man vielleicht zunächst nach einzelnen Wörtern oder besonderen Satzzeichen fragt oder bestimmte Wörter suchen lässt, beispielsweise solche, die einen Namen bezeichnen. Ähnliche Vorschläge zum »gehirn-gerechten« Lesen macht auch Vera Birkenbihl.[183]

Ronald Davis bietet darüber hinaus als »dritten Schritt des Lesenlernens« an:

»Man mache am Satzzeichen eine kurze Pause und visualisiere oder mache sich ein Gefühl zu dem Gelesenen. Jeder vollständige Gedanke lässt sich entweder fühlen oder bildhaft darstellen.«[184]

Hierin ist er sich u.a. mit Vera Birkenbihl einig, die ja auch die Methode des Visualisierens von Sprache empfiehlt, denn:

»Der Zweck des Lesens ist zu verstehen, was man liest. Zu lesen, ohne vollständig zu verstehen, was man liest, ist die Quelle der meisten Missverständnisse auf jedem Gebiet und jeder Entwicklungsstufe.«[185]

Ein besonderes Augenmerk verdienen auch Techniken zur Steigerung der Lesegeschwindigkeit. Diese leiten sich aus den Erkenntnissen der Gehirnforschung ab und werden vielfach im Managertraining eingesetzt, z.B. das »Speed Reading«-Programm von Tony Buzan.
Meine ersten Erfahrungen damit lassen erkennen, dass diese Art des Lesens der Wahrnehmungsweise der Legastheniker entgegenkommt. Max (16 Jahre), mit dem ich dieses Programm begann, beschrieb seine Erfahrungen nach ca. 1/3 des Kursprogramms:

»Speed Reading ist der Weg zum Steigern der Lesegeschwindigkeit und zum Erhöhen des Textverständnisses.
Ich habe durch Speed Reading meine Lesegeschwindigkeit um über das 3-fache und mein Verständnis um 10 % verbessert. Man muss beim Speed Reading am besten mehrere Worte auf einmal gleichzeitig ins Blickfeld nehmen, um dann im Zick-Zack-Kurs mit den Augen über die Seite zu gehen (von oben nach unten).
Dabei schnappt man zwar zuerst nicht alles auf, aber man ist auf jeden Fall überrascht, wenn man merkt, wie viel man doch behalten hat.«

Auch Buzan selbst erwähnt in seinem Buch ähnliche Erfahrungen mit Legasthenikern und so genannten »aufmerksamkeitsgestörten« Personen. Dennoch kann man das wahrscheinlich nicht so ohne Weiteres auf alle übertragen. Hier ist noch weiterer Forschungsbedarf.
Für mich erklären diese ersten Erfahrungen allerdings die »gute Lesefähigkeit« Rudolf Steiners, die er – vermutlich autodidaktisch erworben – mehrfach erwähnt, und die für Außenstehende eher rätselhaft war:

»Neben diesen schöpferischen Arbeiten, die er Tag für Tag vom Krankenlager aus vollbrachte, hat Rudolf Steiner in diesen Monaten, wie von jeher, außerordentlich viel gelesen... Wann er den mächtigen Stapel von Büchern ... dann neben all der Arbeit und trotz der Krankheit studiert hat, ist rätselhaft, aber aus gelegentlichen Bemerkungen beim nächsten Bücherrapport ging doch hervor, dass er sich seither mit den Inhalten gründlich befasst hatte.«[186]

Überlegungen zur Grammatik

Rudolf Steiner hat in seine Vorträge viele bemerkenswerte Äußerungen zum Grammatikunterricht eingeflochten. Eine recht gute Übersicht zu diesem Thema bietet das »Verzeichnis der Äußerungen Rudolf Steiners über den Grammatikunterricht«, zusammengestellt von Erich Gabert. Es enthält auch Hinweise auf den Grammatikunterricht in Fremdsprachen.

Gabert bemerkt allerdings selbst einschränkend, dass seine Zusammenstellung keine umfassende Vollständigkeit aufweist, da er gerade die ausführlichen Vorträge zur Sprachbetrachtung[187] nicht eingearbeitet hat. Auf jeden Fall ist es wichtig, dass die aus ihren Kontexten herausgelösten Äußerungen des Verzeichnisses stets in ihrem Originalzusammenhang nachgelesen werden.

Wieder und wieder betont Steiner, dass Grammatik nicht abstrakt gelehrt, sondern lebendig aus der Sprache selbst heraus entwickelt werden solle, und verweist auf das »Gefühlsmäßige«, auf das »Plastische« der Sprache. Das klingt – zumal im Zusammenhang mit Grammatik – sehr fremd.

Ich selbst kann mich (wie die meisten) eher an einen theoretisch-trockenen, gefühlsarmen Grammatikunterricht erinnern, in dem die Schriftsprache abstrakt betrachtet und seziert wurde. Erst als ich in Steiners methodisch-didaktischen Vorträgen die Erklärung zu den Wortarten fand, fing ich an, das »Plastische« an der Grammatik zu begreifen, und ich traf dabei wieder auf eine mir zwar mittlerweile vertraute Vorgehensweise, aber auch auf eine ebenso vertraute Problematik:

»Wir müssen auch dem Kinde beibringen, was ein Hauptwort ist, was ein Artikel ist. Und nun kommen wir in eine rechte Kalamität hinein. Denn wir sollten nach dem hiesigen Lehrplan die deutschen Ausdrücke gebrauchen und nicht ›Artikel‹ sagen.
Da müssen wir zu dem Kinde nach der hiesigen Vorschrift statt Artikel ›Geschlechtswort‹ sagen, und da kommt man ja natürlich in eine Kalamität hinein. Besser wäre es, wenn man da nicht pedantisch wäre und das Wort Artikel beibehalten könnte.

Nun habe ich Ihnen ja schon Andeutungen darüber gemacht, wie man für das Kind ›Hauptwort‹ von ›Eigenschaftswort‹ unterscheidet, indem man das Kind anleitet zu sehen, wie das Hauptwort gewissermaßen sich bezieht auf das, was draußen im Raum steht, für sich steht.
Man muss da versuchen, dem Kinde zu sagen: Sieh einmal – Baum! Baum ist etwas, was im Raume stehen bleibt. Aber schau dir einen Baum im Winter an, schau dir einen Baum im Frühling an, und schau ihn dir im Sommer an. Der Baum ist immer da, aber er schaut anders aus im Winter, anders im Sommer, anders im Frühling. Wir sagen im Winter: Er ist braun. Wir sagen im Frühling: Er ist grün. Wir sagen im Sommer: Er ist bunt. Das sind seine Eigenschaften. –
So bringen wir dem Kinde zuerst bei den Unterschied zwischen dem Bestehenbleibenden und den Eigenschaften und sagen ihm dann: Wenn wir ein Wort brauchen für das Bestehenbleibende, ist das ein Hauptwort; wenn wir ein Wort brauchen für das, was wechselt an dem Bestehenbleibenden, ist es ein Eigenschaftswort.
Dann bringen wir dem Kinde den Begriff der Tätigkeit bei. Setz dich einmal auf deinen Stuhl. Du bist ein braves Kind. Brav ist ein Eigenschaftswort. Aber jetzt steh auf und laufe. Da tust du etwas. Das ist eine Tätigkeit. Diese Tätigkeit bezeichnen wir durch ein Tätigkeitswort. –
Also wir versuchen, das Kind an die Sache heranzubringen, und dann gehen wir von der Sache zu den Worten über. Auf diese Weise werden wir, ohne zuviel Schaden anzurichten, dem Kinde beibringen können, was ein Hauptwort, ein Artikel, ein Eigenschaftswort, ein Zeitwort ist.

Zu verstehen, was ein Artikel ist, das ist ja am allerschwierigsten, weil das Kind noch nicht recht die Beziehung des Artikels zum Hauptwort einsehen kann. Da werden wir ziemlich im Abstrakten herumplätschern, wenn wir dem Kinde beibringen wollen, was ein Artikel ist. Aber es muss es eben lernen. Und es ist viel besser, da im Abstrakten herumzuplätschern – weil es ohnedies etwas Unnatürliches ist –, als allerlei künstliche Methoden auszusinnen, um auch den Artikel in seiner Bedeutung und Wesenheit dem Kinde klarzumachen, was ja unmöglich ist.«[188]

An dieser Ausführung wird einmal mehr die bildhafte, »legasthenische« Denkweise Rudolf Steiners deutlich. Mit großartiger Konsequenz bleibt er sich methodisch treu, von der Einführung der Buchstaben (»Du hast schon einen Fisch gesehen«), über die Hinführung zum Lesen (»Seht einmal, liebe Kinder, ihr habt ganz gewiss schon einmal Hunde gesehen«) bis zur Erklärung der Wortarten (»Sieh einmal – Baum«).
Auch hier beginnt er mit einer Vorstellung, in die er das Kind einbezieht, und führt erst dann die Begriffe ein. Diese entwickelt er wiederum möglichst aus einer Gesamtheit heraus, indem er mehrere Wortarten gleichzeitig behandelt und miteinander in Beziehung setzt.

Als ich vor einigen Monaten mit einem Legastheniker die Wortarten erarbeiten wollte, las ich das oben gebrauchte Steiner-Zitat vor – jedenfalls anfänglich, dann aber formulierte ich zwar sinngemäß, aber frei weiter, bis er den Kopf schüttelte und auf das Buch zeigte: »Lies weiter vor. Das kann man verstehen.«

Gleichzeitig offenbaren sich an diesem Zitat aber auch die Grenzen, an die Rudolf Steiner bei der Vermittlung der Wortarten nach dieser Methode gestoßen ist. Wieso ist es ihm, der doch die Haupt-, Eigenschafts- und Tätigkeitswörter so plastisch vermitteln konnte, unmöglich gewesen, Artikel klarzumachen?
Noch vor wenigen Jahren wäre mir dieses »Eingeständnis« völlig unverständlich gewesen, denn es sind doch schließlich nur drei kleine Wörtchen: »der, die, das« – bzw. fünf, wenn man die unbestimmten Artikel »ein, eine« mit dazuzählt. Die sollte man sich doch merken können!
Ob Erika Dühnfort, die sich in ihrem Buch »Der Sprachbau als Kunstwerk – Grammatik im Rahmen der Waldorfpädagogik« ansonsten so hervorragend detailliert mit Steiners Angaben zum Grammatikunterricht auseinandersetzt, sich diese Frage auch gestellt hat? Jedenfalls hat sie genau diese »Stelle« des Zitats bei ihrer Betrachtung weggelassen und sich nur mit den (von mir) kursiv gesetzten Absätzen befasst.

Ein Problem mit der Vermittlung gerade der Artikel hat sie offenbar nicht gesehen, denn sie schreibt einige Sätze später:

»Die Artikel (1919 in Württemberg Erstklässlern als ›Geschlechtswörter‹ beizubringen) bereiten keine Schwierigkeiten, wenn sie unter dem Aspekt genommen werden, der ihnen wesenhaft eigen ist.«[189]

Wenn man aber erlebt, wie verwirrend und wörtlich »unvorstellbar« ein Artikel für Non-verbal-Denker ist und dass Legastheniker immer wieder gerade über diese Wörter stolpern, wird einem klar, wieso der Artikel auch für Rudolf Steiner ein didaktischer Problemfall war.

Verzweifelt suchen die Kinder einen Sinn hinter dem »Der-Die-Das«; die Erklärung als »Geschlechtswörter«, also als »männliche«, »weibliche« oder »sächliche« Bezeichnungen, führen nur immer mehr in die Verwirrung. Überlegungen, warum der Hund männlich, die Katze weiblich und das Pferd sächlich sein soll, beschäftigen Legastheniker jeder Altersstufe. Ein Mädchen fragte mich kürzlich: »Warum heißt es eigentlich ›das Klavier‹? Es müsste ›die Klavier‹ heißen. Das klingt irgendwie besser.«

Manche basteln sich im Lauf der Zeit rührende Eselsbrücken, z.B.: »der Schrank«, »der Stuhl«, »der Tisch« sind alles Holzmöbel, die »der Baum« liefert, also wohl – wie er – männlich sind. Aber »die Truhe« oder »das Bett«? Da bricht die Eselsbrücke ein.

Wer als versierter Verbal-Denker jetzt lächeln möchte über derartige Versuche, mit denen sich Bilddenker abquälen, um nach bildhaften oder gefühlsmäßigen Zusammenhängen und Ursprüngen zu forschen, sollte Rudolf Steiners eigenes Bemühen betrachten:

»So empfand man den Elefanten als stark, die Maus als schwach. Weil man den Mann als stark und das Weib als schwach empfunden hat, hat der Elefant das männliche Geschlecht bekommen und die Maus das weibliche Geschlecht …«[190]

Was für Steiner bereits »am allerschwierigsten« war, ist es für viele bis heute: Die Artikel gehören zusammen mit vielen Präpositionen, Konjunktionen, adverbialen Bestimmungen, Hilfs- und Modalverben und Pronomen zu den Auslösewörtern, die die Hauptauslöser der Desorientierung bei Legasthenikern sein können. Sie werden erst vorstellbar und »beherrschbar«, wenn man für sie Modelle in der Wirklichkeit erzeugt. Es ist phänomenal, aber es ist möglich.
Ich bin sicher, dass der Einsatz der Symbolbeherrschung im Grammatikunterricht für alle Kinder einen zusätzlichen lebendigen und plastischen Umgang mit der Sprache ermöglicht – schon bei der Erarbeitung der Grundwortarten!
An zwei weiteren Beispielen möchte ich noch verdeutlichen, wie sich Haupt- und Eigenschaftswörter mit der Symbolbeherrschung darstellen lassen:

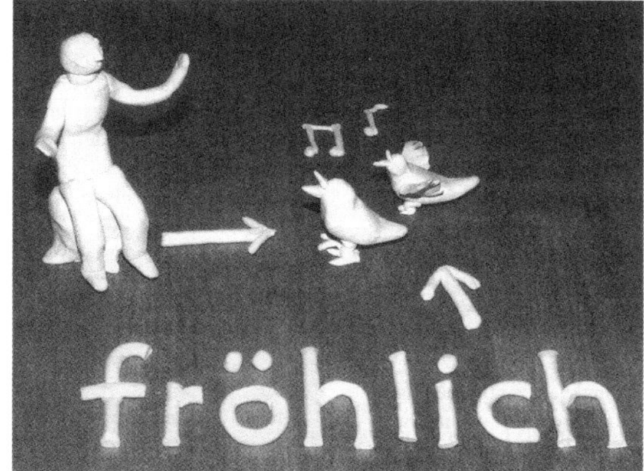

Ergänzend dazu bieten sich noch weitere Äußerungen Steiners zu den Wortarten an. Sie lassen sich in den eben gezeigte Modellen »mitfühlen« und »sehen«. So erklärt er zwar, dass man sich durch das Hauptwort von dem Gegenstand »absondert«, aber:

»... indem ich die Eigenschaft anspreche, rücke ich wieder mit ihm zusammen ...« und

»... mit dem Tätigkeitswort verbinde ich mein Ich mit dem physischen Leib des anderen.«[191]

Diese Aussagen lassen sich in einen Bezug setzen zu seinen im gleichen Vortrag wenige Minuten zuvor geäußerten Ausführungen über »eine gerade Linie« und »eine krumme Linie«, denn die Eigenschaft rückt die abstrakte Linie an das Kind heran, und die ausführende Tätigkeit schafft die Verbindung. (Vergl. hierzu S. 106ff.)

Auch mit den Begriffen für die Zeitformen (Tempora) haben Legastheniker oft große Probleme. Denn wie soll man sich die Gegenwart vorstellen: Sie ist doch entweder schon Vergangenheit oder noch Zukunft. Ich fand hierzu eine schöne bildhafte Erklärung von Leonardo da Vinci, die bei Legasthenikern zum Aha-Erlebnis führt:

»Hältst du deine Hand in einen Fluss, hast du eben das Letzte berührt, was vorbei ist, und das Erste von dem, was kommt. Und so ist es auch mit der Gegenwart.«[192]

Exkurs: Sichtbare Sprache

In den vorigen Kapiteln habe ich versucht ausführlich darzustellen, wie Rudolf Steiner den Erwerb und den Gebrauch der Schriftsprache auf zwei Säulen aufbaut, die in der Menschheitsentwicklung ihre Entsprechung haben. Dabei bedauert er immer wieder den Verlust einer »sichtbaren« Schriftsprache (z.B. der Hieroglyphen) und fordert für unsere Zeit ein neuerliches Sichtbarmachen von Sprache. Er möchte unserer Sprache, die sich verbal in Lauten äußert, durch sichtbar dargestellte Töne und Laute wieder mehr von ihrem gefühlsmäßigen Charakter, ihrem geistig-seelischen Element, zurückgeben:

»Während sich in der Schrift, die auch eine stumme Sprache ist, das sprachliche Element vom Menschen loslöst, verbindet es sich immer intimer, wenn man zu der Eurythmie übergeht, die nun wiederum ganz im Menschen darinnen lebt, wo der Mensch nicht in einem abgesonderten Zeichen dasjenige fixiert, was in der Sprache zum Ausdrucke kommt, sondern wo der Mensch sich selber zum künstlerischen Werkzeug dasjenige macht, was in der Sprache, zum Beispiel in der Dichtkunst lebt ... «[193]

Für mich stellt sich die Frage, welche unterstützende Funktion die Eurythmie möglicherweise für den Erwerb der Schriftsprache haben kann. Während der Alphabetisierungsphase ließe sich mit den Laut/Buchstaben-Gebärden aus der Eurythmie die Lautdifferenzierung zusätzlich sichtbar machen. Das würde die non-verbal denkenden Kinder sicherlich bei der Lauterkennung unterstützen und allen Kindern darüber hinaus das Gefühlsmäßige der Sprache verdeutlichen.
Aber: Wird eine solche fächerübergreifende Maßnahme überhaupt angestrebt? Wäre sie überhaupt praktikabel? Macht sie überhaupt Sinn, oder würde hierbei nur ein künstlerisches Element »zweckentfremdet« eingesetzt? Ich würde mich freuen, von eventuell schon gemachten Erfahrungen in dieser Hinsicht zu hören!
Von Steiner selbst habe ich nur wenige Äußerungen bezüglich einer solchen methodischen Maßnahme gefunden. Meistens erwähnt er die Eurythmie nur als Gegenpol zum Turnen. Einige Erwähnungen eurythmischer Gebärden im Zusammenhang mit dem Schriftspracherwerb sind allerdings bemerkenswert. Ich fand sie in seinen Äußerungen zur Erarbeitung der Vokale:

»Dann wird sich wieder ein Kind finden, oder es werden sich die Kinder dahin bringen lassen, dass eines sagt: »i, i, i«. In dem Hinweis auf das, was verstanden worden ist, liegt die zeichnerische Gestalt des Lautes »I«, die ja selbst groß in den Hinweisen zum Ausdruck kommt. In der Eurythmie haben wir es in klarer Weise ausgedrückt.«[194]

Und noch ein Verweis:

»Und so werden Sie – wenn Sie inneres Seelisches, namentlich eurythmische Begriffe vor das Kind hinstellen, es selber in diese Lage versetzen –, so werden Sie auch die Vokale herausbringen. Die Eurythmie wird Ihnen da eine ungeheuer starke Hilfe geben können, weil schon die Laute im Eurythmischen gebildet sind. Denken Sie nur an O – man umfasst etwas; liebend umfasst man etwas.«[195]

Die Lautdifferenzierung der Vokale ist für Kinder schwierig, denn jeder Vokalbuchstabe enthält vielfache Lautklänge, gerade wenn man noch andere Sprachen außer der Muttersprache berücksichtigt. So erwähnt Rudolf Steiner (in den Konferenzen) auch die Unterstützung der Eurythmie für den Fremdsprachenunterricht:

»Der Sprachunterricht hat guten Erfolg. Der Erfolg ist um so größer, je mehr es auch hier gelingt, die Kinder in Aktivität zu versetzen. Dabei wäre auch auf die Eurythmie in fremden Sprachen hinzuweisen. Jeder Laut liegt zwischen zwei anderen. Zwischen A und I liegt: rechte Hand vorne, linke Hand rückwärts. Nach dem Laut, nicht nach dem Zeichen.
Anmerkung: Es wird, auch von eurythmischer Seite, folgende Ergänzung vorgeschlagen: Jeder Laut liegt zwischen zwei anderen. Zum Beispiel liegt das englische I zwischen A und I. Gebärde: rechte Hand vorne, linke Hand rückwärts. Nach dem, wie der Laut tönt, nicht nach dem geschriebenen Zeichen eurythmisieren.«[196]

Ich kann diese Überlegungen im Zusammenhang mit dem Schriftspracherwerb und dem Fremdspracherwerb hier nur am Rande streifen, aber überall lassen sich interessante Verbindungen feststellen, die eigentlich weiterverfolgt werden müssten.
Mein eigentlicher Anstoß zu diesem »Exkurs« war ein anderer Gedanke: Was macht Rudolf Steiner, wenn er Laute eurythmisieren lässt? Er macht Sprache sichtbar! Was macht Ronald Davis, wenn er Wörter kneten läßt? Er macht Sprache sichtbar! Sichtbar gemachte Sprache! Aus der sichtbaren Wirklichkeit wird in der Sprache ein Wort und in der Schrift ein Zeichen, aus dem Wort / Zeichen wird im Modell bzw. in der Gebärde wieder sichtbare Wirklichkeit.
Dann bin ich bei meinem Streifzug durch die Vielseitigkeit sprachlicher Äußerungen aber auch einer »sichtbaren Sprache« begegnet, die nicht eigentlich sichtbar gemacht ist, bei der vielmehr aus der Wirklichkeit in der Gebärde unmittelbar wieder Wirklichkeit wird. Von Anfang an eine Sprache ohne Wörter, bei der außer einer verstärkten Sinnlichkeit eine ganz besondere, ausgeprägte Bildhaftigkeit zum Ausdruck kommt – eine rein non-verbale Sprache, aber mit einem umfassenden Regelwerk und komplexen syntaktischen Strukturen: die Gebärdensprache der Gehörlosen.
In einem Lehrbuch zur Deutschen Gebärdensprache (DGS) heißt es:

»Die moderne Sprachwissenschaft hat … in den letzten drei Jahrzehnten nachgewiesen, dass die internationalen Gebärdensprachen der Gehörlosen in Komplexität und Ausdrucksfähigkeit den Lautsprachen in nichts nachstehen. Dies gilt auch für die DGS. Sie ist kein gebärdetes Deutsch oder lautsprachbegleitendes Gebärden, sondern besitzt eine eigene Grammatik und ein spezifisches Lexikon. Beides muss für die DGS ge-

nauso gelernt werden wie die Grammatik und der Wortschatz der deutschen Lautsprache.
Der Unterschied zum Deutschen besteht jedoch darin, dass die grammatischen Strukturen und Regeln der DGS ganz anderen Prinzipien folgen als die der deutschen Lautsprache. Während die Lautsprache über das Ohr und die Sprechorgane funktioniert, ist die DGS eine visuelle Sprache. Sie benutzt den Körper als Sprachinstrument.
Dabei spielen besondern die Handzeichen oder Gebärden eine wichtige Rolle. Zusätzlich, meistens sogar gleichzeitig, werden jedoch Mimik, Kopf- und Körperhaltung sowie der Gebärdenraum vor dem Oberkörper gezielt zur Umsetzung grammatischer Merkmale und Funktionen eingesetzt.
Mit DGS kann man differenzierte, komplexe und abstrakte Gedanken übermitteln. Gebärdende können sich über Philosophie, Literatur oder Politik genauso unterhalten wie über Fußball, Autos und ihre Steuererklärung. Gebärdensprache vermag Dichtkunst genauso ergreifend auszudrücken wie jede gesprochene Sprache.
Selbst Witz, Scherz und Satire können in Gebärdensprache genauso feinsinnig oder beißend sein wie in Lautsprache. Als Reaktion auf kulturelle und technologische Veränderungen werden auch in der DGS ständig neue Gebärdenzeichen von der Sprachgemeinschaft eingeführt.«

Bei der Gebärdensprache handelt es sich also um eine differenzierte, räumlich-visuelle Kommunikation, erlernbar wie die Muttersprache, wenn von klein auf in dieser Sprache mit dem gehörlosen Kind kommuniziert wird. Und auch erlernbar für Hörende – wie eine Fremdsprache.
Das Erlernen der Deutschen Gebärdensprache kann für Hörende sogar von besonderem Interesse sein: Erste praktische Erprobungen zeigen, dass überwiegend non-verbale Denker bzw. Legastheniker ihr Talent beim Erlernen dieser Sprache möglicherweise ideal nutzen könnten. Die Frustration, die sie beim Lernen einer fremden Lautsprache in der Regel erleben, wird hier wahrscheinlich nicht eintreten. Eher das Gegenteil.
Vielleicht entwickelt sich hieraus in der Zukunft sogar ein neues, für Legastheniker ideales Berufsbild als Gebärdendolmetscher, wo sie ihre vielfältigen Fähigkeiten hervorragend einbringen können. Aber dies ist hier nur ein Nebenaspekt.

Denn eine Frage – eine Reihe von Fragen – stellte sich mir beim Kennenlernen dieser so gänzlich fremden »Sprache« spontan: Wie kommunizieren Gehörlose schriftlich, wenn ihre »Muttersprache« keine Wörter, keine Laute hat? Wie lernen sie die Schriftsprache Deutsch, die ja aus Zeichen für Lautsymbole besteht? Wie lernen sie schreiben und lesen ohne ein inneres Bewusstsein von Wörtern und Lauten? Die Werkzeuge zum Lesen und Schreiben, Augen und Hände, haben sie natürlich – aber: Wie denken Gehörlose? Gibt es hier eine Verwandtschaft zu den Non-Verbal-Denkern, über die ich in den vorigen Kapitel nachgedacht habe?
Spätestens bei der letzten Frage hatte sich bei mir der Kreis geschlossen, und ich vermutete konsequenterweise, dass ich in der Gehörlosenpädagogik zusätzliche, vielleicht bisher ungenutzte methodisch-didaktische Hinweise zur Alphabetisierung und zum Schriftspracherwerb von Non-Verbal-Denkern ganz allgemein finden würde, um sie eventuell spezifiziert auf meine Arbeit mit Legasthenikern anwenden zu können.
Was ich fand, war ein ähnlich hilfloser Kampf mit den Buchstaben, ein Stochern im Nebel des Unbegreiflichen, wie ich es bei den mühevollen und von hoher Frustration bei Lehrenden und Lernenden gleichermaßen geprägten Versuchen erlebt habe, wenn es darum ging, hörenden Non-Verbal-Denkern die Welt der Schriftsprache aufzuschließen.
Das Problem stellt sich in der Gehörlosenpädagogik sogar noch deutlich brennender. In der Bibliothek des Zentrums für Deutsche Gebärdensprache in Hamburg fiel mir ein Projektantrag von Prof. Dr. S. Prillwitz von 1986 für ein computergestütztes Sprachlernprogramm für hörgeschädigte Kinder in die Hände, in dem er Folgendes anführt:

»Wie wichtig ein stärkeres Bemühen um den Schriftspracherwerb bei Gehörlosen und das Entwickeln neuer Konzepte ist, zeigen alle neueren empirischen Erhebungen zur Lese- und Schreibfähigkeit Gehörloser. Obwohl die Schriftsprache als visuell realisierte Sprachform (anders als die gesprochene Sprache) vom Gehörlosen problemlos wahrgenommen werden kann, erreicht die überwiegende Mehrzahl der Gehörlosen nur ein sehr niedriges Lese- und Schreibniveau.
Conrad (1977) hat für englische Verhältnisse nachgewiesen, dass hör-

geschädigte Schüler im Alter von ca. 16 Jahren durchschnittlich nur das Leseniveau 8-jähriger hörender Schüler erreichen. Fast die Hälfte aller gehörlosen Jugendlichen verlassen seinen Untersuchungen nach die Gehörlosenschule als Analphabeten (Conrad 1979).«

Ob das Computerlernprogramm das Problem in den Griff bekommen hat – überhaupt in den Griff bekommen *kann* – erscheint zweifelhaft. Aber wie neueren Untersuchen zu entnehmen ist, hat die Arbeit der vergangenen Jahre wenigstens eines gezeigt: Vor allen noch so feinsinnigen Methoden der Vermittlung der Schriftsprache an Gehörlose steht die Vermittlung ihrer Muttersprache – als Kommunikationsinstrument und als Schlüssel zur Schrift, da der Schriftspracherwerb ansonsten ein riesiges Problem darstellt.
Es ist nachgewiesen, dass gehörlose Kinder, die die Gebärdensprache als Muttersprache erwerben, dieselben Spracherwerbsstadien durchlaufen wie hörende Kinder, was sich auf die gesamte kognitive und emotionale Entwicklung des Menschen positiv auswirkt. Auch hörende Kinder lernen das Schreiben und Lesen gewöhnlich erst, wenn sie ihre Muttersprache sprechen gelernt haben. Deshalb erhofft man sich auch für Gehörlose deutliche Verbesserungen beim Schriftspracherwerb durch die Vermittlung über die Gebärdensprache.
So sind heutzutage starke Bestrebungen zu verzeichnen, die Gebärdensprache endlich gesellschaftlich »anzuerkennen«, sie endlich konsequent auch an den Schulen zu lehren und einzusetzen. Denn obwohl sie schon so lange existiert und so perfekt kommuniziert: Selbstverständlich ist ihr Gebrauch leider heute immer noch nicht. 1880 war ihr Gebrauch in Europa als »Affensprache« verboten worden – das dauert!
Aber immerhin hat sich der Kreis, der mir vorher vorschnell schon geschlossen erschienen war, im Licht dieser Erkenntnisse dann doch zusammengefügt: Um die Schriftsprache einem Non-Verbal-Denker begreiflich zu machen, sie für ihn beherrschbar zu machen, bedarf es hier wie dort der Sichtbarmachung, der Verbildlichung – ob in Gebärden oder in Modellen.
Und wenn ich im Moment auch keine konkreten didaktischen Techniken *aus* der Gehörlosenpädagogik für meine Arbeit mit Legasthenikern abgucken konnte, so kann die Begegnung der Gebärdensprache mit der Davis-Methode einerseits und der Steiner-

Didaktik andererseits vielleicht *für* die Gehörlosenpädagogik einen Gedankenanstoß auslösen.
Warum sollte man nicht auch Gehörlosen durch »Sprache-sichtbar-Machen« mit der Symbolbeherrschung von Wörtern Unterstützung beim Schriftspracherwerb bieten können? Wie sind die Erfahrungen, die man bei Gehörlosen mit der Eurythmie gemacht hat? Und umgekehrt: Welche Qualitäten verbergen sich für Hörende in der sichtbar gewordenen Sprache der Gehörlosen? Welche Fähigkeiten würden wir bei Hörenden fördern, wenn wir die Gebärdensprache als Schulfach auch ihnen anbieten würden? Auf jeden Fall eröffnen sich hier viele interessante Zusammenhänge. Und mag es heute auch noch wie Utopie klingen: Vielleicht kann in Zukunft die Gebärdensprache für viele eine Bereicherung werden.
Der französische Regisseur Nicolas Philibert, der die Gebärdensprache sogar als ein weltverbindendes Medium ansieht, sagt über seine Erfahrung bei den Arbeiten zu dem bewegenden Film »Im Land der Stille«:

»Die Gebärdensprache ist ungeheuer reichhaltig und lebendig. Die sinnliche Wahrnehmung von Gehörlosen kann ich dennoch nicht teilen … Wir haben ein auditives Gedächtnis, sie hauptsächlich ein visuelles … Gebärdensprache wird täglich weiter entwickelt. Sie denken sich ständig neue Zeichen aus. Allerdings lebt die Sprache von mehr Sinnlichkeit, weil man auch die Gesichtsausdrücke mit einbezieht.«[197]

Übungen zum bildhaften Denken

Eine interessante Übung zur Koordination der beiden Gehirnhälften empfiehlt Vera Birkenbihl, indem sie auffordert, täglich ein kurzes »Zeichentraining« zu machen, und zwar dergestalt, dass man spiegelbildgleiche Motive (z.B. einen Schmetterling, einen Käfer, einen Schirm oder einen Koffer) gleichzeitig mit beiden Händen zeichnet bzw. malt.[198]
Betty Edwards – ohnehin Zeichenlehrerin – fordert natürlich auch zum Zeichnen auf: Sie lässt die bekannten »Vasen-Gesichter« zeichnen. Zunächst soll dabei, wenn der Zeichnende ein Rechtshänder ist,

ein Gesicht (im Profil) auf der linken Seite des Zeichenblattes entstehen, dann zieht man oben und unten waagerechte Linien und zeichnet das Profil auf der rechten Seite des Blattes spiegelverkehrt nach. Dabei soll man darauf achten, dass man wirklich nur die äußeren Formen spiegelt und nicht darauf verfällt, die »Körperteile« (Stirn, Nase, Kinn usw.) innerlich als solche zu benennen (= L-Modus).

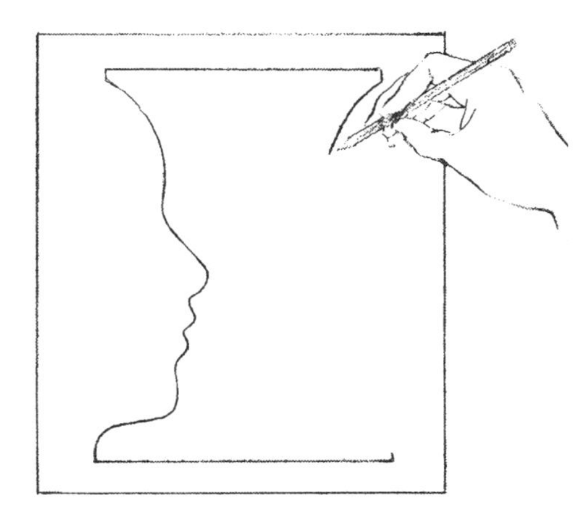

Mit der Zeit sollen so immer kompliziertere Profile »stur« gekontert werden:

»Es ist die Kompliziertheit der Form, die Sie zum Umschalten auf den R-Modus zwingt.«[199]

In diesen beiden Trainingsvorschlägen sehe ich wieder eine verblüffende Parallele zu einer Empfehlung Rudolf Steiners: dem spiegelbildlichen Formenzeichnen. Er lässt allerdings gleich »reine Formen« zeichnen, also abstrakte Formgebilde ohne Benennungsmöglichkeiten aus dem realen Leben, die den Einsatz des L-Modus (Sprache) hervorrufen könnten. Ihm geht es um die Erzeugung von Formgefühl an sich, um das Empfinden der Symmetrie und der Harmonie – mit dem Ziel, anschauliches, bildhaftes Denken zu entwickeln (= R-Modus).

Er sagt:
»Wir wollen uns nun einen anderen Zweig des bildhaften Lehrens und Erziehens einmal vor die Seele führen …«
– zeigt dann auf, wie man eine unfertige Form von dem Kind spiegelbildlich ergänzen lassen soll, und fährt fort:
»Das Kind wird sich zunächst höchst ungeschickt benehmen, aber es wird nach und nach im Ausgleichen von etwas ein denkendes Anschauen und ein anschauliches Denken entwickeln. Das Denken wird ganz im Bild bleiben.«[200]

Obwohl das Spiegeln von Formen, besonders wenn diese Formen Buchstaben darstellen, für Legastheniker zum natürlichen Denken dazugehört, fällt es ihnen oft schwer, Formen beim Formenzeichnen

bewusst zu kontern. Ich vermute, dass diese Schwierigkeit darin besteht, dass sie dabei aus ihrem Desorientierungstalent, der Fähigkeit also, sich Dinge und Formen dreidimensional bildhaft von verschiedenen Seiten vorzustellen, zu einer zweidimensionalen Ausführung gelangen müssen.
Die vielschichtigen Vorstellungen auf eine einzige zu reduzieren, lässt sich jedoch einfacher erreichen, wenn man sich vorher im Geist eine klare Vorstellung von der endgültigen Form hat machen können.[201]
Ist ein Legastheniker auf diese Weise »orientiert«, kann er Symmetrie und Harmonie genau wahrnehmen. Wenn man so an die Sache herangeht, kann das Formenzeichnen nicht nur das bildhafte Denken (= R-Modus) fördern und aktivieren, sondern dient gleichzeitig als Orientierungshilfe für legasthenisch veranlagte Kinder sowie der Integration beider Gehirnhälften.
Bei der Betrachtung der Original-Tafelzeichnung Rudolf Steiners zu diesem Vortrag fiel mir auf, dass er dem Kind hier eine »fast geschlossene Vorstellung« vorgibt: Die rechte Seite der Form, die spiegelbildlich zu ergänzen ist, enthält schon einen Teil der ganzen Form, so dass es leichter wird, die Zwischenstücke einzusetzen. (Siehe nebenstehende Abbildung)

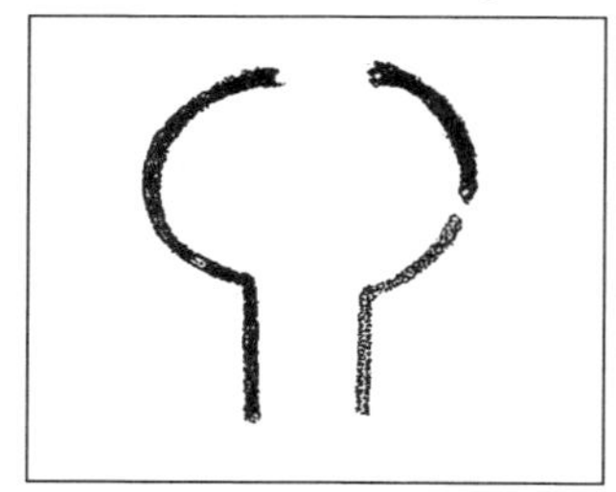

Als weiteres Integrationstraining für die Zusammenarbeit beider Hemisphären empfiehlt Vera Birkenbihl überdies auch den Einsatz von körperlichen Überkreuz-Übungen, die sie zum größten Teil aus Übungen der angewandten Kinesiologie entwickelt[202] – eine interessante Parallele abermals zu einer Übung, die Rudolf Steiner gleich im Anschluss an die Ausführungen zum spiegelbildlichen Formenzeichnen erwähnt:

»Man kann dann auch dazu übergehen, das Kind an sich selber geschickt werden zu lassen im anschaulichen bildhaften Denken:
Zeige mir mit deiner linken Hand das rechte Auge! Zeige mir mit deiner rechten Hand das rechte Auge! Zeige mir mit deiner rechten Hand das linke Auge! Zeige mir von rückwärts aus mit der rechten Hand die linke Schulter! Mit der linken Hand die rechte Schulter! Zeige mir mit der rechten Hand dein linkes Ohr! Zeige mir mit der linken Hand das linke

Ohr! Zeige mir mit der rechten Hand deine rechte große Zehenspitze und so weiter.
Man kann also das Kind an sich selber die kuriosesten Übungen machen lassen. Zum Beispiel auch: Beschreibe einen Kreis mit deiner rechten Hand um die linke! Beschreibe einen Kreis mit deiner linken Hand um die rechte! Beschreibe zwei Kreise, die die Hände ineinander bilden! Beschreibe zwei Kreise, mit der einen Hand nach der einen Seite, mit der anderen Hand nach der anderen Seite!
Man lasse es immer schneller und schneller machen. Bewege schnell den mittleren Finger deiner rechten Hand! Bewege schnell den Daumen der rechten Hand! Bewege schnell den kleinen Finger! So lässt man am Kinde selber mit rascher Geistesgegenwart allerlei Übungen machen.
Was ist der Erfolg solcher Übungen? Wenn ein Kind solche Übungen um das 8. Lebensjahr herum macht, so lernt es durch solche Übungen denken, und zwar für das Leben.«[203]

Steiners Anleitung wird oft als Raumorientierungsübung verstanden und schon bei Erstklässlern zur Festigung des Links-Rechts-Verständnisses eingesetzt,[204] während er selbst sie doch im Zusammenhang mit dem Formenspiegeln erwähnt, so »um das 8. Lebensjahr herum«.
Rudolf Steiner nennt als sein Ziel solcher Übungen das Geschicktwerden der Kinder im bildhaften Denken unter Zuhilfenahme des Körpers – nicht mehr und nicht weniger. Warum sollte (wie ich es bei Dühnfort/Kranich gefunden habe) der Lehrer während des Sprechens diese Übungen selbst (ggf. sogar spiegelverkehrt) vor den Schülern mitmachen?
Aus meiner Sicht handelt es sich bei Steiners Empfehlungen um optimale Übungen zur Integration beider Gehirnhälften! Die Erfahrung, die ich mit einer 15-jährigen Legasthenikerin bei der Erarbeitung des Alphabets gemacht habe (vgl. S. 89), legen den Schluss nahe, dass die mündlich erteilte Aufgabe (»Zeige mir…« / = L-Modus) mit der Vorstellung (linkes Ohr, rechte Schulter, großer Zeh / = R-Modus) verknüpft werden soll. Die körperliche Ausführung selbst würde demnach die Verknüpfung (ähnlich wie bei der Kinesiologie) verstärken. Auch in diesen Tätigkeiten findet wieder das von Steiner konsequent verlangte »Sich-selbst-ins-Bild-setzen« statt. (Vergl. hierzu auch: S. 120/121 und 189)

Ebensolche Übungen sieht Rudolf Steiner auch für Kinder vor, die ihm als schulisch »Zurückgebliebene« (vielleicht Legastheniker?) bzw. »Unaufmerksame« (vielleicht ADD-Kinder? – vgl. hier: S. 64) vorgestellt wurden.
»Aufmerksamkeit« an sich ist für Steiner übrigens kein Kriterium für Merk- und Lernfähigkeit. Er sagt:

»Wenn es aufmerkt, sagen wir, so kann man ihm etwas beibringen, das es übrigens vielleicht dann bald vergisst …«[205]

Steiner lässt vielmehr diese Kinder erstmal Überkreuzübungen, Vorstellungsübungen und Symmetrieübungen ausführen, um dann auf schnelle oder langsame Begabungen schließen zu können.

Da Steiner die dargestellte Übung zum »anschaulichen bildhaften Denken« demnach auch als Diagnoseübung benutzt, fragte ich mich, ob nicht eine Ähnlichkeit besteht zu der Wahrnehmungsdiagnoseübung von Ronald Davis. Dabei soll sich der Klient ein Stück Kuchen auf der Handfläche vorstellen und dann sein »geistiges Auge« in den Zeigefinger der anderen Hand setzen. Der Berater führt den Zeigefinger um den »Kuchen« herum und lässt ihn sich von den verschiedensten Sichtpositionen aus beschreiben.[206]
Ich ließ eine 14-jährige Legasthenikerin, die gerade die Davis-Methode kennengelernt hatte, die »Bilddenker-Übung« von Steiner ausführen und befragte sie danach, was sie »gesehen« und gefühlt habe. Sie fand es lustig, sich so im Zickzack von vielen Seiten zu betrachten. Als ich sie bat, es mit der »Kuchenübung« zu vergleichen, meinte sie, es wäre ähnlich: »Einmal hab ich den Kuchen angesehen und jetzt mich selbst.«

Während es bei kinesiologischen Übungsabläufen (Birkenbihl) jedoch schnell zu mechanischen Bewegungsausführungen kommen kann, verlangen die Übungen von Rudolf Steiner immer die ganze Aufmerksamkeit (L-+R-Modus) des Kindes. Und der ständige Wechsel der Aufgabe und das sich steigernde Tempo trainieren die Integration der Gehirnhälften umso mehr.
Wenn aber nun der Lehrer diese Übungen mitmacht – zumal spiegelverkehrt! – wird dies meiner Ansicht nach die Kinder in ihrem eigenen Tun erstens verwirren und sie zweitens dazu veranlassen,

die Bewegungen wie eine Art Gymnastik nachzumachen. Sie müssen sich dabei gerade *keine* eigene Vorstellung zu den Bewegungsabläufen mehr machen und sind nicht mehr »selbst im Bild«. Steiner fordert deshalb auch explizit von diesen Übungen, dass das Kind »Bewegungen macht, bei denen nachgedacht werden muss, dann wird man später lebensklug ...«[207] Ich meine, das sollte man berücksichtigen, wenn man Steiners Aufforderung, solche Übungen im Unterricht einzusetzen, folgen möchte – was ich sehr empfehlen würde:

»Eine gewisse Wirkung hat es nämlich immer auf das Kind, wenn man versucht, vom Bildlichen auszugehen, aber von solchem Bildlichen, das sich an die eigene Körperlichkeit, an die eigene Leiblichkeit anknüpft, also nicht von etwas Bildlichem bloß auszugehen, das das Kind anschaut, das außer dem Kinde ist, sondern von dem Bilde auszugehen: erfasse mit der rechten Hand deinen linken Unterarm, oder dergleichen. Diese Bildlichkeit, wo das Kind sich selbst in das Bild hineinstellen muss, das ist etwas, was dann fortdauernd auf das Kind wirkt.«[208]

Nachdenkliches

Aus der Frankfurter Rundschau vom 15.11.1997, Autor Peter Wirtz:

Das Gehirn blickt in die Zukunft

Zwischen der Ankunft eines Lichtstrahls auf der Retina im Auge und der Reaktion des Sehzentrums im Hirn liegt ein Zeitraum von 50 Millisekunden. In dieser Zeit hat ein sich bewegendes Objekt bereits wieder seine Position geändert. Unser Hirn nimmt also einen Zustand wahr, der schon in der Vergangenheit liegt.
Das menschliche Hirn führt eine erstaunliche Anzahl von Verrechnungen der Sinneseindrücke durch. So erscheint beispielsweise dieselbe Strecke nach unten gesehen deutlich länger als in der Horizontalen. Unser Hirn zeigt uns nicht die wirkliche Welt, sondern eine verzerrte Version davon. Diese Zensur der Wirklichkeit ist vermutlich im Laufe der Evolution entstanden, um die Überlebenswahrscheinlichkeit zu erhöhen.
Romi Nijhawan vom psychologischen Institut der Cornell Universität in Ithaca, USA, konnte nun belegen, dass unser Hirn auch bei Wahrneh-

mungen von bewegten Objekten kräftig rechnet. Wir sehen zwar einen 50 Millisekunden in der Vergangenheit liegenden Zustand, aber unser Hirn extrapoliert aus der Bewegung den im wahrsten Sinne des Wortes voraussichtlichen Ort des Objekts. Dank dieser Berechnung sehen wir das Objekt dann in der Regel da, wo es sich im Moment wirklich befindet. Romi Nijhawan nennt diesen Vorgang treffend »vorhersagende Wahrnehmung«.

Aus der ältesten Lebensbeschreibung Mohammeds, etwa 120 Jahre nach dessen Tod – von Ibn Ishaq:

Das Traumgesicht

Jedes Jahr zog sich Mohammed in die Einsamkeit auf den Berg Hira zurück. So auch in jenem Jahr, als Mohammed 40 Jahre geworden war. Da kam die Nacht, die zur heiligsten Nacht in seinem Leben werden sollte, die Nacht Al-Kadr.
Als ich schlief, so erzählte der Prophet später, trat der Engel Gabriel zu mir mit einem Tuch aus Brokat, worauf etwas geschrieben stand, und sprach: »Lies!«
»Ich kann nicht lesen«, erwiderte ich.
Da presste er das Tuch auf mich, so dass ich dachte, es wäre mein Tod. Dann ließ er mich los und sagte wieder: »Lies!«
»Ich kann nicht lesen«, antwortete ich.
Und wieder würgte er mich mit dem Tuch, dass ich dachte, ich müsste sterben. Und als er mich freigab, befahl er erneut: »Lies!«
Und zum dritten Mal antwortete ich: »Ich kann nicht lesen.«
Als er mich dann nochmals fast zu Tode würgte und mir wieder zu lesen befahl, fragte ich aus Angst, er könne es nochmals tun: »Was soll ich lesen?«
Da sprach er: »Lies im Namen des Herrn, des Schöpfers, der die Menschen erschuf aus geronnenem Blut! Lies! Und der Edelmütigste ist dein Herr, Er, der das Schreibrohr zu brauchen lehrte, der die Menschen lehrte, was sie nicht wussten.«
Ich wiederholte diese Worte, und als ich geendet hatte, entfernte er sich von mir. Ich aber erwachte, und es war mir, als wären mir die Worte ins Herz geschrieben …[209]

Von S. Aurobindo – indischer Yoga-Philosoph (1910):

Der Intellekt ist ein Organ, welches sich aus mehreren Gruppen von Funktionen zusammensetzt, die man wiederum in zwei Hauptklassen einteilen kann – die Funktionen und Fähigkeiten der rechten Seite und die Funktionen und Fähigkeiten der linken.
Die Fähigkeiten der rechten Seite sind umfassend, kreativ und synthetisch, die Fähigkeiten der linken kritisch und analytisch ...
Die linke Seite beschränkt sich auf die bestätigte Wahrheit, die rechte bemächtigt sich dessen, was noch unsicher oder nicht bestätigt ist. Beide sind wesentlich für die Vollständigkeit der menschlichen Vernunft.
Diese wichtigen Funktionen des Menschen müssen alle auf ihren höchsten und besten Leistungsstand gebracht werden, wenn man ein Kind nicht unvollständig oder einseitig erziehen will.[210]

Johann Wolfgang Goethe über seine ›Kardinalfehler‹:

Einer ist, dass ich nie das Handwerk einer Sache, die ich treiben wollte oder sollte, lernen mochte ... entweder es war durch die Kraft des Geistes gezwungen, gelang oder misslang, wie Glück und Zufall es wollten; oder, wenn ich eine Sache gut und mit Überlegung machen wollte, war ich furchtsam und konnte nicht fertig werden.
Der andere, nah verwandte Fehler ist, daß ich nie so viel Zeit auf eine Arbeit oder Geschäft wenden mochte, als dazu erfordert wird.
Da ich die Glückseligkeit genieße, sehr viel in kurzer Zeit denken und kombinieren zu können, so ist mir eine schrittweise Ausführung langweilig und unerträglich.[211]

Zum Schluss kein Nachwort

Ein richtiges Buch – möchte man glauben – braucht nicht nur am Anfang ein richtiges Vorwort, sondern zum Schluss auch ein richtiges Nachwort: vielleicht eine Zusammenfassung, ein Fazit, eine abschließende Bündelung des Wichtigsten. Dieses Buch aber, das gar nichts abschließen, dafür umso mehr aufschließen und für viele weit öffnen will, bekommt auch zum Schluss lieber wieder ein Vorwort. Denn Schluss ist nach einigen Seiten nur mit diesem Buch als solchem, wenn der Deckel zuklappt; mit den darin behandelten Themen und Problemen, Thesen und Ideen, Fragen und Hoffnungen ist natürlich nicht Schluss. Damit soll es ja erst richtig losgehen, wenn der Deckel zuklappt.

Verstehen Sie deshalb bitte meine hier dargestellten Gedankenausflüge zum Schriftspracherwerb – so ich sie überhaupt geordnet und verständlich genug habe zu Papier bringen können – keinesfalls als »endgültige Wahrheiten«. Vieles sind auch für mich immer noch rein theoretische Erkenntnisse; praktische Erprobungen und Erfahrungen über längere Zeiträume und mit höheren Fallzahlen werden die eine oder andere Vision vielleicht erhärten, vielleicht aber auch als Illusion enttarnen. Auf jeden Fall müssen sie ein ständiges lebendiges Voneinander-Lernen mit sich bringen. Dazu, bitte, sollte dieses Buch Sie anregen, auch wenn es Sie stellenweise eventuell aufgeregt hat. Bequem wollte es von Anfang an nicht sein. Es wollte von Anfang an ein Anfang sein.

Immer wieder neu eröffnen sich mir beim Lesen der pädagogischen Vorträge Rudolf Steiners Parallelen und Verbindungen, denen noch nachgegangen werden müsste. Zum Beispiel müssten Vergleiche angestellt werden zwischen den Äußerungen Steiners zum Rechenunterricht und der Davis-Methode zur Bewältigung der Rechenschwäche* bzw. zu den Lernstrategien von Barbara Meister-Vitale zum Rechnen für rechtshemisphärische Kinder.**

Auch müssten die Verbindungen zwischen den Empfehlungen

* Für beide ist die Grundlage das »Zählenkönnen«
** Vom Ganzen ausgehend

Steiners zum Fremdsprachenunterricht und den Versuchen, die Erkenntnisse der Gehirnforschung für den Fremdsprachenerwerb zu nutzen (die meiner Meinung nach auf der Hand liegen), genauer erforscht werden.[212]
Dabei sollte übrigens dem Hinweis von Rudolf Steiner zum Übergang vom mündlichen Fremdsprachenunterricht zum schriftlichen Gebrauch der Fremdsprache besonderes Augenmerk gewidmet werden:

»Auch in den Fremdsprachen sollte man auf dem Umweg über das Schreiben zum Lesen kommen.«[213]

Bei allen Fragen, die im Moment unbeantwortet bleiben müssen, ist mir ein »Wunsch« an dieser Stelle aber von Herzen wichtig: Der Einsatz der Davis-Methode an den Schulen muss weiter entwickelt werden! Für alle Kinder! Dazu werden mittlerweile spezielle Kurse für Lehrer von den DDA-Instituten angeboten (siehe Anhang).
Allen Kindern – nicht nur offensichtlichen Legasthenikern – das ganzheitliche Lernen zu ermöglichen, gerade auch solchen, die uns undefinierbar »schwierig« erscheinen und mit ihren so genannten »Aufmerksamkeitsstörungen« in offenbar zunehmendem Maße in unseren Schulen (herum)sitzen: Das ist eine reale, umsetzbare, erfolgversprechende Utopie, an die ich glaube!
»Schwierige Kinder gibt es nicht«, sagt Henning Köhler. Vielleicht machen wir es uns und ihnen nur zu schwer. Vielleicht ist es ja sogar gerade dieses »Mehr« an Wahrnehmungen, dieses »Mehr« an Chaos, was unsere Welt jetzt braucht und ihr einen Weg ins und durchs nächste Jahrtausend weist. Auch für diesen Gedanken lassen sich Anhaltspunkte finden: Da sind zum Beispiel die faszienierenden philosophischen Betrachtungen von Jean Gebser über das bevorstehende (oder bereits eingetretene?) Zeitalter der »Aperspektive«.[214]
Fällt einem bei seinen Beschreibungen des ganzheitlichen Wahrnehmens und der Befreiung aus der Zeit nicht die »Gabe der Desorientierung« ein?
Auch der Bereich der Naturwissenschaften liefert möglicherweise viele interessante Verbindungen und Erklärungen, z.B. das Erklärungsmodell des Biochemikers und Zellbiologen Rupert Sheldrake über die Prozesse der Formentstehung in der Natur, das weit über das hinausgeht, was wir bisher aus der Gehirnforschung wissen.
Er stellt wirklich aufregende Hypothesen der Formbildungsursachen

auf, z.B. dass alle Formen in der Natur durch formenbildende (morphogenetische) Felder bestimmt werden, die quasi ein »Gedächtnis der Natur« darstellen, da sie die »Erfahrungen« aller Individuen einer Art speichern – seien es nun Kristalle, Pflanzen, Tiere oder Menschen. Wenn das so ist, dann ist vielleicht das vielschichtige, intuitive, bildhafte Denken auch eine besondere Begabung, mit diesen formenbildenden »Feldern« zu kommunizieren.[215]

Auch aus der Gehirnforschung werden wir in Zukunft noch viele neue Erkenntnisse erhalten, wenngleich hier noch manches ungeklärt und widersprüchlich bleibt – wie man den ständig aktualisierten Ausführungen von Springer/Deutsch[216] gerade wieder entnehmen kann. Dennoch meine ich, dass wir von Menschen, die »anders« denken als der Durchschnitt (seien es nun Genies aus früheren Zeiten wie Rudolf Steiner oder moderne Querdenker wie Barbara Meister-Vitale, Vera Birkenbihl oder Ronald Davis) eine Menge zusammentragen und in Beziehung zu einander setzen können. Aus der Kombination von deren intuitivem Denken und Erfassen von Zusammenhängen und den eher wissenschaftlich-logischen Erkenntnissen und Überlegungen wird uns allen eine neue Sichtweise und veränderte Achtung gegenüber den in jedem Menschen veranlagten Fähigkeiten erwachsen.

Abschließend lassen Sie mich noch einmal zurückkommen auf das im I. Teil beschriebene Talent, das nach Davis der Legasthenie zu Grunde liegt. Bildhaftes, gefühlsmäßiges Denken und die Desorientierungsfunktion führen demzufolge zu der Fähigkeit der nonverbalen Begriffsbildung und zur »Meisterschaft«. Mir als einer überwiegend verbal Denkenden war es anfänglich sehr schwer gefallen, den Vorgang der nonverbalen Begriffsbildung zu verstehen. Die Erkenntnisse von Ronald Davis, meine praktische Arbeit mit legasthenischen Kindern und Jugendlichen und vor allem die Lektüre der Vorträge und Schriften Rudolf Steiners haben mir in der Folge sehr geholfen. Oft setzen sich dabei die Versatzstücke wie von selbst zusammen – wie in folgenden Situationen, die die gefühlsmäßige, bildhafte Denkweise der Betroffenen noch einmal deutlich machen und einen Blick auf die »Meisterschaft« ahnen lassen.

Ich war dabei, mit Rebeca (10 Jahre) die Grundlage der Symbolbeherrschung zu erarbeiten. Um zu verstehen, dass die vollständige Beherrschung eines Wortes darin besteht, die Bedeutung, den Klang (die Aussprache) und die Schreibweise zu kennen, sollte sie ein Fantasiewort kreieren, sie sollte etwas erfinden, was es nicht gibt, und dieser Kreation einen Namen geben. So schuf sie das »Entenkatzenfantenvogeltier«.

Während der Arbeit summte sie vergnügt vor sich hin: »Ich erschaffe, ich erschaffe.« Wenig später – wir hatten uns schon über die Bedeutung ihres Wesens und seines Begriffs unterhalten und geklärt, dass jeder, die dieses Wort hört, wissen muss, worum es sich handelt, bzw. dass jeder, der das Tier sieht, nur mit uns darüber kommunizieren kann, wenn er auch den Begriff dafür kennt – begann sie selbstvergessen vor sich hinzumurmeln: »Wer der Sprache Sinn versteht, dem enthüllt die Welt im Bilde sich …«
Ich war ganz begeistert und fragte sie, wo sie diesen Spruch denn her hätte. Da erzählte sie mir, dass ihre Klasse diesen Satz in der laufenden Grammatikepoche gerade jeden Morgen aufsagen müsse. Zwei Tage danach traf ich wieder auf diesen Spruch – diesmal in ganzer Länge, als ich mir Rebecas Epochenheft ansah, um ihre handschriftlichen Fortschritte zu vergleichen. Ich musste schon schmunzeln, als ich unter dem Text den Namen des Autors las.

Die Sprache

1. Wer der Sprache Sinn versteht,
dem enthüllt die Welt
im Bilde sich;

2. Wer der Sprache Seele hört,
dem erschließt die Welt
als Wesen sich;

3. Wer der Sprache Geist erlebt,
den beschenkt die Welt
mit Weisheitskraft;

4. Wer die Sprache lieben kann,
dem verleiht sie selbst
die eigne Macht.

5. So will ich Herz und Sinn
nach Geist und Seele
des Wortes wenden;

6. Und in der Liebe
zu ihm mich selber
erst ganz empfinden.

Rudolf Steiner

Ich schrieb den Spruch ab und gab ihn zwei 16-jährigen Bilddenkern (im Folgenden: »A« und »B«), wobei ich ihnen – unabhängig voneinander – folgende Aufgabe stellte und ihre spontanen Assoziationen dazu mitschrieb (was ziemlich schwierig war, da ich nicht so schnell mit dem Schreiben hinterherkam):
Lies bitte bis zum Satzzeichen bzw. bis zum Strophenende und sage mir dann, was du siehst oder fühlst (entsprechend der dritten Stufe des Lesenlernens; Ziel ist das vollständige Verständnis des Gelesenen im Sinne von Davis).

Zu 1:

A: Es handelt über einen, der richtig reagiert auf das, was man gesagt hat. Wenn man das nicht bildhaft macht, versteht man die Worte nicht.

B: Gelehrte Leute, die sich sehr mit Sprache beschäftigen und den Durchblick haben. Dass einem alles klar wird. Ein Zufluss von Bildern; die Erleuchtung.

Zu 2:

A: Wer den Sprecher versteht, für den wird das Bild lebendig.

B: Wird lebendig.

Zu 3:

A: Wer das Gesprochene in Bildern erlebt, der entdeckt Sachen, die andere nicht entdecken oder nicht so sehen.

B: Eine Seele geht durch den Kopf, durch den Mund; Wörter fallen, alles sammelt sich im Gehirn. Alte, weise Leute. Altchina. Man wird weise.

Zu 4:

A: Wer sie gut nutzen kann, der bildet Macht.

B: Gesprochenes Liebesgedicht. Aufsteigende Macht. Man wird davon erfüllt. Man kriegt etwas dadurch, lernt etwas Neues hinzu.

Zu 5:

A: Freien Lauf geben; sagen, was man denkt.

B: Jemand, der Reden hält, predigt. Sprache anwenden.

Zu 6:

A: Wenn man das alles kann, ist das Wort ein »Ich«, es entsteht eine Verbindung, man beherrscht das Wort.

B: Frühling. Gedichte. Menschen im Einklang.

Vielleicht ist es eine Zukunftsvision, diese perfekte Kommunikation, wo das »Ich« mit dem Wort eine Verbindung eingeht und es »beherrscht«, wo die Dichtkunst ihren Raum erhält und sich die Menschen im Einklang befinden … vielleicht.

Anhang

I Schreibproben von Legasthenikern – einmal anders

Im Folgenden finden Sie Schreibproben, geschrieben von 9 Legasthenikern im Alter von 8 bis 16 Jahren. Alle besuchen zur Zeit eine Waldorfschule. Vier von ihnen gingen zuvor auf eine staatliche Schule. Fünf hatten bereits an einer oder mehreren Therapien teilgenommen.
Bei allen lassen sich leicht eine oder mehrerer »Störungen« (bzw. Auswirkungen der Desorientierungsfähigkeit) finden: Sie reichen von verzögerter Sprachentwicklung, Lautdiskriminierungsproblemen, Artikulationsstörungen (verwaschene Sprache, Stottern, Lispeln) über akustische und/oder visuelle Wahrnehmungsstörungen (bei vielen liegt eine Brille unbenutzt zu Hause herum), Störungen des Gleichgewichts- , Bewegungs- und/oder Zeitsinns, Verhaltensauffälligkeiten im Bereich von Aufmerksamkeitssteuerung (ADD,ADhD), zusätzliche Rechenschwäche bis zu Schulstress und Schulverweigerung. Auch die Fähigkeiten im Lesen und Schreiben sind unterschiedlich geprägt, obwohl sie bei allen zu Beginn auf einem niedrigen Niveau lagen.
Alle sind Rechtshänder, man findet jedoch viel Beidseitigkeit und manchmal eine gekreuzte Dominanz. Bei mindestens fünf von ihnen sind auch andere Familienmitglieder Legastheniker.
Die Sätze, Minigeschichten, Texte und Gedichte sind meist im Anschluss an die Erarbeitung eines Auslöseworts durch Symbolbeherrschung (nach Anweisung aus dem Buch von Ron Davis) entstanden. Dies erklärt auch die seltsam anmutenden Titel. Einige Titel haben sich dann aus anderen Zusammenhängen ergeben (»Der Pilz«, »Müll«). Die Texte von den 16-Jährigen, die bereits an anderer Stelle dieses Buches abgedruckt wurden (siehe S. 156 u. 172) sind größtenteils nach Anregung durch das Buch »Garantiert schreiben lernen« entstanden.
Außer dem Titelbegriff gab es in allen Fällen keine inhaltlichen Vorgaben. Mein Anteil an den vorliegenden »Werken« bestand ausschließlich in der Korrektur der Rechtschreibung und der Zeichensetzung.
Die Texte spiegeln (und mit zunehmendem Alter besonders deutlich) das ganzheitliche Denken der Verfasser wider: Bildhafte Sprache, geschlossene Vorstellungen, Humor, vielschichtige Wahrnehmungen und eine manchmal paradox anmutende Sichtweise, sowie eine genaue Beobachtungsgabe. Man findet präzise formulierte Erkenntnisse, aber kaum ein lineares »und dann ... und dann ... und dann«, wie man es sonst bei Schülertexten oft antrifft. Darüber hinaus geben sie uns auch Einblicke in die Erlebnis- und Gefühlswelt der Verfasser, besonders im Hinblick auf ihre Lese-Schreib- und Schulerfahrungen. Mit einigen von ihnen habe ich auch die unter III dargestellten Interviews geführt.

Ricarda (im Alter von 8 und 9 Jahren):

In und im

Die Ente sitzt im Nest und auf dem Ast steht ein Nest und in dem Nest ist ein Vogel, denn der Abend kommt zur Nacht.

Zu und zum

Endlich ist die Schule zu Ende. Franzis Papa steht schon am Auto, denn ich gehe heute zu Franzi. Wenn wir Mittag gegessen haben, gehen wir zum Reiten.

Dann

Hans sagt: »Lisa, lass mich auf die Schaukel!« – »Nein,« sagt Lisa. Dann kommt die Mutter. »Lisa, geh in die Sandkiste!« Da weint Lisa. Dann kommt der Vater und sagt: »Lisa, wir gehen spazieren mit Leo.«

Auf

»Franzi, weißt du , wo meine Brille ist?« – »Was hast du gesagt, Opa?« – »Weißt du, wo meine Brille ist?« – »Ja, auf deiner Nase!«
(siehe Abbildung Seite 202)

Uns

Franzi und Lisa haben einen Kuchen gebacken. Sie haben ihn mit Schokolade gemacht. Sie haben ihn zum Abkühlen auf den Tisch gestellt. Als sie wiederkommen, sehen sie Hans, der sich grad ein großes Stück von Franzis und Lisas Kuchen abbricht. »He, der Kuchen gehört uns!«

Rebeca (10):

Ans

Es war einmal ein Ans, das lebte mal hier und mal dort. Eines Tages ging das Ans ans Meer. Es wusch sich das n und kämmte sich das s. Dann ging es nach Hause. So endete die Geschichte vom Ans.
(siehe Abbildung Seite 203)

„Franzi, weißt du, wo meine Brille ist?"
„Was hast du gesagt, Opa?" „Weißt du, wo
meine Brille ist?" „Ja, auf deiner Nase."
Mi[a]u

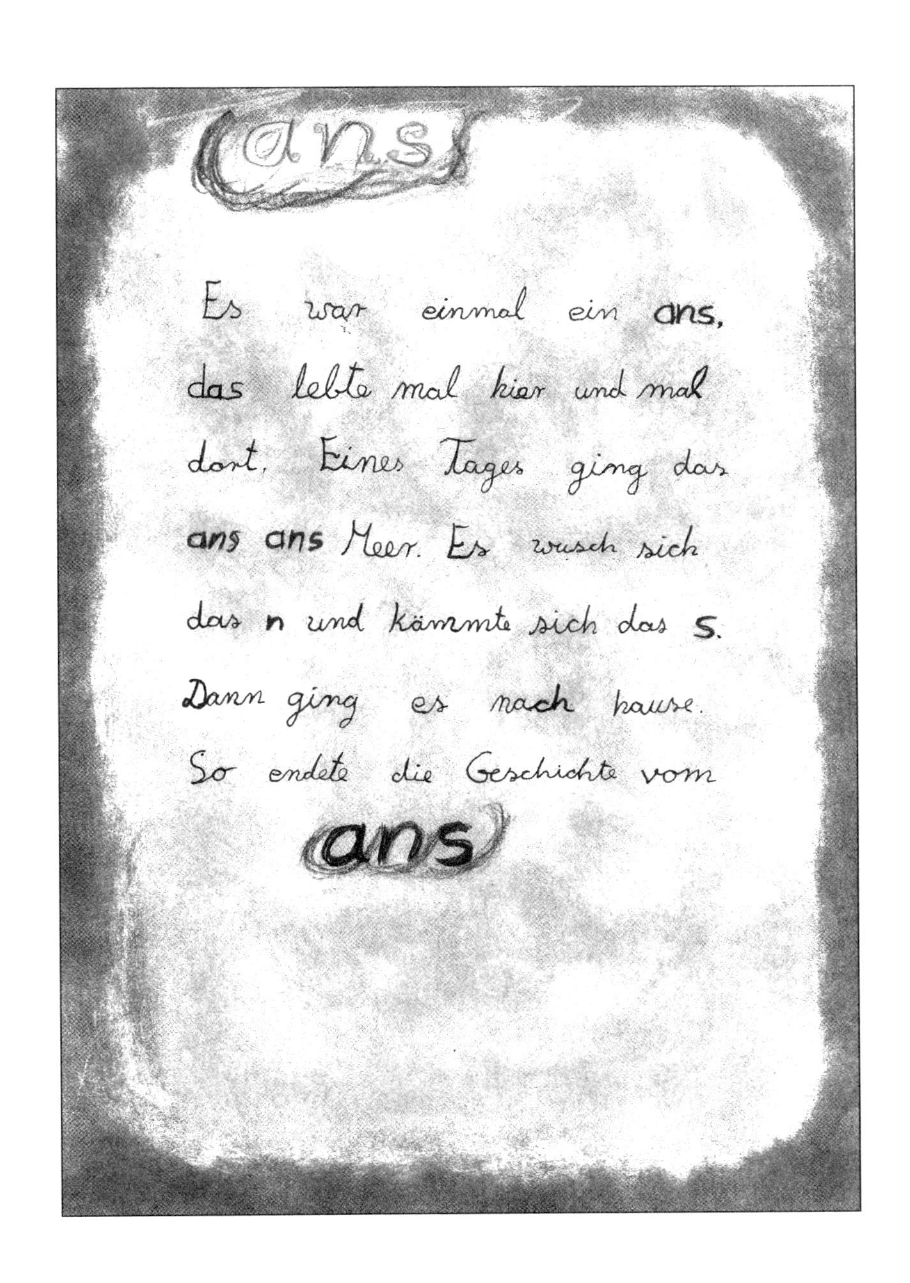
ans
Es war einmal ein ans,
das lebte mal hier und mal
dort. Eines Tages ging das
ans ans Meer. Es wusch sich
das n und kämmte sich das s.
Dann ging es nach hause.
So endete die Geschichte vom
ans

Farina (11):

nichts

Ich sitze am Tisch und
ich weiß *nichts* zu schreiben.
Deswegen wollte ich das
Wort *nichts* nicht schreiben!

Er

Er ist sehr süß, der kleine Max.

Dort

»Dort beim Mond steh' ich und kuck runter!«

Franzi (11):

Der Pilz

Du Pilz, du seltsames Geschöpf.

Du bist fast nur im Schatten
und manchmal auch im Licht.
Und brauchst ja fast kein Wasser
und andre brauchen's doch.
Du holst dir von den Andern
die Nahrung und die Kraft.
Du lebst von Baum und Pflanzen,
doch die sind nicht mehr grün.
Sie sind ganz ausgetrocknet
im kalten Pilzewald.
Du bist von Schneck' und Fliegen
die Lieblingsspeise doch.
Und stehst so ganz alleine
mit Kindern und mit Frau.

Du Pilz, du seltsames Geschöpf.

Maro (13):

Wollen

Zwei Igel, ganz spitz und fein,
Die wollen über den Rhein.
Er ist nur leider so breit und groß,
Drum bauen sie sich ein kleines Floß.

An dieser Stelle, da ist viel Holz.
Jetzt ist es fertig, jetzt sind sie stolz.
Die andre Seite ist nicht mehr weit,
Der Rhein scheint doch nicht ganz so breit.

Kurz vor dem andren Ufer dort
Erscheint der große Igel-Lord.
Er spricht zu ihnen: »Was wollt ihr hier?«
Da rufen sie: »Wir liefern Bier!«

Da sagt der Lord: »Ach, kommt doch her!«
Denn irgendwie mocht' er sie sehr.
Sie gingen auf das Ufer dort,
Er nahm das Bier – und jagt sie fort.

Dieser Lord, er war sehr dumm,
Im Fass war kein Bier, im Fass war kein Rum.
Drum lachten die kleinen Igel sehr.
Das Fass war nämlich völlig leer.

Aus

Aus dem Haus
Rennt Frau Maus
Zu Frau Kraus.
Diese Maus
Lacht Frau Kraus
Wieder aus;
Denn Frau Kraus
Hasst die Maus
Und Frau Kraus
Flippt wieder aus:
»Ach, die Maus
Ist wieder raus.
Welch ein Graus!«
Schreit Frau Kraus.

Nun ist die Geschichte aus.

Er und es

Eines Tages sah Gregor das Stinktier im Wald. Es drehte sich um und sah ihn. Er blieb stehen und bekam es mit der Angst. Er wollte sich langsam wegschleichen. Es bemerkte es aber und rannte zu ihm hin. Es hob den Schwanz; er sagte: »Puh, es stinkt!« Da sagte es:» So lasse er mich in Ruhe!« Und er lief weg. (siehe Abbildung Seite 208)

er und es

Eines Tages sah gregor
das Stinktier im Wald.
Es drehte sich um und sah ihn.
Er blieb stehen und bekam
es mit der Angst. Er wollte
sich langsam wegschleichen.
Es bemerkte es aber und rannte
zu ihm hin. Es hob den Schwanz;
er sagte: „Puh, es stinkt!" Da
sagte es: „So lasse er mich in
Ruhe!" Und er lief weg.

Ja

Dieses *ja*
Das ist ganz klar
Ein wichtiges Wort
Drum fahr ich fort.
Man kann sagen
Das Wort beim Fragen
Wie zum Beispiel
Jetzt Herr Bleistiel
»*Ja*, ist's denn so?«
»*Ja*, bleibts denn so?«
Es ist sehr wichtig
Man sagt es flüchtig
Nur einfach so
doch aber: O!
Versuch es zu beschreiben
Den Kopf wirst du dir reiben.
Ist's nicht wunderbar
Mein Gedicht über *ja*?

Antwort: …

Ja

Dieses ja
Das ist ganz klar
Ein wichtiges Wort
Drum fahr ich fort.
Man kann sagen
Das Wort beim Fragen
Wie zum Beispiel
Jetzt Herr Bleistiel
„Ja, ist's denn so?"
„Ja, bleibts denn so?"
Es ist sehr wichtig
Man sagt es flüchtig
Nur einfach so
Doch aber: O!
Versuch es zu beschreiben
Den Kopf wirst du dir reiben.
Ist's nicht wunderbar
Mein Gedicht über ja?

Antwort: …

Marc Lehninger
14.10.1999

Von

Von diesem Tag an schwor er sich:
»Ich ess' nichts Süßes, nimmer nich'.«

Denn er hat gestern was gewonn',
etwas Süßes aus Heilbronn.
Sie schickten es zu ihm nach Hessen,
er hatte es sofort gegessen.
In dieser Nacht war ihm sehr schlecht.
Die Mutter dacht': »'s geschieht ihm recht.«
Am nächsten Tag der Wecker läut',
der kleine Junge es bereut.
Als er dann von der Schule kam,
die Freunde bieten Süßes an.
Beim Anblick wird ihm schon ganz schlecht.
Er meint: »Die Mutter, die hat recht.«

Von diesem Tag an schwor er sich:
»Ich ess' nichts Süßes, nimmer nicht.«

Jenny (14):

Mich

Als ich heute in die Klasse gekomen bin, habe ich einen Liebesbrief unter meinem Platz gefunden, wo drauf stand: »Ich liebe dich, dein …« Ich habe darunter geschrieben: »Ich mich auch«, und den Zettel in die Klasse gehängt. Ich wusste ja nicht, wer ihn geschrieben hat und konnte ihm den Brief nicht wiedergeben.

Bei

Das Wort »bei« habe ich heute schreiben gelernt, ein schweres Wort. Jetzt bin ich schlapp und will erstmal nach Hause, am besten vorn Fernseher; aber Mama verbietet es mal wieder.
Ich will einen Brief an meinen Opa schreiben, der Geburtstag in zwei Tagen hat. Briefe fallen mir schwer zu schreiben. Das Wort »bei« habe ich noch so im Kopf, dass ich es schon zum drittenmal angewendet habe.
Jetzt bekomm ich einen Ausraster: Ich wollte Opa einen Brief zum Geburtstag schicken, und nicht über das Wort »bei«. Der Brief kommt wohl mal wieder

wie alle Briefe nicht an. Alle Briefe, die ich schreib, schick ich nicht wegen irgendeinem kleinen Fehler ab, obwohl ich so gerne meinen Freunden, die ich im Urlaub kennengelernt habe, einen Brief schreiben würd.

Wie

Pedro ging zum Papst. »Guten Morgen, Herr Papst,« sagte Pedro.
»Wie,« schrie der Papst, »Ich bin ein Schaf? Ab in den Kerker, ich will dich nicht mehr sehen!«
So saß Pedro im Kerker und bastelte aus einem Stück Papier einen Hut, einen wunderschönen Hut.
Als die Wächter den Hut sahen, schraken sie zurück. »Mein Gott, was ist das für ein wunderschöner Hut,« sagten sie. Die Wächter gingen zum Papst und erzählten ihm vom Hut. Der Papst wollte ihn sofort sehen.
Als er beim Kerker war, war kein Hut aufzufinden.
»Wie kann das sein?« schrien die Wächter aus einem Mund. »Der Hut war doch eben noch da!«
Auf dem Boden lag nur ein Stück zerknittertes Papier.
Pedro, der in er Ecke saß, sprang auf und sagte: »Ich kann eben zaubern!« – »Wie?« sprach der Papst. »Einfach so?«, sagte Pedro und schnippste dabei mit den Fingern. »Einfach so?« wiederholte der Papst verblüfft. – »Ja, einfach so. Ich mach es vor, wenn ihr wollt, ich mach mich unsichtbar.« – »Unsichtbar?« wiederholten die anderen erstaunt, »sowas kannst du?« – »Na klar, ihr müsst aber alle wegkucken!«
Die Wächter und der Papst hielten sich alle die Augen zu. Petro schlich sich ganz, ganz leise davon und wurde nie, nie wieder gesehen.

Ronja (13):

Müll

Der Müll wird leider überall hingeworfen. Es ist sehr sinnvoll, wenn man den Müll sortiert in der Wohnung: in Kompostmüll, Grüner Punkt, Papier und Pappe, Glas, Sondermüll und Restmüll.
Kompostmüll sind z. B. Eierschalen, Apfelschalen und restliche Obst- und Gemüsereste. Der Kompost verarbeitet diese Sachen zu Erde, die sehr nahrhaft ist.
Der Grüne Punkt besteht aus wiederverwertbaren Sachen, z. B. Joghurtbecher und restlichem Plastik. Es wird geschmolzen und wiederverwertet.
Das Papier und die Pappe wird in Containern gesammelt. Es wird dann daraus

Aufsarz

Der Müllwürt leider über all hin geworwen. Es ist ser sinfol wann man den Müll sortirt in der Wonung. In Kommpusmüll, Grüner Pungt, Papir und Pape, Glas, ~~Baterirhen~~ Sonder müll und Restmüll.

Kommpusmüll ist zumbeischpil Eiere schalen, ~~Banan~~ Apfel schahlen und restlichen Opst und Gemüsen ~~R~~ Reste. Der Kommpus ferabeiten diese sachen zu Erde die ser nehrhaft ist.

Der Grüne Pungt bestet aus wierer ~~wertbaren~~ werwet baren sachen. Zumbeispil Jogurt Becher und restliches Plasteg. Es würt geschmolzen und wider ~~ferabeitet~~ ferwerted.

Das Papir und die Pape würt in Kontenas gesamelt. Es würt dan daraus neues Papirund Pape gemart. Die biliger ist und umwelt schoner~~[illegible]~~rent ist. Es massen dan nicht so wille Beume gefellt werden.

Das Glas so weit es keinen Fant had würt wie Papir und Pape in Kontenas gesamelt. In Grünen Glas, Braunen Glas und Weis Glas dafür gipes jewals ferschidenne Kontenar. Das Glas mit Fant gipt man dar ap wo man es gekauft had. Es würt dan gewaschen und neu ferkauft.

Sonndermüll gipt man bei bestümten stazjonen ap. Zu Sonder müll gehürt zumbaichpil Lak, Botrichen, Fabe und Midikenmente.

→

Restmüll sind zumbeischpil Essensreste.
Restmüll kompt in die ganz normale Mülltone.
Es würt dan ent weder auf die Müllhalde oder
es würt Ferbrant. Die Müllhalden können so
gemacht werden das man dodrauf zumbeischpil
Heuser bauen kann. Es könen dabei manch mal
scheden for kommen, zumbeischpil das demfe
aus den Boden heraus steigen oder das die Ered
wachsest und die Heuser apsaken.

Bei der Müllferbrängung virden gase in die Luft
gesetzt die dan in die Wolken gehen dadurch
kompt auch sauren Regen zu stannde der
die Beume schedicht. Auserdem würt das
Ozonlach duch alle opgase der Weld vergrösat.

Es gipt noch zwei andere aten von Müll und
zwar Atomüll und Spermüll. Atomüll kömpt
aus dem Atomkraftwerken die Strum erzeugen.
Es sind stabe die erst nach villen
miljonen von Jahren auch diören zugluhen und
zu strahlen. Wer so ein Kraftwerg espluwert
wei zumbeispil 1986 in Schernobil ist die
ganze Welt dafon betrafen. Der Atommüll würt
dann in gesicherten Kasten in Lagen gebracht.
Eins ist sogar ganz in der nehe von Hamburg in
Guliben.

Der Spermüll bestet aus alten Möbens und angren sachen
die man nicht wie die vohergeschribenden sache
welg werfen kann. Der würt estre apgeholt.

neues Papier und Pappe gemacht, die billiger ist und umweltschonender ist. Es müssen dann nicht so viele Bäume gefällt werden.
Das Glas, soweit es keinen Pfand hat, wird wie Papier und Pappe in Containern gesammelt: in grünes Glas, braunes Glas und Weißglas. Dafür gibt es jeweils verschiedene Container. Das Glas mit Pfand gibt man da ab, wo man es gekauft hat. Es wird dann gewaschen und neu verkauft.
Sondermüll gibt man bei bestimmten Stationen ab. Zum Sondermüll gehört z. B. Lack, Batterien, Farbe und Medikamente.
Restmüll sind z. B. Essensreste. Restmüll kommt in die ganz normale Mülltonne. Er wird dann entweder auf die Müllhalde gebracht oder er wird verbrannt. Die Müllhalden können so gemacht werden, dass man später darauf z. B. Häuser bauen kann. Es können dabei manchmal Schäden vorkommen, z. B. dass Dämpfe aus dem Boden heraussteigen oder dass die Erde nachlässt und die Häuser absacken.
Bei der Müllverbrennung werden Gase in die Luft gesetzt, die dann in die Wolken gehen. Dadurch kommt saurer Regen zustande, der die Bäume schädigt. Außerdem wird das Ozonloch durch alle Abgase der Welt vergrößert.
Es gibt noch zwei andere Arten von Müll und zwar: Atommüll und Sperrmüll. Atommüll kommt aus den Atomkraftwerken, die Strom erzeugen. Es sind Stäbe, die erst nach vielen Millionen von Jahren aufhören zu glühen und zu strahlen. Wenn so ein Kraftwerk explodiert, wie z. B. 1986 in Tschernobyl, ist die ganze Welt davon betroffen.
Der Atommüll wird dann in gesicherten Kästen in Lager gebracht. Eins ist sogar ganz in der Nähe von Hamburg, in Gorleben.
Der Sperrmüll besteht aus alten Möbeln und anderen Sachen, die man nicht wie die vorher beschriebenen Sachen wegwerfen kann. Er wird extra abgeholt.

Max (16):

Langweilig

»Alt und fade schmeckt alles, was nicht mehr gut ist«, meinte Tomec, als Steffi gerade ein bescheidenes Käsestückchen probierte.
»Ähhh! Du hast recht«, sagte sie, währenddessen sie das halbe Käsestückchen gerade ausspuckte.
»Lass uns doch lieber etwas kochen.«
»Okay, aber nur, wenn du das Essen mitbringst«
»Gut, Tschau!«
KLICK!

schauen / sehen

Das Licht schien durch die Jalousien; ich saß mal wieder vor meinem alten Schwarz-Weiß-Fernsehgerät und folgte wie gebannt dem Flimmern des Bildschirms.
Es war eine Tierdokumentation über tropische und subtropische Raubvögel dieser Erde.
Aber was mich eigentlich interessierte, war der Adler, der mich schon seit letztem Jahr beschäftigt wegen der Vogelexpedition im Sommer, von der ich übrigens noch ein paar bunte, grelle Bilder habe, die so optisch gut sind, dass man sie nur mit Brille oder Kontaktlinsen sehen kann.
Plötzlich!!! fiel ein Lichtstrahl durch die Jalousien und blendete mich!

Gerrit (16):

Das Meer

Das Meer ist ruhig.
Das Boot spiegelt sich im Wasser.
Wind kommt auf.
Das Boot schwankt.
Die Wellen werden größer.
Das Wasser schäumt.
Die Wellen krachen auf das Deck.
Es wird dunkel.
Das Meer ist wild.

Es beginnt zu regnen.
Es ist kalt.
Blitze zucken.
Das Deck ist nass.
In den Wassertropfen spiegeln sich die Blitze.
Das Meer ist wild.

Die Winde fallen.
Das Meer ist ruhig.
Das Boot spiegelt sich im Wasser.

Fear is all around

I find that in the 21st century, probably the most feared thing is – being judged or being left out.

So many people go through the pain and fear of rejection.
To fit somewhere you have to smoke or take drugs in order to be accepted.
Otherwise you are afraid of being on your own; this is when you are lost in your own world.
You are afraid of failing in school and you feel you failed your friends and family.
There are many things which seem to be foolish, but some of us are afraid of such as: commitment to love and marriage, heights, animals or even being in front of a crowd.
Some of us are afraid of even not succeeding in our dreams.

I think my greatest fear of all is not living life at its fullest.

Junge, 18 Jahre (Kapstadt 2002)

Julia (10):

Der Mond leuchtet in Gottes Gewalt,
Die Sonne leuchtet in Gottes Gewalt,
Die Blumen leuchten in Gottes Gewalt,
So leuchte auch ich in Gottes Gewalt.

Maro (mit 14):

Legasthenie

Legasthenie?
Ach, wissen Sie
Nicht was das ist?
Wenn du das bist,
Ist es nicht schlimm,
Denn in dir drin
Weißt du genau,
Dass du bist schlau.
Du denkst mit Schildern,
Also in Bildern,
Auch das Rechnen fällt dir schwer,
Lesen magst du auch nicht sehr,
Schreiben tut dir nicht so gut,
Doch trotzdem fasse neuen Mut,
Du kannst dies, die anderen das,
Hauptsache, es macht dir Spaß.
So kann Schreiben Spaß dir machen,
Vor allen Dingen mit solchen Sachen,
Wie zum Beispiel dies Gedicht,
Aufgezwungen war es nicht,
Drum hat es mir dann Spaß gemacht,
Weil ich es selbst hab ausgedacht.

Jenny (mit 17):

Nebel

Keine klaren Linien,
Keine klaren Grenzen,
Freiheit?!
Doch ohne klare Linien
Keine Klarheit.
Was ist Freiheit?

Gerrit (mit 18):

SMS

Ich mache schluss
schluss mit dir
du bist das letzte
du stinkst
dein atem macht mich krank
du zigarette.

Kalt und warm

Kalt wie mein Blut
Warm wie das Eis,
Was du im Winter isst,
Ist wie die Erde, die
sich nicht dreht
und das Licht in der Kurve bewegt,
so spricht der,
der die Erde versteht.

Max (mit 17):

Eine Weihnachtsgeschichte von Lukas

Es war Weihnachten und es duftete wie jedes Weihnachten nach Äpfeln und Zimt, gemischt mit dem süßlichen Geruch, der aus der Küche kam. Lukas lukerte durch das halb offene Küchenfenster und sah, wie ein dicker, in Rot gekleideter Mann sich an einem großen Apfelkuchen zu schaffen machte bzw. ihn mit Zuckerguss glasierte.
Da hält es der Kater nicht mehr aus und stürzt sich in die weihnachtlich duftende Küche.

Herbst

Die Blätter fallen,
die Kälte kommt.
Die Sonne geht von dannen,
um erst im Frühjahr wieder anzufangen.
Wir bangen um unser Sein
Durch Depressionen fressen wir es in uns hinein.
Auch wenn mein Reim daran
nichts ändern kann,
hoffe ich innerlich, irgendwann
fängt der Sommer wieder an.
Die Blätter brauchen nicht mehr als ein wenig Wärme,
glaube daran.

Innehalten

Das STOP sollte benutzt werden,
um die
stillsitzenden,
gedanklich stillstehenden,
stillen Fortschrittsstopper
zu stoppen.

Deswegen plädiere ich auf anhaltendes Nachdenken –
und diesen X-TEN Tag sollten wir feiern!
STOP!

Abschließend eine Kollage mit Schriftproben von denselben Kindern und Jugendlichen:

anderen verlihen
wont. dan hat

hireine Konigen rit. Leten

Fer milf nettag
Setz Beim Fristig

Der Elefante
Wilduich.

Robert ist ist
feind aus der welle

Der Polizist bewegt
das Fahrratschloo.

Es ist ser senfor wemandenman

lauft weik
Ver versuch

Bey 1000 tta Repupliknos were streng enor

ser neber haft inst wir den Gaten.

LsL Lernstudio Leonardo Hamburg-Altona

Persönliche Beratung und individuelles Training bei
- Legasthenie
- Rechenschwäche
- ADS/ADHS
- Handschriftproblemen

sowie Hilfestellung und Mediation bei Folge- und Begleiterscheinungen wie Schulverweigerung, Konflikten in Schule und Elternhaus und bei Suchttendenzen

Cornelia Jantzen, Lehrerin (Postadresse: Susettestraße 4, 22763 Hamburg)
Mobil: 0174-9750544, Tel.: 040-3909930, Fax: 040-39909585
Gabriela Drass, Diplom-Psychologin, Mobil: 0162-1044619

Die aktuellen Kontaktadressen der Davis Dyslexia Association International (DDAI) entnehmen Sie bitte dem Internet:
http://www.dyslexia.com

Das DDAI verfolgt das Ziel, ein weltweites Bewusstsein dafür zu schaffen:
- was Legasthenie und die damit verbundenen Lernstile sind
- welche Talente sie begleiten
- wie die lernbehindernden Aspekte bewältigt werden können.

Das DDAI bringt vierteljährlich ein Journal heraus. Dieses ist über das Internet zu beziehen.

Literatur zur Davis-Methode:

Siehe Literaturverzeichnis unter:

Davis, Ronald D.; Temple, Robin; Steltzer, Saskia

Tzivanakis, Ioannis: Wörterbuch der bildlosen Wörter
(zu beziehen über ddad)

Davis, Ronald D.: »Die unerkannten Lerngenies. Mit der Davis-Methode Lernstörungen beheben«, Ariston-Verlag, Kreuzlingen 2004

Erfahrungsberichte mit der Davis-Methode

In den Journalen der jeweiligen dda-Institute werden immer wieder Erfahrungsberichte veröffentlicht. Aus meinem eigenen Erleben möchte ich diesen hinzufügen:

- den Bericht einer Mutter, die mit ihrer Tochter nach dem Buch von Ron Davis arbeitet,
- Interviews mit legasthenischen Schülern,
- Interview mit Matthias Gradenwitz, einem ehemaligen Waldorflehrer und heute zertifiziertem Davis-Berater.

Zunächst der Bericht einer Mutter, deren Tochter seit einiger Zeit zusammen mit meiner Tochter in dieselbe Klasse geht. Sie erkannte beim Lesen des Buches von Ronald Davis sofort die Besonderheiten ihrer Tochter wieder, und beide beschlossen nach einem Gespräch mit mir, anhand des Buches miteinander zu arbeiten. Ursprünglich ist das Buch auch so konzipiert. Die Erfahrung hat zwar gezeigt, dass das Arbeiten mit dem eigenen Kind sehr schwierig ist, vor allem dann, wenn das Kind schon durch mehrere Therapiestationen gegangen ist und sich immerzu als defizitär erlebt hat; aber in ihrem Fall schien es möglich zu sein. Ich bat sie damals, ihre Erfahrungen aufzuschreiben.

Svenja

Februar 1999

Meine Tochter und ich hatten von Anfang an eine sehr gute Verbindung zueinander. Diese Verbindung hat sich im Laufe unseres Lebens so verstärkt, dass wir, auch wenn wir getrennt waren, wussten, wie es dem anderen geht. Telefonate waren oft überflüssig. Ich erwähne das nicht, um uns mit irgendeiner mysteriösen Aura zu umgeben. Es war oder ist für uns ein recht normaler Zustand. Leider gab es dort auch einen schwarzen Punkt: Svenja hatte wahnsinnige Probleme zu lesen und zu schreiben. Irgendwie hat sie es geschafft, mit viel Anstrengung durch die Schule zu kommen, wobei sie es noch extrem schwer hatte, da sie Deutsch als Muttersprache hat und ihre erste Klasse im Ausland begann. Sie ging vier Jahre in Kopenhagen zur Schule, besuchte in der 5. und 6.Klasse die Internationale Schule und geht jetzt in die 7. Klasse einer Rudolf Steiner Schule.
Sie lernte in einer unglaublichen Geschwindigkeit Englisch und Dänisch. Die Probleme beim Lesen und Schreiben blieben. Sie büffelte immer eifrig, um schreiben zu können, doch war oft das, was sie sich an einem Tag mühevoll eingepaukt hatte, innerhalb kürzester Zeit verschwunden. Andererseits hatte sie Begabungen, die ihrem Alter weit voraus waren.

Ich habe sie nie abgewertet, weil sie nicht richtig schreiben und lesen konnte. Wir haben gemeinsam versucht, was ging. Sie eignete sich viele Tricks an, um diese Mängel zu vertuschen.
In der jetzigen Klasse wurden wir durch ihren Klassenlehrer auf eine Methode aufmerksam gemacht, die sich mit der »Begabung« von Legasthenikern beschäftigt, dargestellt im Buch von Ronald Davis. Nachdem ich das Buch in der Hand hatte, hat es mich nicht mehr losgelassen. Da ich mich in meinem Leben mit Philosophien beschäftigt habe, bei denen es normal ist, dass Menschen außerhalb ihres Körpers wahrnehmen und ich es selbst durch meine Tochter erfahren habe, fügte sich ein Puzzle bezüglich Svenjas Leseproblem zusammen.
Ich habe mich dann mit Frau Jantzen getroffen. Sie erlebte selbst den Leidensweg von Kindern, die Legastheniker sind, und sie wendet diese Methode nach dem Buch von Davis an, um Kindern zu helfen. Nach einem sehr interessanten Gespräch entschieden meine Tochter und ich, dass ich selbst meine Tochter durch dieses Programm begleiten wollte.

Der 1. Tag

Ich habe mir zuerst die Methode anhand des Buches zu eigen gemacht. Wir führten dann den ersten Schritt (Wahrnehmungsdiagnose) durch, indem meiner Tochter klar wurde, dass sie ihre Umgebung aus allen möglichen Richtungen wahrnehmen konnte. Als ich das sah, war ich völlig verblüfft. Sie sagte einfach, es wäre für sie völlig normal.
Wir gingen zum Beispiel am gleichen Tag in die Reithalle und setzten uns an die lange Seite der Bahn. Sie sagte: »Weißt du, es ist für mich völlig normal, dass ich mir die Seite von der Längsseite ansehen kann oder von dem Reiter aus und es war mir nie bewusst, dass das andere nicht können.«
Ihr wurde diese Begabung jetzt erst bewusst. Sie ist eine der Begabungen, die für Legastheniker normal sind. Mir selbst ist sie auch real, da der Mensch in meiner Realität einen Körper hat, den er als geistiges Wesen inne hat. Wir können es Seele nennen oder wie auch immer, es steht jedem frei. In diesem Zusammenhang hat es einzig und allein diese Wirkung bei den Legasthenikern, da sie als Wesen außerhalb ihres Körpers wahrnehmen.
Nach dieser ersten Sitzung wussten wir also, dass Svenja Legasthenikerin ist, und es war für uns ein Erlebnis. Sie fand auch im Bezug auf die Schrift zum ersten Mal in ihrem Leben Dinge beschrieben, genau so, wie es sich für sie darstellte, z. B.: das Sehen der Buchstaben aus allen Richtungen, das Erscheinen der Schrift, als wäre alles eins usw.

Der 2. Tag

An diesem Tag mussten wir uns einen Schritt vornehmen, der Svenja die Möglichkeit gab, die Buchstaben aus ihren Augen allein zu sehen und nicht aus allen Richtungen, was Buchstaben natürlich in unglaublichen Varianten erscheinen lässt (Orientierungstraining).
Wir gingen durch diesen Schritt, wobei Svenja alle Anweisungen sehr gut ausführen konnte. Als wir den Orientierungspunkt festgelegt hatten, liefen wir in ein großes Problem, denn Svenja dachte, sie solle von dort aus physisch sehen. Als wir das Missverständnis geklärt hatten, dass sie von diesem Punkt aus die Stelle zwischen ihren Gehirnhälften unter Kontrolle hielt, die beim Lesen zu dieser Verwirrung führt, kam das nächste Problem. Sie fing an zu weinen und konnte ihr geistiges Auge nicht mehr finden, sie sah zum ersten Mal bewusst durch die Augen auf die Buchstaben. Wir klärten dann noch einmal, dass sie ihre Wahrnehmungen nicht aufgeben muss, sie soll einfach nur den Orientierungspunkt benutzen, wenn sie liest, so wie ich eine Brille brauche, braucht sie den Punkt über dem Hinterkopf, um sich beim Lesen zu orientieren.
Es war wie ein Wunder: als Svenja diesen Punkt hatte, konnte sie viel besser lesen als vorher, und sie merkte sofort, wenn sie nicht an der Stelle war.
Wir machten eine Pause und begannen, das große Alphabet zu kneten. Jeder Buchstabe, der ihr bis jetzt Probleme machte, erzeugte spezielle Phänomene, die wir den Angaben der Schritte nach handhabten.
Dann geschah ein weiteres Wunder: Svenja konnte das Alphabet, nachdem sie es fünfmal nach Missverständnissen durchgegangen war, fließend rückwärts auswendig. Es war für mich unglaublich, da ich es nicht in dieser Geschwindigkeit hätte nachvollziehen können. Doch das war noch nicht alles: ich konnte ihr einen beliebigen Buchstaben aus dem Alphabet geben und sie gab mir ohne zu zögern den vorangehenden sowie den folgenden Buchstaben auswendig an. Ich kann ganz simpel sagen, dass ich es nicht kann und ich glaube, dass jeder »normale Mensch« dazu sicher eine gewisse Zeit braucht, um es zu können. Ich glaube, dass man hier sieht oder sich überlegen sollte, was »normal« ist: der Norm entsprechend. Diese Begabung liegt darüber.
Nachdem Svenja erkannte, dass sie es selbst geschafft hatte und ich es ihr nicht in dieser Geschwindigkeit nachmachen konnte, war sie überglücklich.
Ich glaube, sie wusste zum ersten Mal in ihrem Leben, dass sie eine Chance hatte, schreiben und lesen zu lernen.

3. Tag

Am dritten Tag haben wir das kleine Alphabet durchgenommen. Wenn Svenja verwirrt wurde, haben wir nach dem Orientierungspunkt gesehen oder haben zusätzlich noch Missverständnisse bei den Buchstaben gefunden. Im Großen und Ganzen ging es viel flüssiger, und Svenja war mit großem Eifer dabei. Die Satzzeichen wurden dann auch noch durchgenommen, und Svenja schloss ihre Lektion für den Tag fröhlich ab.

Vier Monate später:

Wir arbeiten jetzt daran, die Hauptauslösewörter zu klären, nachdem ich mit ihr umfangreich die Grammatik erarbeitet hatte.
Während dieser Arbeit war Svenjas Entschluss entstanden, ich sollte doch alles aufschreiben bezüglich der Grammatik oder anderer Dinge, auf die wir stießen, um damit später anderen, die die gleichen Probleme wie Svenja haben, zu helfen. Ich wende nun diese Methode mit Svenja in jeglichem Schulfach an. Wir klären die Worte, kneten Missverständnisse bis zum Verstehen. Svenjas Schrift ist jetzt viel besser geworden. Der Lehrer sprach mich darauf an, dass man die Erfolge deutlich spüren kann. Svenja kommt jetzt viel besser mit ihren Hausaufgaben klar und bewältigt sie größtenteils selbstständig.
Ich finde es bewundernswert, wie Mr. Davis diese Methode entwickelt hat und bedanke mich hiermit.

A. K.

Interviews mit Schülern

Bei den folgenden Interviews habe ich Schüler/Innen einzeln befragt und ihre Antworten zunächst auf Band aufgenommen. Es handelt sich um die Kinder und Jugendlichen von denen auch die bereits aufgeführten Schreibproben stammen.

C.J.: Du bist Legastheniker.
Wie und wann macht sich das für dich bemerkbar?

Ricarda.: Weil ich nicht so gut rechnen kann, auch nicht so gut und so schnell schreiben. Manchmal – wenn ich an meinen Punkt kommen muss – bin ich immer so hibbelig.

Max: In der Schule, im Unterricht.

Jenny: Wenn ich lese, wenn ich schreibe.

Gerrit: Seit der ersten Klasse, seitdem das Lesen anfing. Ich wusste ja nicht, was Legasthenie ist, ich konnte halt nicht lesen, und mir hat das aber nichts ausgemacht.

Maro: Beim Schreiben, beim Lesen. Wenn ich laut vorlesen muss, dass ich nicht mitkomme, dann gucken auch immer alle so. Früher, als nicht klar war, dass ich Legastheniker war, da haben auch immer alle gedacht, dass ich irgendwie dumm wär, dass ich nicht lesen kann. In der Konfirmandengruppe, da muss man auch manchmal was vorlesen. Wenn ich dann da so schleppend lese, dann lachen sie auch mal.

Wie geht deine Mutter/gehen deine Eltern damit um?

R.: Die versteht das. Nur manchmal, wenn ich so hibbelig bin, dann sagt sie: »Komm an deinen Punkt!«, und dann sag ich: »Nein, jetzt hab ich Ferien, jetzt will ich das nicht.«

Max: Verständnisvoll.

J: Sie schicken mich zu dir. Helfen mir bei den Hausaufgaben, sind dazu bereit, mir viel zu helfen. Haben Verständnis, wenn ich was brauche, kann ich immer zu ihnen gehen.

G: Ja, die lassen mich halt in Ruhe.

M: Die haben da Verständnis für. Meine Mutter, die sagt, wenn ich jetzt mal was vergesse wegen Datum und so: »Ist OK, du bist eben nicht so gut da drin.«

Wie gingen und gehen deine Lehrer damit um?

R.: In meiner alten Schule hat die (Lehrerin) mir dann die Zettel zerrissen. Weil das alles falsch war und so. In den neuen Schule ist das jetzt gut.

Max: Früher war das 'n kleines Problem, aber jetzt – ja, das geht eigentlich. Meine neue Schule ist aufgeklärter.

J: In der Grundschulklasse hat die Lehrerin mich in der Pause ganz oft was vorlesen lassen. Dann in der 5. bis zur 7. Klasse hab ich in der Schule nichts weiter extra bekommen, also ganz normal haben die Lehrer mich behandelt. Und jetzt in der achten Klasse, war die Lehrerin sehr verständnisvoll, wenn ich mal was nicht hatte. Das war aber vielleicht nicht ganz so gut, weil die andern kriegen das dann mit, und das ist ja auch doof.

G: Die haben eigentlich nie was gesagt, die haben nie gesagt, dass ich das mal machen muss, haben mich eigentlich nie unter Druck gesetzt.

M: Also mit … (dem Klassenlehrer) ist das jetzt besser geworden, anders geworden. Die andern Lehrer, ich weiß gar nicht, ob die das wissen, da ist es genau wie vorher; in den Fremdsprachen.

Du kennst jetzt die Werkzeuge der Davis-Methode wie Orientierung und Symbolbeherrschung. Viele können sich nicht recht vorstellen, wie das ist, orientiert, also mit dem geistigen Auge am Punkt zu sein.

Was bedeutet das für dich?

R.: Wenn ich an meinen Punkt geh, bin ich dann immer ruhiger und konzentrierter.

Max: Das ist: »nicht konzentriert« zu sein, sondern man kann sich dabei auf etwas einstellen, man konzentriert sich nicht darauf.

J: Ich stell mir einfach vor, da ist der Punkt, und dann geh ich ran, und dann fang ich an zu lesen, und dann denk ich da nicht mehr dran. Es ist schon automatisch so, wenn ich lese, orientier' ich mich. Ich merk den Unterschied nicht mehr so.

G: Ist halt anders. Beim Lesen ist es so, wenn ich mich zu doll drauf konzentriere, dann ist Chaos, aber wenn ich dann ganz locker an den Punkt gehe, dann geht das.

M.: Wenn ich dran bin, bin ich auch konzentrierter. Da kann ich mich besser auf das, was da vor mir geschrieben liegt, konzentrieren, es geht alles leichter. Es geht lockerer.

Wie ist es dagegen, wenn man z.B. beim Lesen oder Schreiben desorientiert, vom Punkt weg ist?

R.: Dann bin ich ganz hibbelig und schaff wenig und schreib dann auch ganz schön viel falsch. Beim Lesen merk ich das nicht mehr so, ich kann jetzt schon viel besser lesen.

Max: Also, dass die Buchstaben verfliegen, wenn ich vom Punkt weg bin. Alles, was dann außerhalb meiner Sicht ist, da gehen sie auseinander, verschieben sich. Da kann ich das nicht mehr richtig wahrnehmen. Ich seh nur den einen Punkt auf dem Blatt.

J.: Sind dann blöde Buchstaben, die irgendwie rumschwirren. Dann gerät plötzlich alles durcheinander. Dann übersieht man ein Wort und rutscht in eine untere Zeile, man verliest sich, liest ein Wort, das so ähnlich klingt und so.

G: Lauter irgendwelche Zeichen, kein Abstand mehr und es sind einfach nur Hieroglyphen.

M.: Dann kommt auf einmal ein Wort und dann bin ich raus, und dann nochmal das Ganze zurück. Manchmal les ich das Wort öfter, aber dann les ich das doch irgendwie falsch. Dass ich dann einen Buchstaben immer auslasse und das nicht sehe.

Legastheniker denken überwiegend mit Bildern und Gefühlen und dieses in einer Geschwindigkeit, die kaum bewusst wahrnehmbar ist.

Wie ist das für dich? Nehmen wir als Beispiel einen Begriff: Was siehst und/oder empfindest du bei dem Wort »Löwe«.

R.: Was ich dann sehe? Ja, dann sehe ich einen Löwen in der Wüste unter solchen komischen Bäumen, diese mit so 'ner ganz platten, breiten Krone. Dann seh ich da noch eine Herde Gnus.

Max: Tier, nein, König des Dschungels. Das sind so verschiedene Bilder.

J.: Da seh ich 'nen Löwen, der da kräftig und groß steht mit seiner großen Mähne, der schreit und seine Stärke zeigt, der brüllt. Wenn ich weiter drüber denk, kann ich mir vorstellen, wie er läuft, wie er springt, wie er liegt, wie er schläft. Eben hab ich ihn durch die Sahara laufen sehen. Das geht alles so schnell, das kann man gar nicht sagen.

G: Kraft, schrei..., brüll... Also den Charakter des Löwen. Wenn er liegt oder jemand angreift oder auch nicht, halt den Charakter.
In verschiedenen Rollen: wenn er liegt, wenn er springt, wenn er läuft. Es ist einfach da.

M.: Gelb, also: Löwen mit Mähne und so, mit Mund offen und da drum die Savanne, paar Bäume und Gras. – Ja, er kann sich auch bewegen, dann geht er, und im Hintergrund sind andere Tiere, und dann legt er sich mal hin.

Manche Wörter haben keine direkte bildhafte Bedeutung, z. B. kleine Wörter wie »wenn, dann, falls ...«. Wir erarbeiten sie dann anhand der Begriffserklärungen im Bedeutungswörterbuch und meist auch anschließend durch Plastizieren des Begriffs. Welche Erfahrungen hast du damit gemacht?

R.: Dass das jetzt alles viel besser klappt. Wenn ich halt knete, dann schreib ich die Wörter richtiger.

Max: Ja, dass ich mir dann manche Sachen besser merken kann, weil ich das entsprechene Wort mir so einpräge und das selten wieder vergesse.

J.: Ja, wenn ich lese. Die Wörter, die ich kann, die lese ich dann und dann fällt mir nicht auf, dass ich die letztes Mal nicht lesen konnte. Weil ich jetzt auch immer mehr lese. Ich weiß nicht genau, ob ich das jetzt besser kann, weil ich die geknetet hab oder weil ich einfach jetzt mehr lese. Aber wenn ich lese, fällt dir das ja manchmal auf, und dann sagst du das, und dann merk ich, dass ich das Wort ja geknetet hatte.

G: Eigentlich nur positive Erfahrungen. Ich hab's am Anfang nicht geglaubt, dass es was wird oder dass er überhaupt was bringt. Ich hab's ein bisschen lächerlich gefunden. Aber es bringt was.

M.: Nur gute, würd ich sagen. Das hilft mir schon weiter. Zum Beispiel jetzt »der, die« und so, ist nicht mehr so verwirrend.

Du hast dann einige eigene Texte/Geschichten geschrieben. Welche Erfahrungen hast du damit gemacht?

R.: Das Geschichtenschreiben ist gut. Und dann kommt man eigentlich auch viel besser klar mit den Wörtern, wenn man irgendwas selber geschrieben hat, und dann hab ich's auch mehr im Kopf.

Max: War ganz witzig; also hat Spaß gemacht, häufig.

J: Hab ich gern gemacht. Ist auch ganz gut, dann das Wort, das man gerade geknetet hat, sozusagen zu festigen; sich die verschiedensten Situationen ausdenken, in denen das Wort vorkommt.

G: Ja, ich war erstaunt, dass ich sowas kann. Manche Leute waren sogar fasziniert von den Gedichten.

M.: Hat Spaß gemacht. Ich wusste auch gar nicht so vorher, dass ich das konnte.

Ronald Davis sagt, dass für die meisten Legastheniker das Wort »Schule« am besten mit »Frustration« zu beschreiben sei. Wie sieht das für dich aus?

R.: Ja, dass Schule einfach blöd ist. Ist ein bisschen besser geworden.

Max: Ja – Ja, ja, ja, ja, ja, ja, ja, ja, ja, ja, – ja,ja!

J.: Ja, ja, auf jeden Fall.

G: Ehm, ich find das eigentlich gar nicht so, weil – ich kenn das eigentlich nicht, das Unter-Druck-gesetzt-Werden, und daher geh ich eigentlich immer so (zur Schule) – ja – okay, Scheiße – aber es muss gemacht werden, und irgendwie schlag ich mich da jetzt durch.

M.: Ja, wenn ich an Schule z.B. in den Ferien denke, dann werd ich frustriert, dann krieg ich gleich schlechte Laune.

Gibt es etwas, was du Lehrern sagen möchtest, die Legastheniker in ihren Klassen sitzen haben?

R.: Nö. – Ja vielleicht, dass sie nicht so rummotzen sollen, wenn man so wenig geschafft hat.

Max: Ehh – nee, ich weiß nicht. Viele Lehrer sind schon gut drauf – na ja, nicht viele, aber ... Sollen Verständnis zeigen den Schülern gegenüber, den Leistungen.

J.: Mhm. Also ich finde, diese Extrawürste brauchen Legastheniker eigentlich nicht. Wir sind ja nicht doof oder so. Wenn sie was nicht verstanden haben, dass sie nachfragen können. Das einfach die Unterrichtsgestaltung so ist.

G: Nö –, also: bei Geschichte chronologisch durchgehen, nicht immer so springen. Aber es geht halt nicht immer.

M.: Ja, dass sie irgendwie mehr drauf eingehen sollen. Dass sie ein bisschen langsamer das machen. Beim Tafelschreiben, dass sie nicht die Tafelseite gleich zumachen sollen. Beim Lesen, noch mal ein bisschen warten und so.

Etwas, was du anderen Legasthenikern sagen möchtest? Oder/und ihren Eltern?

R.: Weiß ich nicht. – Dass sie nicht traurig sein sollen, hat ja auch seine guten Seiten. Und dass alle, dass die ganze Welt kneten soll.

Max: Dazu kann man nix sagen.

J.: Man darf sich nicht so 'nen Druck machen. Da kommt sowieso nichts bei raus. Dann schreibt man vielleicht den Vokabeltest ganz gut, aber 'ne Woche danach kann man die Vokabeln nicht mehr. Das bringt nichts. Für mich ist die Davis-Methode besser, aber ich kann jetzt nicht sagen, dass das für alle so ist.

G: Was soll ich denen sagen. Also was ich früher zwei Jahre lang bei so 'ner Therapie im ....(heilpädagogisches Institut) gemacht hab, also, es hat nichts gebracht, ich war ziemlich frustriert davon. Ich wusste von Anfang an, dass es nichts bringt. Was hab ich da gelernt? Die Zweierreihe und die Vokabeln, nee, »Vokale«, aber mehr auch nicht. Lesen war 'ne einzige Katastrophe bei der Therapie, da fing ich dann auch manchmal an zu heulen. Ich sollte nicht raten, sondern lesen. War ziemlich frustrierend. Da kam ich eher unter Druck als in der Schule. Und dann bei der Davis-Methode, da war ich halt skeptisch, und es hat was gebracht.

M.: Dass sie es gelassener sehen sollen. Sich nicht so stressen.

Legasthenie ist eine Begabung, z. B. die Fähigkeit der vielschichtigen Wahrnehmung und das schnelle bildhafte Denken.
Bist du – unter diesen Gesichtspunkten – froh, Legastheniker zu sein?

R.: Ja, ist aber auch blöd. Warum können die anderen es eigentlich immer alles viel besser?

Max: Ja. Ich merk das überall. In manchen Sachen, so im Denken, in Hinsicht, die so das Allgemeine betrifft. Redegewandter. Bei einem Ereignis in letzter Zeit ist mir das wieder klar geworden, im Umgang mit Freunden. Manchmal hab ich da was, ja, so 'ne Art schnelle Erkenntnis.

J.: Ja, klar.

G: Auf alle Fälle. Ich weiß nicht, ob ich das direkt merke, ich denk immer, die andern verarschen mich, weil ich was gemacht hab, auf das die andern nicht gekommen wären und für mich ist das ganz normal.

M.: Naja. Manchmal fänd ich es besser, anders zu sein. Aber dann find ich es besser, so zu sein wie ich jetzt bin. Man merkt das schon, dass die andern Kinder anders sind, anders denken. Auch beim Spielen, dass sie das ganz anders machen, als ich das gemacht hätte. Ganz andere Strategien.

Interview mit Matthias Gradenwitz, zertifizierter Davis-Berater

C.J.: Matthias, du hast schon viele Berufe ausgeübt; zuletzt warst du im Förderklassenbereich als Lehrer an der Michael-Bauer-Schule (Freie Waldorfschule mit Förderklassenbereich) in Stuttgart tätig. Was hat dich bewegt, noch einmal etwas Neues anzufangen und Davis-Berater zu werden?

M.G: In meiner Tätigkeit als Lehrer mit Kindern, die Lernschwierigkeiten haben, blieb für mich einiges unverständlich. Im Kennenlernen der Davis-Methode ergaben sich für mich schlüssige Gedankengänge und Wahrnehmungen, die es mir möglich machten, zu verstehen, wie ich in solchen Fällen wirksam helfen kann. Am Anfang war ich aber skeptisch und habe mich von vielem erst wirklich überzeugen können, indem ich es angewendet habe und die Erfolge davon selber erleben konnte. Es wurde mir klar, wie groß die Notwendigkeit ist, Kindern, Jugendlichen und Erwachsenen auf diese Art und Weise zu helfen.

Du hast jetzt ein eigenes Institut in Bad Nauheim gegründet mit dem Namen ImagoBL. Wieso dieser Name?

Mit vollem Namen heißt das Institut »Imago BL. Beratung legasthenisch begabter Menschen« (ImagoBL@t-online.de). Das Bilddenken ist ein wichtiger Bereich im Leben der Legastheniker, deshalb der Name »Imago« für Bild. »Beratung legasthenisch begabter Menschen« deshalb, weil nach meinem Verständnis Legastheniker keine Krankheit haben, die therapiert werden muss, sondern begabte Menschen sind , denen man durch Beratung und Training zeigen kann, wie sie ihre Fähigkeiten und Begabungen so einsetzen können, dass auch sie Lesen, Schreiben und Rechnen beherrschen können. Als ich dann ins Telefonbuch für Deutschland schaute, wieviel Firmen es mit dem Namen »Imago« gibt, stellte ich mit Erstaunen fest, dass es mehr als 30 sind. Ich brauchte also einen Zusatz zu dem Namen »Imago«, der eindeutig identifiziert, dass es um meine Beratungsfirma geht. Deshalb heißt die Firma »ImagoBL« für »Beratung Legasthenie«

In deinem Institut arbeitest du nach der Davis-Methode, indem du mit den Klienten ein 30-stündiges Basisprogramm durchführst. Wie sieht das konkret aus?

Das 30-stündige Basisprogramm ist eine Standard-Trainingsmethode, wie sie im Davis-Institut in Amerika entwickelt worden ist und weltweit von zertifizierten Beratern durchgeführt wird. Es geht darum, dass verschiedene Übungsverfahren trainiert und Lerntechniken vermittelt werden. Die meisten dieser Verfahren sind auch im Buch von Ronald Davis eindeutig beschrieben. Es geht also zum einen darum, dass der Klient in dieser Zeit lernt, sich, wenn er das will, in einen orientierten Zustand zu bringen und mit diesem orientierten Zustand willentlich gezielt Verwirrungen auszuschließen. Das ist ein Vorgang, der sich in zwei bis drei Tagen bis zu einem gewissen Grad stabilisiert. Es liegt an dem Klienten, dann zu lernen, routinemäßig dieses Verfahren in Verwirrungssituationen einzusetzen. Der Klient hat aber einen Antrieb dadurch, dass er merkt, dass es wirkt; er wird bevorzugt auf diese Technik zurückgreifen. – Das zweite große Element in der Beratungswoche ist das Training des Alphabets, indem der Klient die Buchstaben knetet, sie sich so dreidimensional zu eigen macht und dann übt, mit geschlossenen Augen, das, was er geknetet hat, sich so vorzustellen, dass er es rückwärts von ZYX bis A vom inneren Bild ablesen kann. Auf diese Art und Weise ist es möglich festzustellen, wo Buchstaben verwirren und welche das sind, um dann gezielt diese Verwirrung ausschließen zu können. – Der dritte Teil besteht darin, dass wir dem Klienten zeigen, wie er sich durch Knetmodelle Bilder erarbeiten kann für abstrakte Wörter, die nicht unmittelbar eine Bildzuordnung in der inneren Vorstellung haben. Gleichzeitig wird ein Elternteil oder eine Begleitperson eingeführt, damit sie in der Lage ist, den Klienten zu begleiten bei dem weiteren Üben. Wenn der Klient dieses Verfahren gelernt hat, ist es ihm möglich, mit Hilfe einer Begleitperson im Laufe der nächsten Jahre sich allmählich die drei- bis fünfhundert Wörter zu erarbeiten, um so die Quelle von Verwirrung wirksam ausschließen zu können. Ein wesentlicher weiterer Teil der Beratungswoche sind die verschiedenen Lesetechnikschritte, wo dem Klienten gezeigt werden kann, wie er zunächst durch Buchstabieren und dann durch gezielten Einsatz von seinem Bilddenken gelesene Texte genau aufnehmen, wiedergeben und verstehen kann.

Was sind deine Erfahrungen damit?

Ich arbeite jetzt ungefähr seit einem Jahr mit dieser Methode. Im dieser Zeit habe ich ungefähr mit 30 Klienten im Alter von 5 bis 18 Jahren gearbeitet. Eine der wichtigsten Erfahrungen dabei ist für mich die Einsicht, dass es sich hierbei um einen *Weg* handelt. Die bestehenden Probleme werden nicht schlagartig verschwinden; der Betroffene findet aber sehr bald ein Vertrauen zu sich selbst, indem er merkt, dass er wirksame Vorgänge und Verfahren in die Hand bekommt, um die Probleme zu bewältigen. Es führt aber auch immer wieder innerhalb der Beratungswoche zu Erfahrungen, wo den Klienten schlagartig größere Zusammenhänge klar werden und es ihnen wie Schuppen von den Augen fällt und für sie ganz neue Entwicklungsfelder plötzlich möglich werden. Ich habe inzwischen vieles erlebt, wovon ich sagen muss, ich hätte es nicht geglaubt, wenn ich es nicht selber gesehen hätte. Es macht somit auch wenig Sinn, solche Dinge zu beschreiben, da ich nicht erwarten kann, dass andere sie glauben, ohne sie selber erlebt zu haben. Ich kann nur dazu aufrufen, dass Menschen, die in irgendeiner Form – sei es als Pädagogen oder als Legastheniker – betroffen sind, selber an die Arbeit gehen, weil ich die Gewissheit habe, dass auch sie an Erfahrungen herankommen können, die sie sonst, ohne es erlebt und gesehen zu haben, nicht glauben würden.

Welche Probleme tauchen bei dieser Arbeit auf?

Bei solchen Entwicklungsprozessen ist die Kernfrage, das Kernproblem, um das alles sich bewegt, die Frage der Motivation. Wie ist es einem Klienten, einem Kind, Jugendlichen oder Erwachsenen möglich, über längere Zeit in sich die Motivation zu erzeugen, in diesem Übprozess zu stehen und sich so weiter zu entwickeln?

Wie wird die Beratung dann weitergeführt?

Ich habe vorhin schon erwähnt, dass eine wesentliche Rolle in der Weiterführung der Beratung des Trainingprozesses die Begleitperson ist, die Eltern oder jemand anders, der mit dem Klienten zusammen den Übprozess weiterführt. Ich pflege einen regelmäßigen Kontakt zu meinen Klienten und stehe ihnen bei Bedarf telefonisch oder in zusätzlichen Einzelberatungsstunden zur Seite. Darüber hinaus habe ich angefangen, in dem Institut eine wöchentliche Knetwerkstatt einzurichten. Da können Klienten, die bei mir in der Beratung waren, einmal die Woche oder einmal im Monat, je nachdem, wie sie wollen, an einer gemeinsamen Gruppenarbeit teilnehmen. Sie können sich gegenseitig beim Erarbeiten von Wörten helfen, sich gegenseitig berichten, was sie in den vergangenen Wochen gemacht haben, und von mir in diesem Prozess unterstützt werden

Welche Kontakte bestehen zu den Schulen deiner Klienten?

Das ist in Einzelfällen ganz verschieden. Es gibt Lehrer, die bei mir während der Beratungswoche hospitieren, um sich so ein Bild zu machen von dem, was wir tun, und bestrebt sind, nach Möglickeit das in der Unterrichtssituation sinnvoll zu integrieren und weiterzuführen. Auf der anderen Seite gibt es natürlich auch Schulen, zu denen wenig oder gar kein Kontakt besteht, sei es, weil das Kind das nicht will oder weil seitens der Schule kein Interesse daran besteht.

Gibt es etwas, was du Lehrern sagen möchtest, die Legastheniker in ihre Klasse haben?

Ja, da gibt es natürlich viel zu sagen. Das Wichtigste, was ein Lehrer tun kann für Legastheniker, die er in der Klasse hat, ist, dass er sich ein allumfassendes Bild ihrer Erlebniswelt macht. Dazu hat er zwei Schlüssel: Der eine ist, unbefangen hinzuschauen auf das Kind, wie es sich entwickelt, wie es vorgeht, und sich aus diesem Erleben heraus, aus dem Sehen der Stärken, die das Kind hat, zu überlegen, welche Möglichkeiten er hat, um diese Stärken für den Lernprozess zu nutzen. Der andere ist, dass er sich auf theoretischem Wege mit dem Werk von Ronald Davis bekannt macht. Aber schon durch das offene Hinschauen, durch das Nicht-unter-Druck-Setzen des Kindes in seiner Entwicklung, kann der Lehrer in jeder Situation viel für die betroffenen Kinder tun!

Was möchtest du Legasthenikern und/oder ihren Eltern sagen?

Ich möchte ihnen vor allem eines sagen: Legasthenie ist keine Behinderung. Sie wird nur dann zu Problem im Leben, wenn man jahrelang versucht, sich mit seinen schwachen Seiten Lese-, Schreib-, und Rechentechniken anzueignen, und dabei seine eigentlichen Begabungen brach liegen lässt. Wenn man Wege findet, um diese Begabungsseite für den Lernprozess zu nutzen – also bildhaftes Denken und die Fähigkeit, Dinge von vielen Seiten her betrachten zu können –, dann ist das Problem zu bewältigen, und man kann die Begabungsseite auch ungetrübt genießen.

Du erlebst wie ich die besonders wertvollen Begabungen der Legastheniker. Welche Zukunftschancen haben sie deiner Meinung nach?

Es geschieht in unserer Gesellschaft etwas ganz Merkwürdiges. Durch die bestehenden Schulsysteme werden Menschen, die mit bildhaftem Denken begabt sind, die die Fähigkeit haben, sich Dinge gleichzeitig von mehreren Seiten vorzustellen, aussortiert, weil sie in unserem Schulsystem Schwierigkeiten bekommen. Die Menschen, die diese Fähigkeiten nicht haben, kriegen gute Noten und steigen vielfach dadurch auch in höhere gesellschaftliche Positionen in Wirtschaft oder Politik auf. Wir sehen nun das merkwürdige Phänomen, dass heute Manager in teure Seminare geschickt werden, wo sie für 3000,-DM Tagessatz lernen, wie man bildhaft denken kann. Wenn durch ein neues Verständnis der Legasthenie, wie es durch die Forschungen von Ronald Davis möglich ist, dieses Dilemma aufhört, wird für unsere Gesellschaft unmittelbar ein großes Potenzial an Fähigkeiten von Menschen erschlossen, das ihr in der jetzigen Situation fehlt. So werden Legastheniker in Zukunft mit viel mehr Ruhe ihren Platz in unserer Gesellschaft finden und dadurch ihre Fähigkeiten der Gesellschaft zur Verfügung stellen können.

Januar 2000

III Lernhilfen

Für Legastheniker, »rechtshemisphärische« Kinder und Anregungen für alle, die ihre bildhafte Denkweise aktivieren wollen.
Eine unvollständige Ideensammlung.

Weitere nützliche Hinweise findet man im Internet unter

www.dyslexia.com/library/print/classroom–Guide.html
»A Dyslexic Child in the Classroom.
A guide for teachers and parents« (Leider nur in englischer Sprache)

1. Deutliches Schriftbild an der Tafel und auf Arbeitsblättern

Die Schrift sollte nicht zu klein sein.
Bei jüngeren Kindern keine Schriftartenvermischung.
Es muss immer klar sein, ob es sich um Groß- oder Kleinbuchstaben, Druck- oder Schreibschrift handelt.
Wenn ein Text in Druckbuchstaben von der Tafel abgeschrieben werden soll: Verwenden Sie für jedes Wort eine andere Farbe, damit den Kindern deutlich wird, dass ein neues Wort beginnt.

Achtung:
Arbeitsblätter aus dem Grundschulbereich – gerade auch aus dem Bereich der Rechtschreibübungen – enthalten oft verwirrende Buchstabenmixturen. Oft sind die Buchstaben wild über das Blatt verteilt. Was motivieren soll, verwirrt eher.

Wichtig: Die Kinder müssen von Anfang an wissen, in welche Zeilen die einzelnen Buchstaben gehören.
Oberlängen, Unterlängen, Buchstabengröße zueinander besprechen.
Bewusst ausgeführte kleine Schönschreibübungen sollten öfters gemacht werden.
Ein großes und kleines Alphabet sollte zumindest in Klasse 1 und 2 gut sichtbar im Klassenraum aushängen.

2. Übersichtliche, gut lesbare Arbeitszettel und Lesematerialien

Ein gut aufgeteilter Text erleichtert jedem das Lesen, man kann sich schneller einen Überblick verschaffen (z.B: Zeitungstexte).
Keine Textverkleinerungen! Hinzunahme von Bildmaterial, wenn möglich.

3. Geschlossene Vorstellungen zu Beginn geben

- klare Zielvorstellungen vorgeben.
- Überblick über das zu behandelnde Thema/Epoche.
- Notwendige Begriffe vorweg erarbeiten, z. B. durch Symbolbeherrschung »sichtbar« machen.
- Stichwortartigen Überblick als gedruckte Vorlage geben.
- Bereitstellen eines fertigen Modells (z. B. im künstlerisch-handwerklichen Unterricht).
- Rechnen/ Mathematik: Eine Beispielaufgabe mit Lösungsweg vorweg geben. Oder: von der Lösung aus die Aufgaben entwickeln.

4. Möglichkeiten schaffen, dass die Schüler durch »Zugucken« lernen

Es erscheint deshalb nicht sinnvoll, bei Gruppenaufteilung nach Leistungsstand zu differenzieren. Besser: Schüler voneinander lernen lassen.

5. Bei Textarbeit:

- gute Texte verwenden!
- zuerst Überblick verschaffen:
- Welcher Themenbereich? Wie aufgeteilt?
  Äußere Form? Stichwörter? Namen? Zahlen? Auffällige Satzzeichen?
- bei Klausuren: Texte vorlesen, ggf. mündliche Prüfung oder zusätzliche mündliche Prüfung.
- Interpretation vorweg erarbeiten an anderem Beispiel
- »Was siehst du? Was fühlst du? Was bedeutet das für dich?«

6. Übung des mündlichen Nacherzählens am nächsten Tag

Achtung: Jahreszahlen und Eigennamen sind extrem schwer zu behalten, sie sollten an die Tafel geschrieben werden.
Außerdem sollte man versuchen, sie stark an bildhafte/gefühlsmäßige Vorstellungen zu knüpfen.
- Abläufe rückwärts erzählen lassen.

7. Möglichkeiten des kreativen Umgangs mit Lernstoffen

- Eigene Ideen umsetzen (ohne Wertung!)
- Selbst Im-Bild-sein.
- Sich selbst mit einbeziehen.
- Eselsbrücken bauen, Eselsbrücken selbst finden lassen.
- Mind Mapping, Clustering-Methode benutzen.
- Abstrakta bildhaft machen.
  (Was stellst du dir dabei vor? Was siehst du? Welche Gefühle hast du dazu? Was bedeutet es? Finde Beispielsätze).

8. Fremdsprachen

- Vokabeln aus bildhaften Zusammenhängen heraus lernen.
- Wenn Übersetzen nötig, dann dekodieren lassen (wortwörtliches Übersetzen, vgl. Birkenbihl »Fremdsprachen leicht gemacht«).
- Auslandsaufenthalte.
- Speziell Englisch: Erlernen der Schriftsprache mit dem Key Words Reading Scheme von Ladybird Books.

9. Arbeitsmaterialien

- Lexikon (ggf. auch als Computerprogramm, z.B. Encarta).
- Atlas (Weltkarte im Klassenraum).
- Zum Geschichtsverständnis: Einen Zeitstrahl oder ähnliches im Klassenraum aufhängen.
- Bedeutungswörterbuch.
- Fremdsprachenwörterbuch.
- für ältere Schüler: Zugang zum Internet.
- Literatur als Hörbücher.
- Beschäftigung mit nicht-alphabetischen Schriften (z. B. Hieroglyphen) oder – sehr motivierend! – dem Kanji-Trainer, einem Computer-Programm zum kreativen Umgang mit japanischen Schriftzeichen (Ingenio).

Ideenbörse

»Was Vokale sind, weiß ich, wenn ich an das Lied ›Drei Chinesen mit dem Kontrabass‹ denke.«

»Das Schreiben geht leichter, wenn ich in der linken Hand etwas halte, z.B. die Füllerkappe.«

»Ich stelle mir den Ablauf des Unterrichts/der Epoche rückwärts vor, dann weiß ich, wo ich noch Lücken habe.«

»Man verliert die Angst vor dem weißen Blatt, wenn man zuvor fünf Minuten einfach irgendetwas auf ein Stück Papier schreibt. Danach fällt einem das Schreiben viel leichter.«

Beim schriftlichen Addieren oder Subtrahieren ist es sinnvoll, eine Kästchenreihe frei zu lassen, bevor man den Strich unter den Turm zieht. In diese Zeile können dann die zu übertragenden Zahlen geschrieben werden.

1 Siehe: W.E. Brown, S. Eliez, V. Menon et al: »Preliminary evidence of widespread morphological variations of the brain in dyslexia«, in: Neurology, 56 (2001), S. 781–783; B. Horwitz, J.M. Rumsey, B.C. Donahue: »Functional connectivity of the angular gyrus and dyslexia«, in: Neurobiology, 95 (1998), S. 8939–8944; J.M. Rumsey, B. Horwitz et al: »A functional lesion in developmental dyslexia: left angular gyral blood flow predicts severity«, in: Brain and language, 70 (1999), S. 187–204; S.E. Shaywitz, B.A. Shaywitz, R. Fulbright et al: »Neural Systems for Compresation and Persistence: Young Adult Outcome of Childhood Reading Disability«, in: Biological Psychiatry, 54 (2003), S. 25–33; P.E. Turkeltaub, L. Gareau, D.L. Flowers et al: »Development of neural mechanisms for reading«, in: Nature Neuroscience, 6 (2003), S. 767–773
2 Moniek Terlouw: »Legasthenie und ihre Behandlung«, S. 160
3 Hermann Ehmann: »Ist mein Kind Legastheniker?«, S. 72
4 aus: Focus 51/94
5 Ronald Davis: »Legasthenie als Talentsignal«, S. 21
6 aus: »Leonardo – Künstler, Forscher, Magier«, hrsg. von Ladislao Reti, S. 77
7 Legasthenie als Talentsignal, S. 23/24
8 Rudolf Steiner: »Die Methodik des Lehrens«, Zweiter Vortrag, Stuttgart, 9. April 1924, GA 308
9 aus: »Grundlagen für die Bewältigung der Legasthenie, Workshop Handbuch, S. 11, Davis Dyslexia Association Deutschland, 1996
10 Legasthenie als Talentsignal, S. 141/142
11 Legasthenie als Talentsignal, S. 142
12 Rudolf Steiner: »Zur Sinneslehre«, S. 121
13 Rudolf Steiner: »Sprechen und Sprache«, S. 99
14 Legasthenie als Talentsignal, S. 262/263
15 Rudolf Steiner: »Menschenerkenntnis und Unterrichtsgestaltung«, Dritter Vortrag, Stuttgart 14. Juni 1921 (GA 302)
16 Legasthenie als Talentsignal, S. 132
17 Rudolf Steiner: »Heilpädagogischer Kurs«, Erster Vortrag, Dornach 25. Juni 1924 (GA 317)
18 Legasthenie als Talentsignal, S. 265
19 ebenda, S. 268
20 Legasthenie als Talentsignal, S. 96/97

21 Dühnfort / Kranich: »Der Anfangsunterricht im Schreiben und Lesen«, S. 21
22 Zur Sinneslehre, S. 87
23 Sprache und Sprechen, S. 95
24 ebenda, S. 24
25 Rudolf Steiner: »Die Pädagogische Praxis«, Dritter Vortrag, Dornach 17. April 1923 (GA 306)
26 Legasthenie als Talentsignal, S. 98
27 Rudolf Steiner: »Die pädagogische Praxis«, Vierter Vortrag, Dornach 18. April 1923 (GA 306)
28 Rudolf Steiner: »Mein Lebensgang«, S. 5/6
29 ebenda, S. 11
30 ebenda, S. 17
31 ebenda, S. 5
32 Rudolf Steiner: »Die Kunst des Erziehens«, Zweiter Vortrag, Torquay, 13. August 1924 (GA 311). Vergl. hierzu auch: TB 657, S. 128 – 130; GA 302, Achter Vortrag, Stuttgart 19. Juni 1921, TB 648, S. 136 – 137; GA 303, Siebenter Vortrag, Dornach 29. Dezember 1921, TB 604, S. 96 – 97 und S. 129; GA 305, Fünfter Vortrag, Oxford 21. August 1922, GA 302a, Erster Vortrag, Stuttgart 21. Juni 1922
33 Legasthenie als Talentsignal, S. 144
34 Legasthenie als Talentsignal, S. 266
35 GA 161, Zwölfter Vortrag, Dornach 1. Mai 1915. Vergl. dazu auch: Rudolf Steiner: »Wege der geistigen Erkenntnis und der Erneuerung künstlerischer Weltanschauung«, Dreizehnter Vortrag, Dornach 2. Mai 1915 (GA 161/1980), sowie GA 350/1980 (1. Vortrag, Dornach 30. Mai 1923), wo auch Steiner vom »Wohlgefühl« beim Denken spricht, wenn man immer wieder an einen Ort der »Orientierung« geführt wird.
36 Workshop-Handbuch, S. 22
37 Rudolf Steiner: »Die pädagogische Praxis«, Vierter Vortrag, Dornach 18. April 1923 (GA 306)
38 Workshop-Handbuch, S. 80
39 Rudolf Steiner: »Die Erziehung des Kindes vom Gesichtspunkte der Geisteswissenschaft« (GA 34)
40 Rudolf Steiner: »Die Kunst des Erziehens«, Sechster Vortrag, Torquay 18. August 1924 (GA 311)
41 Legasthenie als Talentsignal, S. 259
42 Sprache und Sprechen, S. 127
43 Rudolf Steiner, 1903, als Autograph beigefügt in: »Mein Lebensgang«
44 Rudolf Steiner: »Erziehungskunst – Methodisch-Didaktisches«, Fünfter Vortrag, 26. August 1919

45 Ehmann a.a.O.
46 Rudolf Steiner: »Die Geheimwissenschaft« (GA 13)
47 Rudolf Steiner: »Konferenzen mit den Lehrern der Freien Waldorfschule in Stuttgart«, Konferenz vom Mittwoch, 15. März 1922 (GA 300/2)
48 Vergl. Rudolf Steiner: »Menschenerkenntnis und Unterrichtsgestaltung«, Achter Vortrag, Stuttgart 19. Juni 1921 (GA 302)
49 Ehmann a.a.O., S. 70
50 Terlouw a.a.O., S. 87
51 H. F. Jaenicke: »Kinder mit Entwicklungsstörungen«, S. 232
52 »Legasthenie im Schulalltag – ein oft unbemerktes Problem«, in: Erziehungskunst 10/96
53 Rudolf Steiner: »Die Erneuerung der pädagogisch-didaktischen Kunst durch Geisteswissenschaft«, Fragenbeantwortung im Anschluss an den Ersten Vortrag (GA 301)
54 Frederic Vester: »Denken, Lernen, Vergessen«, S. 106
55 H.Balhorn/H.Brüggemann: »Rätsel des Schriftspracherwerbs«, S. 103/104
56 zitiert nach: The Dyslexia Reader, Issue No 11, Fall 1997, Page 5
57 Rudolf Steiner: »Vorstufen zum Mysterium von Golgatha. Der Weg des Christus durch die Jahrhunderte«, Kopenhagen, 14. Oktober 1913 (GA 152)
58 Rudolf Steiner: »Vorstufen zum Mysterium von Golgatha«, S. 129/130 (GA 152)
59 vergl. Rudolf Steiner: »Die pädagogische Praxis«, Zweiter Vortrag, Dornach 16. April 1923 (GA 311)
60 zitiert nach: Betty Edwards »Garantiert zeichnen lernen – Das Geheimnis der rechten Hirn-Hemisphäre und die Befreiung unserer schöpferischen Gestaltungskräfte«, S. 51
61 zitiert nach Edwards, S. 43
62 in: »On Knowing: Essays for the Left Hand«, zitiert nach Edwards, S. 29
63 Jacques Hadamand »An Essay on the Psychology of Invention in the Mathematical Field«, zitiert nach Edwards, S. 57
64 »Politics and the English Language«, zitiert nach Edwards, S. 58
65 Rudolf Steiner: »Allgemeine Menschenkunde«, Zweiter Vortrag, Stuttgart 22. August 1919 (GA 293)
66 ebd.
67 ebd., Siebenter Vortrag, Stuttgart 28. August 1919
68 V. Birkenbihl: »Stroh im Kopf?«, S. 27
69 ebd., S. 156
70 zitiert nach Edwards, S. 52

71 G. Huhn: »Kreativität und Schule – Risiken derzeitiger Lehrpläne für die freie Entfaltung der Kinder – Verfassungswidrigkeit staatlicher Regelungen von Bildungszielen und Unterrichtsinhalten vor dem Hintergrund neuerer Erkenntnisse der Gehirnforschung«
72 ebd., S. 81
73 ebd., S. 103
74 Rudolf Steiner: Die pädagogische Praxis, Zweiter Vortrag, Dornach 16. April 1923 (GA 306)
75 zitiert nach Edwards, S. 73
76 Rudolf Steiner: »Die geistig-seelischen Grundkräfte der Erziehungskunst«, Zweiter Vortrag, Oxford 17. August 1922 (GA 305)
77 V. Birkenbihl: »Stroh im Kopf?«, S. 29
78 Werner Holzapfel: »Kinderschicksale, Entwicklungsrichtungen«, S. 81
79 Die geistig-seelischen Grundkräfte der Erziehungskunst, Erster Vortrag, Oxford 16. August 1922 (GA 305) und: Konferenzen mit den Lehrern der Freien Waldorfschule in Stuttgart, Konferenz vom Mittwoch, 10. Mai 1922 (GA 300/2) und Konferenz vom Freitag, 25. Mai 1923 (GA 300/3)
80 A. McAllen: »Die Extrastunde«, S. 23
81 G. Haberland »Leserechtschreibschwäche? Rechenschwäche? Weder Schwäche noch Defekt!«
82 vgl. Springer/Deutsch, S. 73 ff, S. 195 f, S. 228 ff, S. 240 ff)
83 zitiert nach Edwards, S. 78
84 Eine ausführliche Beschreibung des Spell-Readings findet sich in »Legasthenie als Talentsignal«, S. 232 ff.
85 B. Meister Vitale: »Lernen kann phantastisch sein«, S. 122
86 Rudolf Steiner: »Die Erneuerung der pädagogisch-didaktischen Kunst durch Geisteswissenschaft«, Zwölfter Vortrag, Basel 7. Mai 1920 (GA 301)
87 Rudolf Steiner: »Erziehungskunst, Methodisch-Didaktisches«, Siebenter Vortrag, 28. August 1919 (GA 294)
88 Rudolf Steiner: »Die geistig-seelischen Grundkräfte der Erziehungskunst«, Vierter Vortrag, Oxford 19. August 1922 (GA 305). Vergleiche hierzu auch: Rudolf Steiner: »Menschenerkenntnis und Unterrichtsgestaltung«, Vierter Vortrag, Stuttgart 15. Juni 1921 (GA 302), Rudolf Steiner: »Gegenwärtiges Geistesleben und Erziehung«, Fünfter Vortrag, Ilkley 6. August 1923 (GA 307), Rudolf Steiner: »Die gesunde Entwickelung des Menschenwesens«, Sechzehnter Vortrag, Dornach 7. Januar 1922 (GA 303) und Rudolf Steiner: »Allgemeine Menschenkunde«, Ansprache gehalten am Vorabend des Kurses, Stuttgart 20. August 1919 (GA 293)

89 Huhn, a.a.O., S. 138
90 ebd., S. 140
91 V. Birkenbihl »Stroh im Kopf?«, S. 29
92 ebd., S. 30
93 Rudolf Steiner: »Konferenzen mit den Lehrern der Freien Waldorfschule in Stuttgart«, Konferenz am Donnerstag, 26. Mai 1921 (GA 300/1)
94 Legasthenie als Talentsignal, S. 81/82
95 Rudolf Steiner: »Die Kunst des Erziehens«, Erster und Zweiter Vortrag, Torquay 12. und 13. August 1925 (GA 311)
96 B. Haußmann/R. Geisselhart: Think!, MEGA MIND
97 Rudolf Steiner: »Erziehungskunst, Methodisch-Didaktisches«, Vierter Vortrag, Stuttgart 25. August 1919, GA 294)
98 ebd.
99 Meister Vitale: »Lernen kann phantastisch sein«, S. 83
100 ebd., S. 88/89
101 ebd., S. 21
102 Rudolf Steiner: »Erziehungskunst, Methodisch-Didaktisches«, Vierter Vortrag, Stuttgart 25. August 1919 (GA 294)
103 Rudolf Steiner: »Eurythmie. Die Offenbarung der sprechenden Seele«, Ansprache zur Eurythmieaufführung, Dornach 30. Oktober 1920, »Bilderschrift-Schrift-Eurythmie« (GA 277)
104 Vergl. Rudolf Steiner: »Die pädagogische Praxis«, Vierter Vortrag, Dornach 18. April 1923, GA 306, und Rudolf Steiner: »Erziehungskunst, Methodisch-Didaktisches«, Fünfter Vortrag, Stuttgart 26. August 1919, GA 294)
105 Zitat: »Was man heute in der Wissenschaft Sehen nennt, ist eigentlich nur ein etwas komplizierteres Tasten.« Vgl. Rudolf Steiner: »Menschenwerden, Weltenseele und Weltengeist«, Fünfzehnter Vortrag, Dornach 23. Juli 1921, (GA 206)
106 Willi Aeppli: »Aus dem Anfangsunterricht einer Rudolf-Steiner-Schule«, sowie »Zum Unterricht des Klassenlehrers an der Waldorfschule«, Hrg. Helmut Neuffer, S. 191 ff: »Der Däumling – Aus dem Schreibunterricht der ersten Klasse« von Sieglinde Fischer
107 Rudolf Steiner: »Die geistig-seelischen Grundkräfte der Erziehungskunst«, Fünfter Vortrag, Oxford 21. August 1922 (GA 305)
108 Rudolf Steiner: »Wandtafelzeichnungen zum Vortragswerk«, Tafel 2, Dornach 17. September 1922
109 Rudolf Steiner: »Die pädagogische Praxis«, Dritter Vortrag, Dornach 17. April 1923 (GA 306)
110 Rudolf Steiner: »Erziehungskunst, Methodisch-Didaktisches«, Erster Vortrag, Stuttgart 21. August 1919 (GA 294)

111 Rudolf Steiner: »Die pädagogische Praxis«, Dritter Vortrag, Dornach 17. April 1923 (GA 306)
112 ebd.
113 Vergl. Rudolf Steiner: »Erziehungskunst, Methodisch-Didaktisches«, Fünfter Vortrag, Stuttgart 26. August 1919 (GA 294)
114 Rudolf Steiner: »Die Kunst des Erziehens«, Zweiter Vortrag, Torquay 13. August 1924 (GA 311)
115 Rudolf Steiner: »Erziehungskunst, Methodisch-Didaktisches«, Fünfter Vortrag, Stuttgart 26. August 1919 (GA 294)
116 ebd.
117 Rudolf Steiner: »Die gesunde Entwickelung des Menschenwesens«, Neunter Vortrag, Dornach 31. Dezember 1921 (GA 303)
118 Rudolf Steiner: »Die geistig-seelischen Grundkräfte der Erziehungskunst«, Fünfter Vortrag, Oxford 21. August 1922 (GA 305)
119 Ronald Davis in: Das Dyslexia Journal, Sommer 98
120 Legasthenie als Talentsignal, S. 220
121 Rudolf Steiner: »Erfahrungen des Übersinnlichen, Die Wege der Seele zu Christus«, München 11. Januar 1912, »Nervosität und Ichheit« (GA 143)
122 Rudolf Steiner: »Erziehungskunst, Methodisch-Didaktisches«, Erster Vortrag, Stuttgart 21. August 1919 (GA 294)
123 Legasthenie als Talentsignal, S. 241/242
124 Rudolf Steiner: »Erziehungskunst, Methodisch-Didaktisches«, Fünfter Vortrag, Stuttgart 26. August 1919 (GA 294)
125 Rudolf Steiner: »Die gesunde Entwickelung des Menschenwesens«, Neunter Vortrag, Dornach 31. Dezember 1921 (GA 303)
126 Rudolf Steiner: »Erziehungskunst, Methodisch-Didaktisches«, Fünfter Vortrag, Stuttgart 26. August 1919 (GA 294)
127 Rudolf Steiner: »Die pädagogische Praxis«, Vierter Vortrag, Dornach 18. April 1923 (GA 306)
128 Rudolf Steiner: »Nordische und mitteleuropäische Geistimpulse«, Zweiter Vortrag, Dornach 18. Dezember 1921 (GA 209)
129 Siehe S. 45 sowie Rudolf Steiner: »Erziehungskunst, Seminarbesprechungen und Lehrplanvorträge«, Zweiter Lehrplanvortrag, 6. September 1919 (GA 295)
130 vgl. »Wunschzettel«, S. 15: »Lego«
131 Rudolf Steiner: »Erziehungskunst, Methodisch-Didaktisches«, Fünfter Vortrag, Stuttgart 26. August 1919 (GA 294)
132 H. Ehmann: »Ist mein Kind Legastheniker?«, S. 96
133 Rudolf Steiner: »Konferenzen mit den Lehrern der Freien Waldorfschule in Stuttgart«, Konferenz vom Montag, 8. März 1920 sowie vom Mittwoch, 9. Juni 1920 (GA 300/1)

134 Rudolf Steiner: »Die Erneuerung der pädagogisch-didaktischen Kunst durch Geisteswissenschaft«, Zehnter Vortrag, Basel 5. Mai 1920 (GA 301)

135 in: Dyslexia Journal, Mai 1999

136 aus: Zur Unterrichtsgestaltung im 1. bis 8. Schuljahr an Waldorf-/ Rudolf-Steiner-Schulen

137 vergl. Ronald Davis: The Gift of Dyslexia, 1997, S. 231 »The Small Words – The Key Triggers for Disorientation«

138 Vergl. dazu Babette Behrendt: »Gesteigerte Lern-Ergebnisse durch Lese-Erlebnisse mit englischsprachiger Literatur. Ein neues Lehrgangsmodell von H.-J. Modlmayr«, in: Dortmunder Konzepte zur Fremdsprachendidaktik 2

139 Siehe hierzu die vorigen Zitate von Rudolf Steiner zur »Rebe« und von Hermann Ehmann zur »Katze« sowie die Symbolbeherrschung der Auslösewörter nach Davis

140 Dieser Fallbericht wurde im September 2003 in der Zeitschrift »Erziehungskunst« veröffentlicht

141 Rudolf Steiner: »Die pädagogische Praxis vom Gesichtspunkte geisteswissenschaftlicher Menschenerkenntnis«, Vierter Vortrag, Dornach 18. April 1923 (GA 306), Dornach [4]1989, S. 79

142 »Fara und Fu. Lesen- und Schreibenlernen mit dem Schlüsselwortverfahren«, Hannover 1996

143 Rudolf Steiner: »Die pädagogische Praxis vom Gesichtspunkte geisteswissenschaftlicher Menschenerkenntnis«, Dritter Vortrag (GA 306), Dornach [4]1989, S. 66, und Ronald D. Davis, »Legasthenie als Talentsignal«, S. 112 ff

144 Rudolf Steiner: »Erziehungskunst, Methodisch-Didaktisches«, Erster Vortrag, Stuttgart 21. August 1919 (GA 294), Dornach [6]1990, S. 9–10

145 »Das, um was es sich handelt, ist, ... das heute noch entstehen zu lassen, was vom Gegenstand, vom unmittelbaren Leben in die Buchstabenformen hineinführt«, in: Rudolf Steiner: »Die geistig-seelischen Grundkräfte der Erziehungskunst«, Fünfter Vortrag, Oxford 21. August 1922 (GA 305), Dornach [2]1979, S. 98 f

146 »Fara und Fu. Lesen- und Schreibenlernen mit dem Schlüsselwortverfahren«, Hannover 1996

147 siehe www.dyslexia.com und www.davislearn.com

148 aus: »Grundlagen für die Bewältigung der Legasthenie, Workshop Handbuch«, Davis Dyslexia Association Deutschland, 1996

149 Rudolf Steiner: »Erziehungskunst. Methodisch-Didaktisches«, Vierter Vortrag, Stuttgart 25. August 1919 (GA 294)

150 Hier liegt zwar ein fundamentaler Widerspruch zur Methode Rudolf Steiners vor, wo zwischen den Qualitäten von Konsonanten und Vo-

kalen deutlich unterschieden wird: Vokale drücken Empfindungen aus und können folglich als Buchstabenform nicht aus Elementen der Außenwelt entwickelt werden! Aber hier war es mir wichtiger, das Engagement des Schülers aufzugreifen und ihn nicht zurückzustoßen.

151 Rudolf Steiner: »Erziehungskunst. Seminarbesprechungen und Lehrplanvorträge«, Erster Lehrplanvortrag, Stuttgart 6. September 1919 (GA 295), Dornach [4]1984, S. 155

152 vergl. Rudolf Steiner: »Die Kunst des Erziehens«, Zweiter Vortrag, Torquay 13. August 1924 (GA 311)

153 Rudolf Steiner: »Konferenzen mit den Lehrern der Freien Waldorfschule in Stuttgart«, Konferenz vom Sonntag, 16. Januar 1921 (GA 300/1)

154 Rudolf Steiner: »Erziehungskunst«, Erster Lehrplanvortrag, Stuttgart 6. September 1919 (GA 295)

155 Bemerkenswert sind in diesem Zusammenhang auch die Ausführungen von Barry Sanders in seinem Buch »Der Verlust der Sprachkultur«, wo er den besonderen Stellenwert des Erwerbs der mündlichen Sprache (Oralität) für den späteren Erwerb der Schriftsprache (Literalität) betont. Mit vielen seiner weiteren Ansichten über die Zusammenhänge von Oralität und Literalität bin ich allerdings durchaus nicht einig, da er meiner Meinung nach seine Schlüsse auf der Basis eines rein-verbalistischen Denkens zieht.

156 Rudolf Steiner: »Erziehungskunst, Methodisch-Didaktisches«, Zehnter Vortrag, Stuttgart 1. September 1919 (GA 294)

157 ebd.

158 Rudolf Steiner: »Menschenerkenntnis und Unterrichtsgestaltung«, Erster Vortrag, Stuttgart 12. Juni 1921 (GA 302)

159 Rudolf Steiner: »Die Mission der neuen Geistesoffenbarung«, Berlin, 19. Dezember 1911 (GA 127)

160 nach den finnischen Märchenforschern A. Aarne und S. Thompson: »The Types of the Folktale«, Helsinki 1961

161 Legasthenie als Talentsignal, S. 93 ff

162 Rudolf Steiner: »Die Mission der neuen Geistesoffenbarung«, Berlin 19. Dezember 1911 (GA 127)

163 Vergl. Rudolf Steiner: »Erziehungskunst, Seminarbesprechungen und Lehrvorträge«, Fünfte Seminarbesprechung, Stuttgart 26. August 1919 (GA 295). Anmerkung: Eine große Auswahl an Sprechübungen findet sich in: Alfred Baur »Sprachspiele für Kinder. Eine heitere Hilfe zum richtigen Reden«, J. Ch. Mellinger Verlang Stuttgart, 1985

164 Sanders, S. 76 ff

165 Rudolf Steiner: »Erziehungskunst, Seminarbesprechungen und Lehrplanvorträge«, Erster Lehrplanvortrag, Stuttgart 6. September 1919 (GA 295)
166 Legasthenie als Talentsignal, S. 46 ff
167 Rudolf Steiner: »Erziehungskunst, Methodisch-Didaktisches«, Fünfter Vortrag, Stuttgart 26. August 1919 (GA 294)
168 ebd., Erster Vortrag, Stuttgart 21. August 1919
169 Rudolf Steiner: »Mein Lebensgang«, S. 10
170 Rudolf Steiner: »Erziehungskunst, Seminarbesprechungen und Lehrplanvorträge«, Erster Lehrplanvortrag, Stuttgart 6. September 1919 (GA 295)
171 Rudolf Steiner: »Menschenerkenntnis und Unterrichtsgestaltung«, Erster Vortrag, Stuttgart 12. Juni 1921 (GA 302)
172 Rudolf Steiner: »Die Methodik des Lehrens«, Vierter Vortrag, Stuttgart 10. April 1924 (GA 308)
173 Dyslexia Journal, Herbst/Winter 97/98
174 Rudolf Steiner: »Erziehungskunst, Seminarbesprechungen und Lehrplanvorträge«, Erster Lehrplanvortrag, Stuttgart 6. September 1919 (GA 295), Dornach ^{4}1984, S. 155
175 Rudolf Steiner: »Erziehungskunst, Seminarbesprechungen und Lehrplanvorträge«, Sechste Seminarbesprechungen, Stuttgart 27. August 1919 (GA 295)
176 ebd.
177 Rudolf Steiner: »Die Erziehung des Kindes vom Gesichtspunkte der Geisteswissenschaft«, in GA 34
178 Legasthenie als Talentsignal, S. 39 ff
179 Legasthenie als Talentsignal, S. 81
180 Ronald Davis, Workshop-Handbuch
181 Rudolf Steiner: »Die pädagogische Praxis«, Vierter Vortrag, Dornach 18. April 1923
182 Lernen kann phantastisch sein, S. 65 ff
183 Stroh im Kopf – Gebrauchsanleitung fürs Gehirn, S. 65 ff
184 Legasthenie als Talentsignal, S. 238
185 Legasthenie als Talentsignal, S. 238
186 »Wir erlebten Rudolf Steiner – Erinnerungen seiner Schüler«, Aufzeichnung von Guenther Wachsmuth: »Die letzten Jahre«
187 Rudolf Steiner: »Geisteswissenschaftliche Sprachbetrachtungen«, (GA 299)
188 Rudolf Steiner: »Erziehungskunst, Methodisch-Didaktisches«, Dreizehnter Vortrag, Stuttgart 4. September 1919 (GA 294)
189 Erika Dühnfort: »Der Sprachbau als Kunstwerk«, S. 129/130

190 Rudolf Steiner: »Geisteswissenschaftliche Sprachbetrachtungen«, Fünfter Vortrag, Stuttgart 2. Januar 1920 (GA 299)
191 Rudolf Steiner: »Erziehungskunst, Methodisch-Didaktisches«, Vierter Vortrag, Stuttgart 25. August 1919 (GA 294)
192 Michael J. Gelb: »Das Leonardo-Prinzip: Die sieben Schritte zum Erfolg«
193 Rudolf Steiner: »Eurythmie. Die Offenbarung der sprechenden Sprache«. Ansprache zur Eurythmieaufführung, Dornach 30. Oktober 1920: »Bilderschrift – Schrift – Eurythmie« (GA 277)
194 Rudolf Steiner: »Erziehungskunst, Methodisch-Didaktisches«, Fünfter Vortrag, Stuttgart 26. August 1919 (GA 294)
195 Rudolf Steiner: »Die Kunst des Erziehens«, Zweiter Vortrag, Torquay 13. August 1924 (GA 311)
196 Rudolf Steiner: »Konferenzen mit den Lehrern der Freien Waldorfschule in Stuttgart«, Konferenz vom Montag, 27. Dezember 1919 (GA 300/1)
197 Aus einem Interview im Hamburger Abendblatt vom 4.9.1997
198 aus Begleitheft »THINK«, S. 44 ff.
199 Edwards, S. 62 ff
200 Rudolf Steiner: »Die Kunst des Erziehens«, Vierter Vortrag, Torquay 15. August 1924 (GA 311)
201 Eine sehr gute und praxisnahe Umsetzung hierzu findet sich bei Dühnfort/Kranich, S. 42.
202 Birkenbihl: »Trotz Schule lernen«, S. 56 ff
203 siehe Anm. 179
204 vgl. Dühnfort/Kranich, S. 36 ff, und McAllen, S. 69 ff
205 Rudolf Steiner: »Die Erneuerung der pädagogisch-didaktischen Kunst durch Geisteswissenschaft«, Sechster Vortrag, Basel 28. April 1920 (GA 301)
206 vgl. Legasthenie als Talentsignal, S. 152 ff
207 Rudolf Steiner: »Die Kunst des Erziehens aus dem Erfassen der Menschenwesenheit«, Vierter Vortrag, Torquay 15. August 1924 (GA 311), Dornach [5]1989, S. 75
208 Rudolf Steiner: »Die Erneuerung der pädagogisch-didaktischen Kunst durch Geisteswissenschaft« (GA 301), Dornach [4]1991, S. 90
209 Koran, Sure 96, 1 – 5
210 in: »Linkes / Rechtes Gehirn«, S. 258
211 Richard Friedenthal: Goethe. Sein Leben und seine Zeit
212 vgl. u.a. Vera Birkenbihl: »Sprachenlernen leichtgemacht – Die Birkenbihlmethode zum Fremdsprachenlernen« sowie Wilfried Helms: »Vokabeln lernen – 100 % behalten« in der Reihe »Mind Unlimited«

213 in: »Konferenzen I«, S. 113

214 Jean Gebser, Gesamtausgabe, Bd. 2-4: »Ursprung und Gegenwart«; Erster Teil – Das Fundament der aperspektivischen Welt, Beitrag zu einer Geschichte der Bewusstwerdung; Zweiter Teil – Die Manifestation der aperspektivischen Welt, Versuch einer Konkretion des Geistigen

215 Rupert Sheldrake: »Das Gedächtnis der Natur«

216 in: Linkes/Rechtes Gehirn, 4. Auflage 1998

Literatur

Aarne, Antti / Thompson, Stith: The Types of the Folktales. A Classification and Bibliography. Second Revision, Helsinki 1961

Ayres, A. Jean: Bausteine der kindlichen Entwicklung. Die Bedeutung der Integration der Sinne für die Entwicklung des Kindes. Springer-Verlag, Berlin 1984

Aeppli, Willi: Aus dem Anfangsunterricht einer Rudolf Steiner-Schule. In gekürzter Fassung neu herausgeggeben vom Freien Pädagogischen Arbeitskreis Zürich. Verlag Rolf Kugler, Oberwil b. Zug, [2]1988

Balhorn, Heiko/Brügelmann, Hans (Hrsg.): Rätsel des Schriftspracherwerbs. Neue Sichtweisen aus der Forschung. Libelle Verlag, Lengwil am Bodensee, 1995

Baur, Alfred: Sprachspiele für Kinder. Eine heitere Hilfe zu richtigem Reden. J. Ch. Mellinger Verlag, Stuttgart 1985

Behrend, Babette: Gesteigerte Lern-Ergebnisse durch Lese-Erlebnisse mit englischsprachiger Literatur: Ein neues Lehrgangsmodell von H.-J. Modlmayr. (Dortmunder Konzepte zur Fremdsprachendidaktik 2), Universitätsverlag Dr. N.Brockmeyer, Bochum 1993

Birkenbihl, Vera F.: Stroh im Kopf? Gebrauchsanleitung fürs Gehirn. mvg-verlag, Landsberg am Lech 1997

– Stichwort Schule. Trotz Schule lernen! mvg-verlag, Landsberg am Lech 1997

– Sprachenlernen leichtgemacht! Die Birkenbihl-Methode zum Fremdsprachenlernen, mvg-Verlag 1997

Buzan, Tony : Speed Reading. Schneller lesen – mehr verstehen – besser behalten. mvg Verlag, 1997

Carlgren, Frans: Erziehung zur Freiheit. Die Pädagogik Rudolf Steiners. Berichte aus der interationalen Waldorfschulbewegung. Stuttgart 1999

Davis, Ronald D.: Legasthenie als Talentsignal, Lernchance durch kreatives Lesen. Ariston Verlag, Genf 1995, 8. überarbeitete Auflage Kreuzlingen 1998. (Originaltitel: The Gift of Dyslexia. Why Some of the Smartest People Can't Read ... and How They can Learn)

– Grundlagen für die Bewältigung der Legasthenie. Workshop Handbuch. Davis Dyslexia Asssociation Deutschland, 1996

– Die unerkannten Lerngenies. Mit der Davis-Methode Lernstörungen beheben. Ariston-Verlag, Kreuzlingen 2004 (Originaltitel: The Gift of Learning. Proven New Methods for Correcting ADD, Math & Handwriting Problems)

DER GROSSE DUDEN: Band 10, Bedeutungswörterbuch. Dudenverlag, Mannheim – Wien – Zürich 1970

Dühnfort, Erika: Der Sprachbau als Kunstwerk. Grammatik im Rahmen der Waldorfpädagogik. Verlag Freies Geistesleben, Stuttgart 1980

Dühnfort, Erika/Kranich, E. Michael: Der Anfangsunterricht im Schreiben und Lesen und seine Bedeutung für das Lernen und die Entwicklung des Kindes. Verlag Freies Geistesleben, Stuttgart, [5]1996

Ehmann, Hermann: Ist mein Kind Legastheniker? Ein Ratgeber zur Lese- und Rechtschreibschwäche. C.H. Beck-Verlag, München 1995

Edwards, Betty: Garantiert zeichnen lernen. Das Geheimnis der rechten Hirn-Hemisphäre und die Befreiung unserer schöpferischen Gestaltungskräfte. Rowohlt Verlag, Reinbek bei Hamburg 1982

Friedenthal, Richard: Goethe. Sein Leben und seine Zeit. Deutscher Bücherbund, Stuttgart – Hamburg 1963

Gabert, Erich: Verzeichnis der Äußerungen Rudolf Steiners. Über den Grammatik-Unterricht. Als Manuskript vervielfältigt durch die Pädagogische Forschungsstelle beim Bund der Freien Waldorfschulen, Stuttgart 1963

Gelb, Michael J.: Das Leonardo-Prinzip: Die sieben Schritte zum Erfolg. vgs Verlagsgesellschaft, Köln 1998

Gebser, Jean: Ursprung und Gegenwart, Bd. 2–4 der Gesamtausgabe, Novalis Verlag AG, Schaffhausen 1986

Hartmann, Thom: Eine andere Art, die Welt zu sehen. Das Aufmerksamkeits-Defizit-Syndrom ADD. Eine praktische Lebenshilfe für aufmerksamkeitsgestörte Kinder und Jugendliche. Verlag Schmidt-Römhild 1997

Haberland, Gerhard: Leserechtschreibschwäche? Rechenschwäche? Weder Schwäche noch Defizit! Ein Leitfaden zur Hilfe und Selbsthilfe für Lehrer und Eltern betroffener Kinder. Megalopolis-Verlag Schwerin, [2]1995

Holtzapfel, Walter: Kinderschicksale, Entwicklungsrichtungen. Verlag am Goetheanum, Dornach (Schweiz) 1966

Huhn, Gerhard: Kreativität und Schule. Risiken derzeitiger Lehrpläne für die freie Entfaltung der Kinder. Verfassungswidrigkeit staatlicher Regelungen von Bildungszielen und Unterrichtsinhalten vor dem Hintergrund neuerer Erkenntnisse aus der Gehirnforschung. VWB-Verlag für Wissenschaft und Bildung, Synchron Verlag Berlin

Helms, Wilfried: »Vokabeln lernen – 100 % behalten« (Reihe »Mind unlimited«), zu beziehen bei Wilfried Helms, Forsthausstr. 56, 35043 Marburg

Jaenicke, Hans Friedbert: Kinder mit Entwicklungsstörungen. Verlag Freies Geistesleben, Stuttgart 1996

Köhler; Henning: »Schwierige« Kinder gibt es nicht. Plädoyer für eine Umwandlung des pädagogischen Denkens. Verlag Freies Geistesleben, Stuttgart 1997

McAllen, Audrey: Die Extrastunde. Zeichen- und Bewegungsübungen für Kinder mit Schwierigkeiten im Schreiben, Lesen und Rechnen. Verlag Freies Geistesleben, Stuttgart 1996

Neuffer, Helmut, Hrsg.: Zum Unterricht des Klassenlehrers an der Waldorfschule. Verlag Freies Geistesleben, Stuttgart 1997

Poturzyn, M.J. Krück v. (Hrsg): Wir erlebten Rudolf Steiner. Verlag Freies Geistesleben, Stuttgart 1956

Reti, Ladislao (Hrsg): Leonardo – Künstler, Forscher, Magier. Fischer-Verlag, 1979

Rico, L. Gabriele: Garantiert Schreiben lernen. Sprachliche Kreativität methodisch entwickeln – ein Intensivkurs. Rowohlt Verlag, Reinbek 1998

Sheldrake, Rupert: Das Gedächtnis der Natur. Das Geheimnis der Entstehung der Formen in der Natur. Piper Verlag, München 1997

Sanders, Barry: Der Verlust der Sprachkultur. Fischer Taschenbuch-Verlag, Frankfurt a. M. 1998

Sacks, Oliver: Eine Anthropologin auf dem Mars. Sieben paradoxe Geschichten. Rowohlt Verlag, Reinbek bei Hamburg, 1995

Saint-Exupery, Antoine de: Der kleine Prinz. Karl Rauch Verlag, Düsseldorf [46]1992

Springer, Sally P./Deutsch, Georg: Linkes/Rechtes Gehirn. Spektrum Akademischer Verlag, Heidelberg–Berlin, [4]1998

Steltzer, Saskia: Wenn die Wörter tanzen. Legasthenie und Schule. Ariston Verlag, München 1998

Steiner, Rudolf: Allgemeine Menschenkunde als Grundlage der Pädagogik (GA 293), Taschenbücher aus dem Gesamtwerk Nr. 617, Dornach/Schweiz 1993

– Die Erneuerung der pädagogisch-didaktischen Kunst durch Geisteswissenschaft (GA 301), Rudolf Steiner Verlag, Dornach 1991

– Die Erziehung des Kindes / Die Methodik des Lehrens (aus: GA 34 und GA 308), Taschenbücher aus dem Gesamtwerk Nr. 658, Dornach 1990

– Die Geheimwissenschaft im Umriss (GA 13), Dornach [30]1989

– Die geistig-seelischen Grundkräfte der Erziehungskunst (GA 305), TB 604, Dornach 1990

– Die gesunde Entwickelung des Menschenwesens. Eine Einführung in die anthroposophische Pädagogik und Didaktik (GA 303), TB 648, Dornach 1990

– Die Kunst des Erziehens aus dem Erfassen der Menschenwesenheit (GA 311), TB 674, Dornach 1990

- Die Mission der neuen Geistesoffenbarung (GA 127), Dornach 1975
- Die pädagogische Praxis vom Gesichtspunkte geisteswissenschaftlicher Menschenerkenntnis (GA 306), TB 702, Dornach 1991
- Die Philosophie der Freiheit. Grundzüge einer modernen Weltanschauung (GA 4), TB 627, Dornach 1987
- Erfahrungen des Übersinnlichen. Die Wege der Seele zu Christus (GA 143), Dornach 1983
- Erziehungskunst II, Methodisch-Didaktisches (GA 294), TB 618, Dornach 1990
- Erziehungskunst. Seminarbesprechungen und Lehrplanvorträge. Menschenkunde und Erziehungskunst, Dritter Teil (GA 295), TB 639, Dornach 1994
- Erziehung und Unterricht aus Menschenerkenntnis (GA 302a), Dornach 1983
- Eurythmie. Die Offenbarung der sprechenden Seele (GA 277), Dornach 1980
- Gegenwärtiges Geistesleben und Erziehung (GA 307), Dornach, 1986
- Geisteswissenschaftliche Sprachbetrachungen. Eine Anregung für Erzieher (GA 299), Dornach 1981
- Heilpädagogischer Kurs (GA 317), TB 673, Dornach 1995
- Konferenzen mit den Lehrern der Freien Waldorfschule in Stuttgart, Band I – III (GA 300/1 – 3), Dornach 1975
- Menschenerkenntnis und Unterrichtsgestaltung (GA 302), TB 657, Dornach 1996
- Menschenerkenntnis, Weltenseele und Weltengeist, Zweiter Teil: Der Mensch als geistiges Wesen im historischen Werdegang (GA 206), Dornach 1967
- Mein Lebensgang (GA 28), Dornach [9]1999
- Nordische und mitteleuropäische Geistimpulse (GA 209), Dornach 1982
- Praktische Ausbildung des Denkens. Ein Vortrag, gehalten in Karlsruhe am 18.1.1909. Dornach 1993
- Rhythmen im Kosmos und im Menschenwesen. Wie kommt man zum Schauen der geistigen Welt? (GA 350), Dornach 1980
- Rudolf Steiner in der Waldorfschule. Ansprachen für Kinder, Eltern und Lehrer (GA 298), TB 671, Dornach 1989
- Sprechen und Sprache (Themen aus dem Gesamtwerk, Band 2). Ausgewählt und herausgegeben von Ch. Lindenberg. Verlag Freies Geistesleben, Stuttgart, [3]1989
- Vorstufen zum Mysterium von Golgatha (GA 152), Dornach 1980
- Wege der geistigen Erkenntnis und der Erneuerung künstlerischer Weltanschauung (GA 161), Dornach 1980

– Wie erlangt man Erkenntnisse der höheren Welten? (GA 10), TB 600, Dornach 1994
– Zur Sinneslehre (Themen aus dem Gesamtwerk, Band 3), ausgewählt und herausgegeben von Ch. Lindenberg. Verlag Freies Geistesleben, Stuttgart [4]1994
– Wandtafelzeichnungen zum Vortragswerk. XXI Tafeln zu den Bänden 296, 303, 304, 306, 311 der Rudolf Steiner Gesamtausgabe (Vorträge zur Erziehung), Dornach 1990

Temple, Robin: Legasthenie und Begabung. Ronald D. Davis und traditionelle Methoden. Ein Vergleich. Ariston Verlag 1999

Terlouw, Moniek: Legasthenie und ihre Behandlung. Verlag Freies Geistesleben, Stuttgart 1995

THE LADYBIRD KEY WORD READING SCHEME, Ladybird Books Ltd. Loughborough Leicestershire, UK

Vester, Frederic: Denken, Lernen, Vergessen. Was geht in unserem Kopf vor, wie lernt das Gehirn, und wann lässt es uns im Stich? dtv München, [18]1991

Visuelle Weltgeschichte der alten Kulturen (Reihe Sehen, Staunen, Wissen), Gerstenberg Verlag, Hildesheim 1997

Vitale, Barbara Meister: Lernen kann phantastisch sein. Kinderleicht, kindgerecht, kreativ. Gabal Verlag, Offenbach 1996
– Frei fliegen. Eine Ermutigung für alle, die mehr intuitiv als logisch, mehr chaotisch als geordnet, mehr phantasievoll als realitätsbezogen denken und leben. Synchron Verlag Berlin o.J.

Die Autorin

Cornelia Jantzen (*1953) studierte Erziehungswissenschaft, Studienschwerpunkt u.a. »Legasthenie«. Sie ist selbst Mutter von zwei legasthenischen Kindern und arbeitet heute als freie Lernberaterin für Legastheniker in Hamburg. Ihre Anregungen für eine neue Legastheniker-Pädagogik basieren u.a. auf einer intensiven Auseinandersetzung mit der Davis-Methode, den didaktischen Grundlagen der Waldorfmethodik sowie einem breit gefächerten Spektrum der heute praktizierten Methoden.

Michaela Glöckler

Elternsprechstunde

Erziehung aus Verantwortung

464 Seiten, gebunden

Dieses Buch ist ein vielseitiger pädagogischer Ratgeber, der sowohl auf Alltagssorgen eingeht als auch große Zusammenhänge darlegt, die ein Verständnis für das Einmalige einer jeden Biographie vermitteln. Dabei werden Themen aus dem Alltagsgeschehen ebenso behandelt wie Fragen nach den spirituellen Hintergründen der Phänomene:

Welchen Sinn hat das Böse für die Entwicklung? Was gewinnen Medizin und Pädagogik durch Einbeziehung der Wiederverkörperungsidee? Wie sind Leib, Seele und Geist in Gesundheit und Krankheit verbunden? Zum Verständnis geistiger Behinderungen. Angst und Aggressivität. Der Vater in der Erziehung. Die alleinerziehende/berufstätige Mutter. Strafe, Belohnung, Gewissen. Altersentsprechendes Lernen. Und über allem: Erziehung zur Liebefähigkeit.

URACHHAUS